La politique de

Du même auteur

L'État et les esclaves, Paris, Calmann-Lévy, 1979, 2e éd., 1980; 3e éd., Payot, 1989.
Les Chemins de l'État, Paris, Calmann-Lévy, 1986.
L'État et la démocratie, Rapport à François Mitterrand, président de la République française, Paris, La Documentation française, 1986.
Les Droits de l'homme et le droit naturel, Paris, PUF, 1986; rééd., 1988.
Les Historiens et la monarchie:
Jean Mabillon, Paris, PUF, 1988.
La Défaite de l'érudition, Paris, PUF, 1988.
Les Académies de l'Histoire, Paris, PUF, 1988.
La République incertaine, Paris, PUF, 1988.
Jean Mabillon, Briêves réflexions sur quelques règles de l'histoire, Paris, POL, 1990 (introduction et notes).
La République incertaine, Paris, Le Quai Voltaire, rééd., 1992.
La Querelle Mabillon Rancé, Paris, Le Quai Voltaire, rééd., 1992.
Textes de philosophie politique, t. II, Paris, PUF, coll. « Que sais-je », 1993.

En collaboration

Moi Pierre Rivière... un cas de parricide au XIXe siècle, sous la direction de Michel Foucault, Paris, Gallimard, 1973.
Le Philosophe et les pouvoirs. Entretiens avec Jean-Toussaint Desanti et Pascal Lainé, Paris, Calmann-Lévy, 1976.

Travaux menés dans le cadre du séminaire de Michel Foucault au Collège de France:

La Politique de l'espace parisien à la fin de l'Ancien Régime, sous la direction de Bruno Fortier, Paris, 1975.
Les Machines à guérir. Aux origines de l'hôpital moderne, sous la direction de Michel Foucault, Paris, Institut de l'environnement, 1976, 2e éd., Bruxelles, Mardaga, 1978.
Politiques de l'habitat (1800-1850), Paris, 1977.
Généalogie des équipements sanitaires, sous la direction de Michel Foucault, Paris, 1978.

Bibliothèque scientifique Payot

Blandine Kriegel

La politique de la raison

Les chemins de l'État 2

Au docteur Jean-Bernard Causse

C'est seulement après avoir longtemps, sous la direction d'une idée profondément cachée en nous, rassemblé de façon rhapsodique, comme autant de matériaux, beaucoup de connaissances qui se rapportent à cette idée ; ce n'est même qu'après les avoir, durant de longues années, rapprochées de façon technique, qu'il est enfin possible d'apercevoir l'idée sous un jour plus clair et d'esquisser de façon architectonique un tout selon les fins de la raison.

Emmanuel Kant

Introduction

La fin de l'école des Annales et le retour de la philosophie politique

Existe-t-il un ordre du politique, une sphère de la politique distincte de l'économie ? L'État de droit a-t-il une valeur transcendante au simple fonctionnement d'un appareil de contrainte ? Tous les États se valent-ils ? Les droits de l'homme sont-ils la création aléatoire d'une culture, celle de l'Occident, et peuvent-ils véritablement valoir au-delà des frontières de la civilisation qui les a inventés ?

Après la chute du Mur de Berlin, dix ans après le début de l'ère des grandes révisions de la gauche, vingt ans après que les premiers craquements de la crise du marxisme ont commencé à se faire entendre, ces questions peuvent paraître naïves et beaucoup se laissent aller aujourd'hui à dire qu'elles ont en quelque sorte toujours été résolues... « Comme chacun sait » : ainsi la *Pravda* avait-elle l'habitude de présenter les tournants du bureau politique, de faire siennes des idées qu'elle avait commencé par rejeter. De la même façon, la réponse affirmative à ces questions n'allait pas de soi hier, et il n'est pas certain qu'elle aille encore de soi aujourd'hui.

La délégitimation du primat de l'économique et du social, commencée à reculons dans les années soixante-dix, où l'on observait concurremment le passage de Marx à Nietzsche et l'évolution d'une sociologie vers une anthropologie généralisée, n'a été en réalité acquise que dans les mots. On a parlé de réhabilitation de l'histoire politique et de la philosophie. Mais celles-ci n'avaient jamais disparu comme discipline empirique même dans les discours, *horresco referens*, des congrès communistes, où les allusions à la sociologie sous-jacente des conflits politiques servaient d'alibi scolastique quand les caractères de classe n'étaient plus que des noms d'oiseau. Elle n'avait jamais non plus été disqualifiée dans deux courants: celui des politologues, spécialistes de l'histoire contemporaine (René Rémond), et celui des grands historiens de l'État classique (Pierre Chaunu et Roland Mousnier). Au-delà de ces travaux, l'histoire des idées restait marquée d'une suspicion épistémologique fondamentale et le demeure aujourd'hui, où l'on préfère encore le mental à l'engendrement des idées, et où l'on affirme le primat de l'anthropologie par rapport à la philosophie.

Quant à l'État de droit, on prétend qu'il n'avait jamais disparu de l'horizon indépassable de la pensée juridique. En vérité, à la fin des années soixante-dix, il était marqué du sceau de l'opprobre. L'heure était à la décrispation à droite, à l'autogestion à gauche. Il n'y avait qu'un seul ennemi : l'étatisme. Telle était notamment l'orientation commune de toute la critique «de gauche» du totalitarisme que l'on trouvait chez Claude Lefort, Cornelius Castoriadis, et dans le premier ouvrage de Pierre Rosanvallon[1]. Du fait de l'anti-étatisme congénital du marxisme et de l'égale méfiance du courant personnaliste vis-à-vis de l'État, la thématique de «la société contre l'État» (Pierre Clastres) connut un exceptionnel retentissement. À la politique il fallait substituer le dialogue des seuls groupes sociaux pendant que l'on s'interrogeait gravement sur les capacités de survie du système démocratique par rapport à l'extension du système communiste, ou du système communiste des jungles d'Amérique centrale ou d'une Afrique non moins contrôlée... Il était de bon ton alors de répéter que les droits de l'homme n'étaient inscrits dans aucune nature et que, de même que le nazisme avait pu vaincre, notre système démocratique n'était nullement garanti de survivre aux décennies grondantes qui s'annonçaient.

On mesure ainsi le chemin parcouru. Personne apparemment ne nie plus aujourd'hui qu'il existe une différence entre les États de droit et les États despotiques; on reconnaît universellement qu'il y a plusieurs formes d'État et que l'État n'est pas seulement la maîtrise. On concède une (certaine) indépendance à l'histoire politique et on attache un intérêt (certain) à la philosophie politique. Même les zélateurs persistants de l'histoire économique et sociale veulent bien admettre que les hommes ne vivent pas que de pain... À tout le moins, on est passé d'un sociétalisme absolu à un anti-étatisme relatif, et ceux-là mêmes

1. Pierre Rosanvallon, *L'Âge de l'autogestion*, Paris, Seuil, 1976.

qui ne savent pas trop par quel bout prendre ce météorite encombrant qu'est l'État de droit se sentent obligés de lui distribuer, ici et là, quelques hochements d'approbation grognonne. Faute de quoi ils se retrouvent en trop mauvaise compagnie autour du carré d'irréductibles rassemblés par Alain de Benoît. Pour certains exégètes[1], le retour de l'État de droit est tombé du ciel ou sorti de l'enfer et n'a aucun rapport avec la parution de *L'État et les esclaves* en 1979. Avant on en parlait déjà... après, on en discute encore et, au demeurant, il y a des concepts plus sérieux que cette tarte à la crème, ce vœu pieux, cette « rêverie philosophique ». Mais, fidèle à notre parti pris antimatérialiste (le matérialisme, à peine une philosophie selon Hegel), nous nous garderons bien d'imputer au seul impact des faits cette transformation, même si, reconnaissons-le, Gorbatchev, Salman Rushdie, les étudiants de T'ien an Men et les *French doctors*, la gueule de bois postreaganienne et les désastres tiers-mondistes, le triomphe des sociétés confucéennes et leur démocratisation croissante, de Tokyo à Pékin, nous ont quelque peu aidée. Cependant, confiante en nos maîtres, nous croyons que les faits n'engendrant pas plus les idées que les poussières, selon Pasteur, n'engendraient les bactéries, ce sont les idées qui créent les idées. Ce recueil est donc un parcours aléatoire, personnel, avec un certain nombre d'escales, d'écueils aussi, qui ont été autant de batailles pour dégager le paysage et essayer d'aller vers une histoire raisonnée des concepts fondamentaux du droit et de la liberté humaine sur les chemins de l'État. Nous n'en avons pas éliminé tous les aspects circonstanciels, parfois les redites, parce que l'on y trouvera une recherche qui fut aussi un débat d'idées.

Comment et contre qui ?

Au milieu des années soixante-dix, le marxisme officiel, celui du parti communiste orthodoxe, très influencé par l'Union soviétique, était déjà largement vaincu. Mais les formes transformées du marxisme étaient encore suffisamment vigoureuses pour dominer, notamment avec l'école française des Annales, le vaste champ des sciences humaines, grâce au rôle, naturellement directeur, en leur sein, de l'histoire, rôle que nous ne mettons nullement en cause. L'école des Annales, comme Benedetto Croce devant Hegel, avait aussi fait, à sa manière, le bilan

1. Dont il faut excepter notamment Dominique Colas, Jean-Marie Colombani, Claude Emeri, Pierre Grémion, Pierre Hassner, Jean-Louis Quermonne, que je remercie de leur équité.

du marxisme pour en garder ce qui était, à son sens, vivant. Elle avait répondu à sa façon, inverse d'ailleurs de celle de Jaurès et des révisionnistes de la Belle Époque. Ces derniers, en effet, voulaient conserver l'intention politique du marxisme, tout en gardant leurs distances vis-à-vis de certains excès métaphysiques à leurs yeux de la théorie économique ou de la sociologie trop mécaniste. Pour Lucien Herr et pour Jaurès à sa suite, l'histoire devait rester matérialiste toute en héritant de Michelet son mouvement, idéaliste à tous les sens, théorique et pratique, du terme.

Pour l'école des Annales d'après 1950, en gros réconciliée avec la société française de l'après-guerre, le marxisme avait perdu son opérationnalité politique mais détenait toute sa valeur comme critique de l'idéalisme historique, comme sociologie. L'économie marxiste était, elle aussi, déjà abandonnée à la critique rongeuse des souris (Marx) au profit de la seule topique des classes. C'est ce primat du social qui n'était pas remis en cause. D'où le schéma proposé d'une révolution sociale positive, inutilement dépassée par une révolution politique manipulatrice. La société devait servir de régulation, la politique de simple superstructure. Mais une telle pensée s'avérait par trop faible. Elle nécessitait une béquille. Pas plus mais pas moins que la religiosité stalinienne, insupportable à un esprit libre qui nécessitait, selon Merleau-Ponty, une théorie des doctes justifiant des génuflexions à l'idole pour l'absurdité de tous les cultes, la finitude de l'esprit humain, son inscription dans une déréliction essentielle, qui requérait en un mot un nouveau jansénisme pour une nouvelle Contre-Réforme. Elle fut d'abord fournie par l'œuvre de Sartre puis, ses lecteurs découvrant son inspiration fondamentale, trouvée enfin chez Heidegger, qui fut le philosophe caduc de la dernière apogée du marxisme. L'école des Annales, la même « mauvaise subsomption entre le concret et l'abstrait » (Hegel) provoquée par l'insuffisance de la sociologie, appelait le triomphe de l'anthropologie... De même, le tableau des prix et des revenus créait une tension sous vide insupportable qui demandait un supplément d'âme que Kantorowicz est venu apporter avec sa théologie historique, équivalent structural en historiographie de ce que la pensée heideggerienne était en philosophie.

En guise d'introduction ou d'épigraphe, arrêtons-nous sur l'affaire Kantorowicz. On mesurera une inflexion qui n'est pas un tournant, un déplacement qui n'est pas une révolution copernicienne, un moment de l'histoire des idées en France qui a servi d'antichambre à la fin de l'école des Annales et au retour de la philosophie politique.

L'affaire Kantorowicz

Le « moment Kantorowicz » qu'a connu l'école historique française est un épisode particulièrement intéressant parce qu'il illustre l'impasse dans laquelle s'est engouffrée l'histoire, qui ne voulait pas revenir du sociologisme, en préférant adopter une interprétation du développement politique occidental emprunté au courant majeur de l'historiographie allemande tel qu'il s'était développé depuis un siècle, et alors même que les historiens anglais et français — prédécesseurs et même quelquefois fondateurs (voir le rôle de Marc Bloch) de l'école des Annales — avaient, en leur temps, rompu des lances et marqué des points contre une telle interprétation. L'œuvre d'Ernst Kantorowicz a été acculturée ici par la traduction de deux de ses livres essentiels, *Frédéric II* et *Les Deux corps du roi*[1], auxquels il faut ajouter *Mourir pour la patrie. Frédéric II* et *Les Deux Corps du roi* ont été traduits dans la prestigieuse collection de Pierre Nora (Gallimard) et commentés approbativement par Marcel Gauchet dans *Le Débat*[2] ; *Mourir pour la patrie* est paru en français dans la collection dirigée par Étienne Balibar et Dominique Lecourt avec une introduction pénétrante de Pierre Legendre[3]. À l'énoncé de ces seuls noms, on mesurera l'expansion du spectre de rayonnement de l'œuvre : l'École des Hautes Études, le meilleur courant du marxisme français, le traditionnalisme juridique de haute volée, magnifié et transmuté par le lacanisme d'un Pierre Legendre, furent également sous le charme. Toute la question est : comment l'une des œuvres majeures de la révolution conservatrice allemande put-elle ainsi subjuger la part la moins discutable des sciences humaines françaises ? Pour l'éclairer, il

1. *L'Empereur Frédéric II* (traduit par Albert Kohn), Paris, Gallimard, 1987 ; *Les Deux Corps du roi* (traduit par Jean-Philipe et Nicole Genet), Paris, Gallimard, 1989 ; *Mourir pour la patrie* (traduit par Laurent Mayali et Anton Schütz), introduction de Pierre Legendre, Paris, PUF, 1984.

2. Marcel Gauchet, voir *Le Débat* n°s 14 et 15, 1981.

3. Bien entendu, cela ne signifie pas que les éditeurs, ici Pierre Nora, Étienne Balibar et Dominique Lecourt, aient reçu pour leurs les thèses de Kantorowicz, mais indique qu'ils les tenaient pour intéressantes.

faut sans doute commencer par un retour sur la personnalité même de Kantorowicz.

Dans l'Allemagne de Weimar, Kantorowicz faisait partie de cette génération d'intellectuels juifs qui, en révolte contre le rationalisme néokantien de Hermann Cohen ou d'Ernst Cassirer, se laissèrent fasciner par le néoromantisme. Il fut membre du cercle de Stefan George, ce gourou poète, traducteur qui diffusait l'esthétisme contre le rationalisme, le germanisme néopaïen contre le judéo-christianisme, le corporatisme contre le capitalisme. Là, on découvrit la *svastika*, la croix gammée dont George fera l'emblème de sa revue lorsque, jeune historien de trente-deux ans, Kantorowicz publia *Frédéric II* en 1927. Le livre fut acclamé par ses amis comme le modèle d'une nouvelle histoire épique et démiurgique annonçant le surhomme, qui coupa vite le souffle aux protestataires de l'histoire critique. À la fin de sa vie, Kantorowicz ne donna, après beaucoup d'hésitations, qu'un demi-consentement à la republication d'un ouvrage qui, comme l'a montré d'Eckärt Grünewald[1], avait été acclamé par les nazis. Hitler l'avait lu et relu, Himmler en avait fait son livre de chevet et Goering en fit cadeau à Mussolini. Mais rien n'est simple au XXe siècle, et comme d'autres néoconservateurs non ralliés au régime nazi, Kantorowicz fut contraint à l'exil. Émigré aux États-Unis, il mourut en 1963 après avoir écrit *Les Deux Corps du roi* (1957), qui fut reçu avec un vif succès, de même que le *Sein und Zeit* de Heidegger s'était élevé très haut à l'horizon de la philosophie.

Il faut donc s'arrêter sur la théorie de Kantorowicz, et le lecteur voudra bien nous pardonner ici d'entrer dans quelques détails.

Traduit en français avec efficacité et clarté par Jean-Philippe et Nicole Genet, on peut d'abord recenser les raisons du retentissement initial exercé par *Les Deux Corps du roi*, qui arriva précédé d'une réputation hors du commun. Rien ne pouvait laisser le lecteur indifférent. Ni la personnalité emblématique d'un Juif allemand nietzschéen célébré par tout ce que l'Allemagne avait compté de pangermaniste à la sortie de *Frédéric II*, et cependant chassé loin de sa patrie, réfugié comme tant d'autres, Arendt, Marcuse, aux États-Unis où il s'opposa au

1. Eckärt Grünewald, *Ernst Kantorowicz und Stefan George*, Wiesbaden, Franz Steiner Verlag, 1938 et 1982.

maccarthysme, ni l'ambition altière de cette œuvre de maturité élaborée pendant trente ans qui ne se proposait pas moins que d'interpréter l'histoire politique européenne et la naissance de l'État moderne ; ni, enfin, la variété de ses registres, qui touchait également à l'histoire et à la philosophie, au droit et à l'anthropologie, sans négliger la théologie. Rien d'étonnant, donc, à ce que historiens, sociologues, anthropologues, philosophes se sentent intéressés.

Mais quelle est la théorie de Kantorowicz ? Le livre traite tout entier d'une seule idée, tout à la fois fiction et paradigme, sorte de mélodie fuguée qui tient dans le titre et dont l'auteur a la folle audace de faire le cœur du droit politique des monarchies, qui elles-mêmes président à la naissance de l'État moderne et l'expliquent intégralement : *les deux corps du roi*. La doctrine des deux corps du roi, définie par les légistes élizabéthains puis magnifiée, brodée et rebrodée par les juristes de l'époque Tudor, où le grand historien anglais Maitland ne voyait qu'une transitoire absurdité physiologique, est clairement exposée par Plowden. Elle dit que le roi est une personne géminée, qu'il a deux corps, un corps naturel comme n'importe quel autre homme, où il est sujet à la passion et à la mort, et un corps politique, corporation qu'il forme avec ses sujets, dont il est la tête et dont ils sont les membres, et que ce corps politique, lui, ne meurt pas. Cette doctrine politique n'est pas née de l'esprit laïc au déclin du Moyen Âge (Georges de Lagarde) mais, tout à l'opposé, de la théologie politique médiévale, qui en est la véritable origine. La doctrine des deux corps du roi est en effet, du point de vue de Kantorowicz, la sécularisation du modèle théologique et christologique des deux natures, puis des deux corps du Christ doté d'un corps mortel, humain, et d'un corps mystique. L'acclimatation de cette théologie dans la doctrine monarchique s'est effectuée par le relais du modèle impérial. Marcel Gauchet résume parfaitement la pensée de l'auteur lorsqu'il écrit : « L'image christocentrique de la royauté plonge ses racines dans la réminiscence carolingienne puis othonienne du modèle impérial[1]. » Kantorowicz s'efforce en effet de suivre ce développement de l'État dans le double registre du politique et du théologique, selon une méthode qui donne à

1. Marcel Gauchet, art. cit.

son livre une construction déroutante et feuilletée, baroque et ployée[1].

La *lingua mezza theologica* allait, selon lui, donner la possibilité d'établir une équation de mauvais présage entre le *corpus reipublicae politicum* dirigé par le Prince et le *corpus ecclesiae mysticum* dirigé par le Christ parce que leur destin fut malheureux. Dans cet emprunt à la théologie politique médiévale, loin de discerner un bien, Kantorowicz entrevoit plutôt l'origine de :

1. Kantorowicz palpe l'extension du droit politique venu de la christologie et passé aux royaumes *via* l'Empire, où il voit le cœur battant du droit politique moderne de l'État, selon un déploiement structurel qui ne s'embarrasse guère de la chronologie et ne se préoccupe pas davantage des différences politiques et religieuses. Parti d'une analyse des textes de l'époque élizabéthaine, à l'intérieur desquels s'inscrit en majesté une superbe sémiologie du Richard II de Shakespeare, il plonge dans l'étude d'un anonyme normand du XIe siècle, dans l'observation minutieuse de la célèbre miniature du frontispice des Évangiles d'Aix-la-Chapelle exécutée vers 973 à l'abbaye de Reichenau, et qui représente l'empereur Othon II assis sur le trône du Christ, tel un *christomimesis*, personnifiant et jouant le Christ, puis il voyage à travers les œuvres de Frédéric II, de Bracton, des légistes de la monarchie Tudor, revient aux légistes impérialistes de la fin du Moyen Âge, repart avec les légistes français du XVIe et du XVIIIe siècle, pour aboutir, dans un ultime et long sursaut, à l'œuvre de Dante. Sur le fond de la continuité de l'unité de l'État européen qui s'édifie inchangé de l'Empire aux royaumes puis à l'État moderne à partir du socle homogène de la théologie médiévale, Kantorowicz s'efforce également de repérer les discontinuités, les détours par lesquels la politique s'est alimentée de la théologie. La christologie a été acculturée par retouches successives des divers modèles du royaume, le royaume fondé sur le Christ, le royaume fondé sur la loi, le royaume fondé sur la *politeia* qui ouvre la dimension nationale du patriotisme, le royaume fondé sur l'homme. Après la période carolingienne durant laquelle l'empereur est comparé au vicaire de Dieu, la renaissance othonienne impose le modèle christocentrique du César-Christ et donc rédempteur. Kantorowicz lit le texte de l'anonyme normand du XIe siècle comme une interprétation rétrospective de la conception othonienne. Une évolution apparaît aux XIIe et XIIIe siècles avec l'idée du royaume centré sur le droit et la justice que Kantorowicz découvre dans les constitutions de Frédéric II, le fameux *liber augustalis*. Le César y est à la fois le père et le fils, le seigneur et le ministre de la justice. Dans l'apparition de ce nouveau modèle de royauté, qui bénéficie grandement de la réception du droit romain effectuée par les légistes impérialistes, Kantorowicz estime devoir rapprocher Frédéric II de Bracton, le grand légiste anglais fondateur de la Common Law. Ce faisant, il opère une discrète mais non moins sensible rétractation de l'emphase donnée à la dimension sotériologique dans sa biographie de Frédéric II pour accentuer ici, à l'opposé, l'activité légiste. L'Empereur est à la fois loi animée et justice vivante en vertu même de la réception des codes justiniens. C'est cette promotion de la justice qui substitue la sacralisation de l'État à celle de la seule personne royale. La troisième étape, peut-être la plus fondamentale, ouvre la voie à la conception d'un corps politique doté des attributs du corps mystique, où la continuité dynastique, l'immortalité

> l'effroyable expérience de notre époque durant laquelle des nations entières, les plus grandes comme les plus petites, sont devenues la proie des dogmes les plus étranges et où les théologies politiques sont devenues de véritables obsessions allant dans bien des cas à l'encontre des principes élémentaires de la raison humaine et politique[1].

En sécularisant à leur profit le sentiment religieux, la conception christologique des deux natures du Christ, l'État puis la Nation allaient devenir à leur tour des puissances sans limite :

> Quand la Nation chaussa les mules pontificales du Prince, l'État absolu moderne, même sans Prince, fut alors en mesure de revendiquer comme une Église pouvait le faire[2].

Le sous-titre du livre, *Essai de théologie politique médiévale*, dépeint donc parfaitement son objet, qui est d'éclairer l'idée de l'*unité* de l'État-nation moderne à partir de l'unité de la théologie politique médiévale d'où cette unité tire son fondement.

---

des rois seront issues — selon lui — de la continuité impériale et ecclésiale ; elle est ouverte par l'effort accompli par les théologiens pour définir avec Boniface VIII la sacralisation du *status regni* et du *status regis*. C'est cette doctrine du corps mystique de l'Église qui a été transposée au corps politique par les juristes et les écrivains politiques :

« ... le nouveau halo commença à entourer l'État séculier et national naissant dirigé par un nouveau *pater patriae* quand l'État revendiqua pour son propre appareil administratif et pour ses institutions publiques une permanence et une perpétuité qui n'avaient jusque-là été attribuées qu'à l'Église et, pour le droit romain, par les civilistes à l'Empire romain. *Imperium semper est*... À l'âge de la jurisprudence, l'État souverain réussit à sacraliser son essence indépendamment de l'Église bien que parallèlement à elle et s'appropria l'éternité de l'Empire romain tandis que le roi devenait empereur en son royaume. Mais cette sacralisation du *status regis et regni* des institutions et des services d'État, des nécessités et des dangers publics, serait restée incomplète si ce nouvel État n'avait pas lui-même été considéré comme équivalent à l'Église, également sous ses aspects corporels en tant que *corpus mysticum*. »

Cette nouvelle théorie du royaume dont le corps politique est un corps mystique est également, estime Kantorowicz, la source du sentiment national moderne : « Il est impossible de séparer fortement de l'idée de royauté fondée sur la *politeia* ou celle de l'État en tant que *corpus morale, politicum mysticum*, et une autre notion [...] le *regnum* en tant que patrie [...] en tant qu'objet d'un attachement politique et d'un sentiment religieux » (*Mourir pour la patrie, op. cit.*, p. 172) ; « Le royaume en tant que patrie devient l'objet d'un attachement politique et religieux. »

1. *Les Deux Corps du roi, op. cit.*, p. 11.
2. *Mourir pour la patrie, op. cit.*, p. 103.

> On peut considérer cette étude comme une tentative pour comprendre et si possible démontrer comment, et par quels moyens, certains axiomes d'une théologie politique qui allait, *mutatis mutandis*, demeurer en vigueur jusqu'au XXe siècle, commencèrent à se développer dans la seconde partie du Moyen Âge[1].

Aux causes initiales de son succès on ajoutera donc des raisons terminales. « Il faut que tout change pour que tout reste pareil », dit le prince Salina à la fin du *Guépard*, ou Tacite, de Rome : *« semper eadem »*. Ernst Kantorowicz changeait tout, apportait le souffle de l'esprit et revivifiait sous des eaux nouvelles le squelette desséché de l'histoire et, cependant, tout demeurait semblable. L'anti-étatisme ? Il était toujours là, appuyé sur un monisme politique plus vigoureux que jamais puisque *Les Deux Corps du roi* mettait en scène un seul type d'État, de l'Empire à l'État-nation moderne, chevillé par la royauté sacrée et conduisant à la catastrophe ; unité et maléfice de l'État... Mais, dira-t-on, et la question du sens ? La théologie ? Ne faisaient-elles pas un retour remarquable et ne décrivait-t-on pas un virage en épingle à cheveux ? Apparemment, on avait basculé dans une épistémologie nouvelle puisque, à l'encontre de l'interprétation positiviste dominante, les hommes ne vivent que de pain ; à l'opposé du tout économique et social, en rupture avec « Dieu est mort » (Nietzsche), Kantorowicz proclamait que l'homme ne vit que du sens, que tout est religion et que, en particulier, la politique n'est rien d'autre qu'une théologie, que l'État est le Dieu vivant et que le monde n'a été désenchanté que pour nous soumettre au charme funeste de l'État. Mais, à y regarder de plus près, on s'apercevra que son interprétation donnait, à ceux-là mêmes qu'elle semblait déranger dans leurs habitudes, deux possibilités de continuer à penser à l'identique, qui n'étaient pas si négligeables : la première et, si j'ose dire, la plus immédiate, était qu'il n'y avait toujours pas de politique car si le politique était et n'était rien d'autre qu'une théologie, elle n'avait pas acquis de consistance séparée ; et la seconde, plus dissimulée, et pourtant celle qui rend compte du véritable enthousiasme qui transporta ses zélateurs, d'autant plus séduits qu'ils étaient définitivement rassurés par cette explication si rigoureusement romantique, c'est que cette théologie elle-même repose sur une physiologie, une

1. *Les Deux Corps du roi, op. cit.*, p. 10.

doctrine du corps, une exaltation des matérialités... Ainsi c'était donc, et ce n'était donc, que cela. La politique est une théologie et pas une économie... Hum... Mais non, rassurez-vous, ce n'est pas le dernier mot car — « dites-le plus haut » — la théologie elle-même n'est qu'une physiologie. Nous nous y retrouvions enfin : l'État est un, il vient d'une théologie qui est une. Il n'y a pas de politique, il n'y a que des matérialités et leurs signes, l'essence de la manifestation. Kantorowicz, phénoménologue... Au lieu d'économie, de société, de civilisation, il suffisait de dire signe, société, civilisation avec un clin d'œil intérieur...

Il y avait cependant plusieurs écueils. La première traverse est que la superbe synthèse de Kantorowicz s'inscrivait dans la lignée de Gierke, Jellinek[1] et d'autres, de tous ces historiens qui avaient tenté de faire de l'Empire, et particulièrement du Saint-Empire romain germanique instauré par Othon puis réédité par les Hohenstaufen, la clé essentielle de la naissance de l'État moderne. La thèse maîtresse selon laquelle l'État moderne tire son fondement de la théologie médiévale est que la royauté sacrée est en quelque sorte la cheville ouvrière, la pierre d'angle de l'État d'angle, de l'État moderne, et l'idée que de l'Empire à l'État moderne la conséquence est bonne. Elle supposait que dans tout l'espace occidental s'était imposée une même idée de la loi, du sacré et même du corps, un droit politique, une théologie et une physiologie identiques. Or sur ces trois points, un affrontement avait depuis toujours opposé les écoles historiques anglaise et française d'un côté, l'école allemande de l'autre. Maitland et Jacques Flach, Glasson et Declareuil[2] avaient nié que les États anglais et français aient procédé du Saint-Empire puisqu'ils avaient relégué le droit romain que ce dernier avait reçu. Quant à la christologie et à la théorie du sacre, une vieille polémique avait aussi opposé Marc Bloch et dom Jean Leclerq[3] à leurs homologues allemands, puisque les premiers refusaient d'aligner la théologie du royaume sur celle de l'Empire.

1. O. von Gierke, *Les Théories politiques du Moyen Âge*, Paris, 1914. J. Jellinek, *L'État moderne et son droit*, Paris, 1904, 2 vol.

2. Frederick W. Maitland et Frederick Pollok, *The History of English Law Before the Time of Edward I*, Cambridge, 1895, 2 vol. ; Jacques Flach, *Études critiques sur l'histoire du droit romain au Moyen Âge avec textes inédits*, Paris, 1890 ; *Les Origines de l'ancienne France, la condition des personnes et les terres de Hugues Capet à Louis le Gros*, Paris, 1884-1904, 3 vol. ; E. Glasson, *Histoire du droit et des institutions de la France*, Paris, 1896, 8 vol. ; J. Declareuil, *Histoire générale du droit français des origines à 1789*, Paris, 1925.

3. Marc Bloch, *Les Rois thaumaturges*, Strasbourg, 1924, et Paris, 1983 ; dom Jean Leclerq, *Jean de Paris et l'ecclésiologie*, Paris, 1942.

Le second écueil, qui découle du premier, est que la théorie de Kantorowicz rouvrait donc la dispute sur les trois points qu'elle met en avant: l'unité de l'État inscrite dans l'unité du droit politique, l'unité de la théologie souscrite dans l'unité de la christologie, l'unité de la physiologie enfermée dans une théorie moniste du corps.

Évoquons-les rapidement et commençons par la doctrine de l'unité de l'État et du droit politique moderne. Débutons par sa politologie et disons d'abord quelle est sa force, qui rend compte de l'espace diffracté de son impact. Son efficacité philosophique est d'expliquer le tout du développement politique occidental et de nourrir ainsi la véritable attente philosophique («Le vrai est le tout», Hegel). Sa vigueur, c'est l'unité présupposée de l'histoire européenne à travers l'unité de son pouvoir. Avec un bénéfice anesthésiant et un calmant non secondaire pour le sentiment de culpabilité qui fut celui du Kantorowicz de la maturité vis-à-vis de l'auteur de *Frédéric II*... Oui, l'Allemagne avait péché et versé dans la catastrophe, mais elle n'était pas seule, elle n'était pas l'unique responsable. Toute l'Europe l'avait suivie. Par ailleurs, la machine infernale, avec son compte à rebours installé dans la matrice du pouvoir, ne venait pas de l'Empire mais du Sacerdoce. Coupable mais pas responsable. Installé aux États-Unis pendant trente ans, Kantorowicz eut le loisir de ruminer son destin et, des étapes de cette lente digestion, nous avons le témoignage de ses articles, dont les plus importants sont rassemblés dans un essai non traduit, *Selected Studies*[1]. Il y lit en gibelin l'unité de l'Europe à partir du monde romain, comme si la coupure entre l'Empire byzantin et l'Empire d'Occident n'avait été qu'une blessure superficielle. Analysant les entrées royales comme calquées sur les entrées du Christ triomphant dans Jérusalem[2], il enfouit sa vrille au plus profond pour observer que les entrées royales elles-mêmes dérivent du cérémonial épiphanique des rois hellénistiques et des empereurs romains[3]. Il s'efforce de montrer que l'entrée du Christ, de son côté, a été reproduite sur le modèle de l'entrée des empereurs et des rois antiques et que, dans les cérémonies, la référence au Dieu et à l'empereur est une seule et même chose, parce que le roi ou l'empereur sont divinisés et que le

1. Ernst Kantorowicz, *Selected Studies*, Locust Valley, New York, J. J. Augustin Publisher, 1955.
2. *Ibid.*, p. 42.
3. *Ibid.*, p. 43.

Dieu en retour est royalisé. Du coup, l'imitation de l'empereur et l'imitation du Christ sont homologues[1]. Sa thèse est que les rois ont été divinisés comme les empereurs antiques, tel le roi byzantin, tel l'autocrate russe, tel l'empereur allemand, et que sur ce point il n'y a pas de différences significatives entre eux. On peut lire saint Cyrille comme un légiste[2]. Mais on ne se refait pas, et il conclut par une attaque en règle contre la papauté. Ce sont les papes qui ont essayé de s'emparer de la dignité impériale, de l'entrée impériale[3]. Malgré eux, contre eux, après la première entrée historique qui fut celle du Christ, la seconde entrée eschatologique sera celle du jugement et de la justice de l'empereur. En 1944, Kantorowicz tenait encore à la supériorité de l'Empire sur la chrétienté. L'unité du monde européen — *L'Europe ou la chrétienté*, disait Novalis, l'Europe c'est Rome disent d'autres aujourd'hui. Et Kantorowicz naguère : *L'Europe, c'est l'empire romano-germanique, l'État c'est l'Empire*.

Kantorowicz était un penseur trop raffiné pour ne pas à la fois avouer ses dettes et reconnaître le véritable statut de son énoncé. Dans un article publié en 1942 (*Annual Report of the American Historical Association for 1941-1944*, 31.37), évoquant le romantisme allemand dans lequel avait baigné sa jeunesse, il rappela que l'une de ses convictions majeures était celle de l'unité du monde médiéval réalisée dans le Saint-Empire, unité qui effaçait, au-delà du schisme, l'extranéité du monde byzantin par le rattachement à l'Empire antique[4]. Il

1. *Ibid.*, p. 51.
2. *Ibid.*, p. 71.
3. *Ibid.*, p. 75.
4. « *The slogan of medieval world unity, whatever may have been its origin, has been popularized by the school of romanticism.* »

« *" Those were beautiful, brillant times when Europe was one christian country, when one christendom dwelled in the humanity shaped continent, when one great unity of action joined together the remotest provinces of this broad and spiritual empire. " With these words the German novelist begins his treatise on christendom or Europe, written in 1799; and in 1800, Fichte would echo: " The people of the new christian Europe can be looked upon as one nation. "* »

(L'époque était belle, brillante quand l'Europe ne formait qu'un seul pays, quand la chrétienté résidait dans l'humanité rassemblée en un continent, quand une seule et grande unité d'actions mettait en mouvement les provinces les plus éloignées de ce large et vaste empire spirituel. «C'est par ces mots que le romancier allemand Novalis commença son essai, *Europe ou la chrétienté*, écrit en 1799; et en 1800, Fichte répondit en écho: "Le peuple de la nouvelle Europe chrétienne doit être regardé comme une seule nation."»), *Selected Essays, op. cit.*, p. 76.

reconnaissait que cette unité d'une Europe romano-germanique avait été foudroyée — sans dire toutefois que son ultime agent et assassin avait été le nazisme. Mais il ajoutait, primesautière franchise et dernière justification de sa démarche, que cette unité était mythologique. L'unité européenne sur le modèle du Saint-Empire avait explosé, elle n'était plus qu'un pot brisé, cependant il fallait opposer la démarche de l'archéologue qu'il était à celle de la femme de ménage *(sic)*. La femme de ménage contemplait les restes de poteries, les balayait et les jetait, tandis que l'archéologue sortait les restes de la poubelle, les installait sous verre et regardait la poterie comme une entité, alors même que celle-ci avait disparu. Cette capacité d'observer un fragment et de voir en lui la vaisselle tout entière, cette capacité était celle du Moyen Âge. Cette unité était mythologique, mais c'était précisément l'essence même du Moyen Âge, sa substance, sa matérialité, d'avoir produit cette unité mythologique[1]. Et la vérité de cette unité était la présence réelle de l'Eucharistie, l'Incarnation du pouvoir[2].

Belle défense... Pourtant, l'Europe elle-même dut faire le ménage, et certains de ses archéologues prirent à leur tour le balai, sans honte aucune. Dans sa nudité, la politologie de Kantorowicz se résume à l'équation : l'État = l'Empire. Sa philosophie s'oppose ainsi perpendiculairement à la politique la plus ancienne de la tradition occidentale — il est vrai non européenne —, qui n'est pas celle de la royauté sacrée mais celle de la république. J'ai nommé la *Politeïa* d'Aristote. Le vrai est le tout, mais le tout n'est pas nécessairement l'Un. Artistote soutient qu'il existe non pas un mais *deux* types de cités, les répu-

1. *« Therefore, if it be our desire to defend the Myth of medieval world unity we should remember that anded the unity was myth [...] that it was this very "Myth of unity" which east and west alike professed. In other words, the "Myth" is the seemingly nebulous thought get quiet solid substance of medieval world unity. »*

(« Cependant, même si c'est notre désir de défendre le mythe de l'unité du monde médiéval, nous devons nous rappeler que cette unité était mythologique, en vérité que c'était le mythe de l'unité qui était proposé par l'Est et l'Ouest à l'identique. En d'autres termes, le mythe qui semble une idée nébuleuse est la véritable et solide substance de l'unité du monde médiéval. »), *ibid.*, p. 78.

2. *« Medieval world unity, as conceived in East and West, was primarily eschatologic and its reality is identical with the lord's real presence in the sacraments. »*

(« L'unité du monde médiéval telle qu'on la concevait à l'Est comme à l'Ouest était d'abord eschatologique et cette réalité est identique à celle de la présence réelle du seigneur dans les sacrements. »), *ibid.*, p. 79.

bliques et les despotismes. Toute la philosophie politique ouest-européenne à partir de la Renaissance — Bodin, Hobbes, Spinoza, Locke, Rousseau — étaiera sur cette taxinomie d'Aristote sa conviction qu'il existe au moins deux types d'État, la république ou l'empire, l'État de droit ou l'État despotique. Aussi bien, le grand succès de Kantorowicz est-il proportionnel à la faible réception de la véritable redécouverte de l'État de droit — c'est-à-dire de la république moderne. Car c'est ou bien... ou bien. Ou bien l'État de droit existe autrement que comme idéal type, ou bien Kantorowicz a raison et il n'est d'État que d'Empire, mais on peut accorder l'une des thèses avec l'autre. La thématique de l'État de droit a remporté un grand succès idéologique en même temps qu'elle a rencontré une faible adhésion culturelle. On dira alors qu'un énoncé philosophique est, pour l'historien, indécidable s'il ne réussit pas — Kantorowicz disait : à s'incarner —, on confessera, si du moins l'on ne prouve pas sa vérité, même approchée, par sa capacité à rendre intelligible le plus grand nombre de faits possibles. Ici, l'un des opérateurs de Kantorowicz est son idée de l'unité du droit politique de l'État, unité fournie par une origine commune : celle du droit romain additionnée de l'unité de la pensée des légistes qu'il examine.

Et voici pourquoi la question de l'histoire du droit politique, et en particulier de la place du droit romain, est d'une importance si capitale dans les débats passés et actuels sur le développement politique européen, l'histoire de l'État et l'avenir de la philosophie politique[1]. En effet, si le droit politique n'a pas ou

1. Sur ce débat, voir Hermann Fitting, *Les Commencements de l'école de Bologne*, Paris, trad. française, 1888, et Jacques Flach, *Études critiques sur l'histoire du droit romain au Moyen Âge*, *op. cit.* Sur l'histoire du droit romain au Moyen Âge : Fournier « L'Église et le droit romain au XIIIe siècle », *NHRDH*, 1889 ; C. Digard, « La papauté et l'étude du droit romain au XIIe siècle », *Bibliothèque de l'école de Chartes* (BE + CC 1890) ; E. Chenon, « Le droit romain et la *curia regis* de Philippe Auguste à Philippe le Bel », *Mélanges Fitting*, Montpellier, 1907 ; Fournier, *Les Officialités au Moyen Âge*, Paris, 1880 ; R. Caillemer, « L'enseignement du droit civil en France au XIIIe siècle », *NHRDH*, 1879 ; A. Tardif, « À propos de la bulle *super specula* », *NHRDH*. Depuis ces travaux, l'état de la question a été renouvelé par J. Strayer, *Les Gens de justice en Languedoc sous Philippe le Bel*, Toulouse-Paris, 1970, et Donald Kelley, *The Foundation of Modern Historical Scholarship, Law and History in the French Renaissance*, New York-Londres, 1970. Après F. W. Maitland, *Selected Historical Essay*, Cambridge, 1927, et F. W. Maitland et F. Pollock, *The History of English Law Before the Time of Edwards*, Cambridge, 1895, 2 vol., et M. R. Gilmore, *Argument from Roman Law in the Political Thought 1200-1600*, Cambridge, 1941.

très peu changé depuis la réception des codes justiniens telle qu'elle eut lieu à la fin du Moyen Âge dans le Saint-Empire romain germanique, cela entraîne, *ipso facto*, l'unité du développement politique occidental entre l'Europe de l'Ouest et l'Europe centrale. Si, en revanche, le droit politique romain reçu dans le Saint-Empire fut pour l'essentiel relégué dans les monarchies occidentales telles l'Angleterre et la France, la conséquence est nécessairement que l'État moderne a innové, qu'il a d'autres sources. C'est la raison pour laquelle la dispute sur la réception ou la relégation du droit romain n'est pas qu'une manie obsessionnelle d'érudits mais l'une des voies pour comprendre les chemins de l'État. C'est le motif qui rend si décisif la recherche exacte de ce que le concept de souveraineté (Bodin), pierre d'angle de l'État moderne, doit ou ne doit pas au concept romain d'*imperium*, c'est le mobile qui commande d'examiner quelles sont les sources juridiques exactes des droits de l'homme, des droits du citoyen, des droits du peuple. On y apprend ce qui nous rattache ou nous détache de la romanité antique. On y découvre ce que nous demeurons encore et que nous ne sommes plus, on y lit notre passé et notre avenir.

Par glissements successifs, par petites touches, Kantorowicz présente impavidement le droit romain reçu par les légistes impérialistes et curialistes comme un modèle inentamé du droit politique moderne toujours valide au XXe siècle. Or nous tombons là sur une discorde ancienne que j'ai déjà exposée à plusieurs reprises[1]. Débat qui a opposé, à la fin du Moyen Âge, les légistes anglais et français, Bracton, Bodin, Coquille, Dumoulin, pour ne citer que quelques stars, aux légistes impérialistes et curialistes glossateurs et postglossateurs (Accurse, Balde, Bartole)[2]. Débat qui a rebondi avec une vigueur particulière tout au long du XIXe siècle et jusqu'au début du XXe siècle pour engager dans la même entente cordiale les historiens anglais et français (Maitland, Gilmore, Klimrath, Fustel de Coulanges, Glasson, Flach, Declareuil, François-Olivier Martin) contre leurs homologues allemands (Savigny, Mommsen, Fitting, Gierke, Jellinek, Lousse *et alii*)[3]. Débat qui continue aujourd'hui avec notamment les œuvres de Joseph R. Strayer, Donald Kelley, Michel Villey[4].

1. Voir *L'État et les esclaves*, Paris, 1979, *Les Chemins de l'État*, Paris, 1986, *Les Historiens et la monarchie*, Paris, 1988.
2. *Ibidem.*
3. *Cf.* note 1 p. XXIII.
4. Voir l'œuvre complète de Michel Villey.

L'énoncé de la discussion est limpide. L'alternative est : les royaumes — notamment la France et l'Angleterre — ont-ils connu la même réception du droit romain que celle, indiscutée, qui appartient au Saint-Empire germanique avec, au Moyen Âge, la redécouverte et l'inscription du *Corpus Juris Civilis* de Justinien dans son développement juridique ? Ou encore la politique de réception du droit romain menée par les empereurs fut-elle suivie par les monarques français et anglais ? Et l'enjeu n'est pas plus compliqué : qu'est-ce que la formation des États modernes en France et en Angleterre — mais aussi en Hollande et en Suède par exemple — doit au modèle du Saint-Empire ? Ou encore, l'État moderne procède-t-il ou ne procède-t-il pas de l'Empire[1] ?

Dans cette querelle, la réponse, réitérée pendant plusieurs siècles par les légistes, les philosophes et les historiens anglais et français, de Bracton à Maitland, de Hotman à Klimrath, est que le droit politique des États anglais et français a innové, qu'il n'a pas reçu le droit romain impérial, qu'il a, au pis, versé du vin nouveau dans des outres anciennes et, au mieux, inventé *ex nihilo*. Le grand philosophe du droit Michel Villey a pour sa part passé sa vie à démontrer que la philosophie du droit moderne ne pouvait pas procéder du droit romain et j'ai, de mon côté, apporté dans ma thèse[2] les preuves de la politique de relégation du droit romain telle qu'elle a été conduite par la monarchie française de Philippe Auguste à Louis XIV après que Myriam P. Gilmore eut montré l'existence d'un identique politique de relégation du droit romain en Angleterre[3]. Le droit

1. Sans doute la question se compliquera dès lors que l'on abordera le problème de la réception du droit romain dans d'autres parties du droit que celle du droit politique, c'est-à-dire dès lors que l'on touche à l'influence du droit romain dans le droit civil et dans le droit pénal ; mais ici nous n'évoquons que la discussion concernant le droit politique.

2. *Les Historiens et la monarchie*, *op. cit.*, dernier vol.

3. Voir M. P. Gilmore, *Argument for Roman Law, op. cit.* C'est pourquoi, sur un tel débat, bien que l'auteur de ces lignes n'ignore nullement qu'elle est de sexe féminin, cela ne dispense pas MM Yann Thomas et Jacques Krynen, qui sont aussi ses collègues, et ce malgré l'avantage initial que donne toujours, hélas !, la grossièreté sur les bonnes manières, d'étayer leur conviction de la réception du droit romain dans les monarchies (J. Krynen) ou de l'esprit du droit romain dans l'État moderne (Y. Thomas), conviction ancrée sur une bibliographie où figurent en bonne place Savigny, Gierke, Carl Schmitt (pour Yann Thomas qui la donne), mais non Joseph Strayer et Donald Kelley, autrement que par des injures à mon endroit et des références à la « bibliographie la plus moderne » mais non citée... Que cela plaise ou non à ces messieurs, la

politique moderne, que nous appelons le droit républicain, a, pour l'essentiel, été élaboré sous l'Ancien Régime. Plus loin j'étudie comment on lui doit les concepts impensés et impensables du droit de l'État (la souveraineté), des droits de l'homme[1]. Or Kantorowicz, fidèle en cela au courant majeur de l'historiographie romantique allemande, néglige superbement les disputes juridiques qui ont opposé les légistes royalistes aux légistes du Saint-Empire et engagé les monarchies anglaise et française à mener avec ténacité et obstination leur politique de relégation du droit romain. Pourtant, si, comme l'a souligné Maitland, le droit romain ne fut jamais reçu en Angleterre, pas même comme en France au moment de l'humanisme juridique du *mos gallicus*, il y a quelque difficulté à faire de Bracton, qui fut le contempteur du droit romain et l'apologiste du droit anglais, un compagnon de Frédéric II dans l'idée d'une royauté fondée sur la loi. Les études d'Hermann Kantorowicz, *Bractonian problems* (1941), dont s'inspire ici Ernst Kantorowicz, déclenchèrent d'ailleurs un beau tollé parmi les historiens anglais[2].

Je soutiens ici que la thèse de l'unité du droit politique moderne fondé sur l'origine du droit romain est controuvée,

---

république des lettres et l'université comptent aujourd'hui des femmes aussi... La déontologie scientifique autant qu'un minimum de tenue ne les autorisent pas plus à passer l'argument de Michel Villey par prétérition qu'à me répondre par des noms d'oiseaux. Si le propre d'un énoncé scientifique est d'être falsifiable, il leur faut alors démontrer, sans perdre immédiatement leur calme, que l'esprit du droit moderne est bien l'esprit du droit romain (*versus* Villey) et ce qu'il a apporté, par exemple, aux droits de l'homme... Il leur faut expliquer, entre autres, en quoi le dossier que j'ai présenté naguère à la Société d'histoire du droit sur la politique de relégation du droit romain de la monarchie française à partir des *Mélanges Colbert* (BN Manuscrits) et des ordonnances royales, dossier que j'ai retranscrit dans ma thèse, est controuvé. Ils doivent exposer comment on peut aplatir le concept bodinien de souveraineté sur celui d'*imperium* (J. Krynen) alors même que j'ai minutieusement différencié en quoi il était différent et en quoi il était semblable. Que les admirateurs de Heidegger, Carl Schmitt et Kantorowicz veuillent bien aussi se soumettre à la loi commune, qui est la rhétorique de l'argumentation. Ce sera une chance pour eux d'éviter, après l'agression, le reniement. La discussion savante n'est pas condamnée d'avance à osciller entre la forfanterie et la forfaiture (voir *Le Débat*, n° 74, mars-avril 1994, les articles de Yann Thomas et Jacques Krynen).

1. Voir « L'idée républicaine sous l'Ancien Régime ».

2. Hermann Kantorowicz, *Bractonian Problems...*, Glasgow, 1941. Voir la discussion dans « A new approach to Bracton », *Seminar*, II, 1944, *Law Quarterly Review*, LXI, 1945, *Traditio*, III, 1945, *English Historical Review*, LX 1945, LIX 1944.

parce que le droit politique moderne des États républicains qui se développent dans les États et les monarchies à la fin de la Renaissance se ressource à d'autres racines : le retour à la théorie républicaine antique issue de la lecture d'Aristote (Machiavel, 1513, Bodin, 1576), l'examen des Écritures et du modèle de l'État des Hébreux (Hobbes, Spinoza, Locke)[1]. Si, dans le droit politique moderne de l'État, du citoyen, du peuple, il ne subsiste que des restes du droit romain qui doivent être analysés minutieusement, les droits de l'homme, en revanche, ne lui doivent rien.

L'unité du droit politique se renforçait, estimait Kantorowicz, de l'unité de la pensée des juristes « que le droit romain appelait de façon si suggestive "les prêtres de la justice" ». Il fait ainsi défiler indifféremment des légistes postglossateurs (Bartole, Balde), des Anglais (Bracton, Plowden, J. Fortescue, Jean de Salisbury), des Français (Jean de Paris, Gerson *et alii*). Mais convient-il de les amalgamer ? Comment, par exemple, unir les points de vue de Jean de Salisbury et de Jean de Paris ? Jean de Salisbury, en effet, a bien présenté une christologie susceptible de servir d'exemple à la société politique ; néanmoins, il ne l'a nullement fait au service du roi mais à celui du pape. L'auteur du *Policratus*, secrétaire de Thomas Becket, dut s'enfuir précipitamment et mettre la Manche entre lui et le roi d'Angleterre. À l'opposé, Jean de Paris, l'auteur du *De potestate regia et papali* (1305), est, comme l'a très bien décrit le bénédictin Jean Leclerq dans un ouvrage qui constitue à lui seul une réfutation des thèses de Kantorowicz, *Jean de Paris et l'ecclésiologie*[2], un théoricien engagé aux côtés du roi Philippe le Bel dans sa querelle avec Boniface VIII. Comme le signalent les mauristes du XVIIIe siècle, orfèvres dans l'art de distinguer les précurseurs de leur gallicanisme, il a signé l'acte du 26 juin 1303 par lequel les dominicains de Saint-Jacques adhèrent à l'appel du roi Philippe le Bel contre Boniface VIII[3]. Autrement dit, s'il est incontes-

1. Voir la démonstration dans mes travaux antérieurs, *Les Chemins de l'État*, 1986 ; *Le Droit naturel et les droits de l'homme*, 1986 ; *La République incertaine*, 1988.

2. Paris, 1959.

3. *Histoire littéraire de la France*, t. 25, p. 259. Comme le souligne justement dom Jean Leclerq : « Pour les auteurs modernes, l'intérêt de ce traité [celui de Jean de Paris] consiste à présenter à la fois l'exposé authentique de la doctrine théocratique quant à ses sources les plus pures et la doctrine de Jean de Paris qui, elle, soutient l'indépendance des rois à l'égard des papes... C'est lui qu'à son tour on allait plagier et que les continuateurs de la pensée théocratique allaient critiquer de préférence » (Leclerq, *op. cit.*, p. 41).

table qu'au XIIIe siècle les théologiens affirment à l'envi la royauté du Christ — qu'il possède aux titres divers de Dieu tout-puissant et égal à son père, héritier de la lignée davidique ayant par sa passion et par sa résurrection remporté la victoire sur le démon et le péché —, s'ils proclament tous que les chrétiens participent à cette royauté par les sacrements et la pratique de la charité, si donc enfin la théorie de la royauté sacerdotale signifie certes que le pouvoir attribué au Christ et, à cause de lui, à l'Église, se rattache à la fonction rédemptrice du Verbe incarné, il n'en existe pas moins, entre les légistes curialistes et les légistes royaux, des distinctions marquées. Jean Leclerq souligne que tandis que les partisans de la théocratie pontificale ont à cœur de soutenir que la royauté du Christ s'exerce non seulement en tant que le Christ est Dieu mais aussi qu'il est homme, à l'inverse les théoriciens qui appuient l'effort de la royauté insistent, eux, pour séparer le Christ Dieu du Christ homme et utilisent la doctrine de la royauté mystique pour restreindre et non élargir les pouvoirs de l'Église.

Il est donc difficile de confondre ces deux légistes : l'un, curialiste, applique sa christologie à la société pour soumettre le pouvoir royal à l'Église ; l'autre, royaliste, invoque la royauté sacrée pour l'émanciper de la tutelle pontificale. Les « prêtres de la justice » sont bien des clercs, mais ces clercs ne sont pas engagés dans les mêmes combats. Entre eux, la querelle fait rage et la contestation bat son plein. C'est dire qu'il ne suffit pas de repérer l'énoncé de la christologie pour situer l'application de son modèle. Où est — selon les légistes — le Christ, où placer le corps mystique ? De tel pouvoir à tel doctrinaire, l'inscription varie grandement. Les juristes qui accompagnent le règne de Frédéric II font de lui un César-Christ. Il est la *lex animata*, le rédempteur. Aucun monarque ne disputera jamais à l'empereur ce titre qui lui a donné son altitude et sa déraison et l'a engagé dans une lutte à mort avec le pape. La référence du Christ est, dans le cas du roi anglais Tudor où du roi français, beaucoup plus limitative, qui passe par la médiation du corps politique, lequel revêt lui-même des acceptions diverses : doit-on mettre sur le même plan le roi anglais en son parlement et le roi français en son conseil ?... Le conseil peut-il tenir lieu de corps mystique ?

Nous voici insensiblement passés à la discussion théologique. Et pour retrouver la même problématique de l'un. N'y a-t-il qu'une théologie ? La doctrine ecclésiologique et christologique n'a-t-elle pas à son tour varié très fortement ? Ou encore les légistes n'ont-ils pas tenu des enseignements très différents selon qu'ils voulaient affaiblir ou renforcer l'empereur, le pape ou le roi ? S'il est vrai, par exemple, que les légistes anglais ont eu tendance à utiliser, en parallèle avec la formule fameuse des légistes français « le roi de France est empereur en son royaume », le slogan « le roi anglais est pape en son royaume », ils ne partageaient pas la communauté d'inspiration qui avait été celle de l'empereur voulant se substituer au pape et rêvant de construire sur son glaive un empire sur le modèle de l'Église universelle. Pas plus qu'il n'a été question pour le souverain français de devenir empereur mais d'édifier, grâce à son droit et à ses légistes, cette nouvelle doctrine de la puissance publique qu'on ne saurait réduire à la théorie impériale, et qui a été la doctrine de la souvraineté.

Ajoutons qu'il n'est pas non plus inutile de préciser la place exacte occupée par la christologie dans la doctrine théologico-politique. La christologie n'est pas tout, elle ne se dilate pas aux confins du vaste espace du théologico-politique, qui dans le cas de la monarchie française se voit meublé de deux autres pièces au moins. D'abord la théorie du sacre étudiée magistralement par Marc Bloch dans *Les Rois thaumaturges*[1] comme le développement d'une conception ministérielle et non christologique de la royauté. Si sur les origines de la théorie du sacre, wisigothique, mérovingienne ou carolingienne — Marc Bloch, à la différence de bon nombre d'historiens aujourd'hui, n'ignore pas ce débat —, un doute peut subsister, il est clair en revanche que la conception du sacre est purement ministérielle. Le roi, oint du seigneur par la sainte ampoule, est sacré sur le modèle des rois d'Israël comme Samuel avait oint Saül. Cette onction, qui fait de lui un ministre de Dieu et ajoute à sa dimension de simple laïc la nature de clerc en son sacre, ne le promeut pas pour autant à la place de rédempteur[2]. Ensuite les théories de l'Église gallicane. Le gallicanisme, de la Pragmatique Sanction de Saint Louis à la Pragmatique Sanction de Bourges jusqu'aux *Libertés de l'Église gallicane* des Pithou, des Dupuy, jusqu'à la

1. *Op. cit.*
2. Et le roi de France n'occupera jamais cette place du César-Christ, même à partir des funérailles de Henri IV ou de Louis XIII, qui, comme l'a très bien souligné R. Giesey, marquent un tournant dans la conception de la royauté en soulignant l'immortalité de couronne (« Les rois ne meurent pas en France »), en inscrivant la majesté dans le sang royal et en l'identifiant au phénix qui renaît de ses cendres ou au soleil Louis XIV (*Le Roi ne meurt jamais...*, Paris, 1987).

Déclaration des quatre articles de 1682, a joué un rôle majeur dans la doctrine théologique de la monarchie. En proclamant qu'au temporel le pape n'est nullement supérieur au roi, que le Concile est supérieur au pape et que l'Église de France a des libertés inaliénables à l'égard du pape, le gallicanisme a dominé les relations du royaume de France et de la papauté. Il emprunte d'autant moins à la christologie médiévale qu'il a été pour une bonne part élaboré par des légistes protestants ou influencés par la Réforme.

L'évocation du protestantisme nous fournit ici une excellente transition pour en venir au troisième débat rouvert par Kantorowicz sur la physiologie.

Le corps ? Sait-on ce que peut ou ce qu'est un corps ? Cette question, centrale pour la pensée moderne, et qui est au point névralgique du mécanisme de la Renaissance, n'est jamais envisagée par Kantorowicz. Il utilise de façon univoque et fixé à son stade originaire un concept de corps qui pourtant a fait l'objet de discussions et de variations réglées à la fin du Moyen Âge et pendant les guerres de Religion. Conflits théologiques fondamentaux qui ont eu comme référence l'Eucharistie et ont divisé catholiques et protestants, catholiques et catholiques ; collisions philosophiques où se sont heurtées les définitions de la substance. Le début du Livre I de *L'Éthique* de Spinoza ne traite que de cela, et c'est une bombe qu'il fait exploser. Grabuge politique déclenché par le mécanisme du *Leviathan* de Hobbes... Or il n'est pas un moment où Kantorowicz évoque de tels orages pour apprécier la validation ou la péremption de sa doctrine des deux corps du roi. L'historien anthropologue associe en effet de façon non problématique la thématique de l'incorporation à celle de l'incarnation. Deux questions pourtant différentes... Si la corporation c'est, en effet, la réunion du roi à ses sujets dans son corps politique — dont il est la tête et dont ils sont les membres —, *incorporated* (associé dans un corps) signifie bien l'association dans la hiérarchie. On sait en effet que c'est un sigle de l'association bénédictine aux États-Unis *(Benedictin Incorporated)* qui a mis Kantorowicz sur sa piste favorite. Et on conviendra alors avec lui de sa conclusion féconde selon laquelle la corporation est une hypostase de la loi sous la forme de l'incarnation. Pourquoi alors ne pas poser — même si, à notre sens, il ne l'a pas résolue — la question judicieusement soulevée par François-Olivier Martin, dans son livre sur *L'Organisation corporative de la France sous l'Ancien Régime*, de savoir pourquoi l'État souverain français a abrité et développé en son sein les corps de l'État (aujourd'hui les grands corps) ? On répondra que Kantorowicz la néglige pour mieux se concentrer sur le problème central de la souveraineté, pour mieux focaliser notre attention sur l'essentiel : la question de l'incarnation.

Est-il possible d'oublier que cet énoncé a fait couler des flots d'encre ? L'analogie du corps humain avec le corps social n'est nullement, en effet, un thème médiéval. Dans *La Politique*, Aristote compare déjà la cité à un organisme humain et la théorie organiciste est un lien commun de la pensée politique de l'Antiquité, que le Moyen Âge emprunte à Aristote, à Platon, ou encore à la conception de l'État telle qu'on la trouve chez Sénèque, pour lequel l'empereur est l'âme du monde qui structure le corps de la cité. Mais la chanson est réécrite avec l'introduction du couplet ecclésiologique constitué à partir de *La Cité de Dieu*, qui interprète l'Église comme *corpus christi*. Précisément, cette doctrine, avec le problème de l'Eucharistie, est la cible favorite des querelles des temps modernes. Il est banal d'évoquer — mais Kantorowicz n'en souffle mot — le désaccord total des protestants et des catholiques sur la définition du corps du Christ. L'Eucharistie, c'est-à-dire la transsubstantiation, la substance du pain et du vin comme corps et sang du Christ, n'est nullement admise par Luther, qui lui préfère la consubstantiation. Les sacramentaires, Karlstadt, Zwingli, Oecolampade, iront plus loin : pour eux, la Cène n'est qu'une cérémonie du souvenir. L'incarnation n'a eu lieu qu'une fois par le sacrifice suprême du Sauveur et la présence réelle de Dieu se trouve désormais dans l'Assemblée des fidèles (le peuple), qui devient le corps du Christ. Pour Calvin, il y aura une présence réelle dans la Cène, une présence substantielle, mais elle sera ineffable, spirituelle, et ne s'offrira que dans le rapport singulier de la foi. Or tout a lieu dans l'œuvre de Kantorowicz comme si l'espace — *res extensa* — du corps politique avait été resserré, concentré une fois pour toutes dans le temps mystique de l'incarnation. Mais comme chacun sait que cette question capitale de l'incarnation a été tranchée différemment selon les royaumes — *cujus regio ejus religio* — après la paix d'Augsbourg, on peut en inférer que s'il n'y a pas de doctrine univoque du corps mystique, il ne peut exister de théorie unamime du corps politique.

Ces quelques brèves remarques n'ont pas pour intention de clore la discussion sur Kantorowicz mais de la rouvrir, en essayant de comprendre comment un historien qui a élaboré la synthèse de tout ce que l'école française d'histoire politique avait rejeté jusqu'au début du XXe siècle a pu occuper ici, sans soulever davantage d'objections, une telle place. L'importance démesurée accordée à l'historien allemand n'a été rendue possible que par la véritable amnésie qui a frappé l'école historique française vis-à-vis de sa tradition du début du XXe siècle et du XIXe siècle. Tout concorde pour observer que le traumatisme fauteur d'oubli est daté de 1914. Avant et après la « grande guerre », plus rien n'est pareil. Auparavant, historiens politiques et juridiques, philosophes des écoles française et anglaise s'inquiètent de ce qu'est en train de développer la pensée allemande et s'interrogent gravement sur le pangermanisme, le nationalisme, l'État puissance. Ensuite, le souci est refoulé pour laisser entrer le grand vent de la sociologie, de l'anthropologie, dont une part non négligeable vient des études érudites allemandes. Aussi bien, la fin de l'école des Annales, à laquelle nous assistons aujourd'hui, ne signifie pas — du moins pour l'auteur de ces lignes — que l'immense œuvre d'un Marc Bloch, par exemple, va cesser d'exister, mais que, pour retrouver la longue durée des questions d'histoire et de philosophie politique auxquelles nous sommes aujourd'hui confrontés, il est aussi important de revenir en histoire en deçà des années vingt (du XXe siècle), qu'il est décisif en philosophie politique de retourner à la source du droit politique moderne du XVIIe siècle. C'est seulement en élargissant les bibliographies et en nous efforçant à ce travail de la mémoire, en n'acceptant plus, par exemple, qu'un Fustel de Coulanges continue d'être traité, comme le fut Spinoza au début du XIXe siècle dans l'Allemagne romantique, en chien crevé, que nous aurons une chance de sortir des grandes impasses où nous tient bloqués l'assujettissement durable de la pensée européenne à la pensée romantique et de desserrer l'étau de la pensée de la révolution conservatrice.

La culture de Weimar n'a pas qu'une importance historique ou philologique (retracer l'origine historique d'une pensée). Ce que le retour de l'affaire Heidegger a déjà[1], en réalité, mis au jour, c'est le caractère organique, quasi encyclopédique, des problématiques avancées par lui dès les années vingt dans la constitution du débat philosophique européen au XXe siècle. Kantorowicz est l'exact analogue de Heidegger sur le plan historiographique, de même que Werner Heisenberg en philoso-

1. L'affaire Heidegger a été déclenchée en France par la publication du livre de Victor Farias et le relais qu'il a trouvé dans les articles d'Antoine de Gaudemar et Robert Maggiori *(Libération)*.

phie des sciences ou Carl Schmitt dans la théorie du droit politique, Fritz Lang dans l'esthétique du cinéma. C'est donc à la signification de ce romantisme révolutionnaire qu'il faut s'attacher, à travers la présence des thèses de Kantorowicz, mais en assurant un va-et-vient avec les autres domaines. Weimar est un paroxysme qui a grossi démesurément une problématique commune à l'Europe entière : le passage traumatique à la modernité des sociétés conservatrices, agraires, patriarcales, autoritaires. Le déni de cette modernité est son réinvestissement pervers sous la forme révolutionnaire, à travers ce que Heidegger lui-même baptisera « la volonté de la volonté ». Après l'orgasme hitlérien, Heidegger comme Kantorowicz, Jean-Baptiste défaits, reconstruisent une œuvre de pessimisme radical, où le sens même de l'histoire est l'objet d'une interrogation douloureuse. Or cette blessure secrète travaille de l'intérieur le courant marxiste-sociologique de l'après-guerre, théoriquement antagoniste, mais en réalité mordu au plus profond par l'incapacité du matérialisme historique de produire une position philosophique qui corresponde à la question du sens. L'excès empiriste de la pensée de gauche trouve donc son double inévitable dans une métaphysique de la déréliction et du religieux qu'elle avale d'autant plus goulûment qu'elle a soigneusement éradiqué l'histoire des idées comme un néant de pensée. Ce moment d'heideggérisation de la pensée de gauche, nous le retrouvons dans la réception actuelle des thèses de Kantorowicz. Seule une sortie du XXe siècle vers la pensée démocratique, écrasée sous Weimar, physiquement avant même que spirituellement, peut, en cette phase de reconstruction de l'unité européenne, nous reconduire au-delà des apories de la pensée romantique révolutionnaire, la grande pensée de notre siècle, témoin et accoucheur de la barbarie.

Le combat contre une conception étroitement matérialiste et aseptique du développement historique doit prendre alors un tour plus subtil, plus différencié. Il faut, d'une part, réaffirmer la place de l'histoire des idées. Il faut d'autre part lutter contre la dignité exorbitante donnée aux conceptions de l'historiographie allemande en matière de développement politique. C'est pourquoi les balises de ce travail se trouvent dans une recherche plus systématique sur les théories politiques des philosophes comme Descartes, Kant, Fichte, sur le retour à l'idée de développement politique universel qu'avait battu en brèche toute la critique de l'occidentalisme ou de l'ethnocentrisme. La lutte contre la fausse généalogie métaphysique du droit et de la politique, qui croit que de l'Empire à la nation la conséquence est logique et qui imagine qu'il n'y a qu'une seule théologie ou, à présent, pas de théologie du tout *(idem)*, passe par une remise en cause de la place démesurée accordée à la prétendue réception du droit romain en Europe extrême-occidentale, et par une critique de l'identification du principe de la nation et du nationalisme (Fichte), c'est-à-dire par la refonte des doctrines de philosophie, d'histoire et de droit politique qui ont dominé le premier XXe siècle.

C'est pourquoi nous n'avons pas craint de revenir une fois encore sur le grand développement de l'idée républicaine sous l'Ancien Régime, la genèse et la laïcité, pour refaire des parcours que l'on croyait connus et qui, en vérité, avaient été en partie perdus. L'essentiel du droit politique de l'État moderne ayant été élaboré sous l'Ancien Régime, il fallait examiner précisément ses acquis en matière de droit politique, tant dans le droit de l'État que dans les droits de l'homme et dans les droits du citoyen. À la fin, c'est le retour de la philosophie politique qui s'inscrit comme une nécessité historique pour remettre à jour les voies du développement de l'État de droit.

Les études qui suivent ont été écrites pendant les années où j'ai enseigné à l'université de Lyon-III, en 1990-1994 (voir Sources, p. 270), à l'occasion d'invitations qui m'ont été adressées en France et à l'étranger, et certaines sont liées à la vie de la revue *Philosophie Politique*. Elles ont été rassemblées grâce à la générosité de Jean-Luc Pidoux-Payot, qui a associé une lecture attentive et exigeante à une longue patience. Que mes collègues historiens, juristes et philosophes, qui ont souhaité que je partage leurs réflexions, veuillent bien trouver ici l'expression de mes remerciements et mon éditeur celle de toute ma gratitude.

I. La politique des philosophes

Politique(s) de Descartes

En son noyau de philosophie première comme en son espace circonscrit de théologie et d'ontologie, en intension comme en extension, les dernières études cartésiennes ont renouvelé profondément l'interprétation de la philosophie de Descartes. Aussi n'est-ce pas sans un certain sentiment d'extranéité ni sans mesurer toute la difficulté que je me suis risquée à essayer d'apporter des éléments de réponse à la question de la politique de Descartes que Jean-Marie Beyssade a bien voulu me poser. D'avance, je demande qu'on veuille bien étendre à cet effort l'indulgence qu'on peut avoir avec une personne qui ne sera jamais sur un champ clôturé qu'une travailleuse à la journée quand elle ne glane pas, pour ses études ou pour son enseignement, ce que les spécialistes ont si patiemment et si minutieusement récolté. Après les travaux de Ferdinand Alquié (1950), G. Rodis Lewis (1950), Martial Guéroult (1953) et Henri Gouhier (voir ci-après), nous disposons des travaux nouveaux de Jean-Marie Beyssade (1979), Jean-Luc Marion (1981 et 1983), Pierre Guénancia (1983) et N. Grimaldi (1988).

Politique de Descartes ? Je me suis permis d'adjoindre un (s) à politique, car la question peut s'entendre de trois manières distinctes : a-t-il existé une pensée politique, une morale, ou une action politique du philosophe ?

Une théorie politique de Descartes ?

La première question paraît déjà tranchée. À l'exception de la fameuse lettre de septembre 1646 envoyée d'Egmont à la princesse Élisabeth[1], qui lui avait commandé « d'écrire son opinion sur *Le Prince* de Machiavel », il n'y a pas de texte du philosophe français sur la politique et tout étudiant en philosophie apprend que, selon Descartes, la politique, comme nous l'exposait naguère François Regnault, est l'affaire du Prince.

On a souligné que cet effondrement de l'idée d'un ordre naturel de la cité a un rapport avec la transformation des acceptions traditionnelles de la notion du monde comme macrocosme et de l'homme comme microcosme, définitions que Descartes abandonne dans son *Traité du monde* et dans son *Traité de l'homme*, pour promouvoir une idée rénovée de la nature : la nature hors de l'homme comme *res extensa* et, en l'homme, comme *res cogitans*. Le philosophe qui a imaginé un programme de maîtrise de la nature hors de l'homme par la technique, de maîtrise en l'homme par la morale, n'a nullement songé à une maîtrise de la cité par le droit. Si, comme l'a dit Pierre Guénancia[2], la principale conséquence de la révolte cartésienne a été de défaire l'unité entre le monde et l'homme afin de rendre celui-ci maître d'un destin qui n'est écrit nulle part et d'installer la liberté comme seule loi de la société humaine, alors il faut se résoudre à l'absence de politique cartésienne.

Peut-on expliquer le désintérêt de Descartes de façon satisfaisante à l'endroit de la philosophie politique en arguant de ce qu'au XVIIe siècle la classe des philosophes politiques est vide ? Je ne le crois pas. Non seulement parce que Hobbes et Spinoza — même si leurs vies et leurs œuvres sont postérieures à celles de Descartes — sont bien des auteurs du XVIIe siècle, mais aussi parce que le premier XVIIe siècle, à la condition d'étirer la définition de la philosophie politique, compte des légistes, des juristes, des historiens, des théoriciens qui ne sont pas négligeables : Althusius et Grotius sans doute, mais aussi Théodore et Jacques Godefroy, Pierre et Jacques Dupuy.

Peut-on rendre compte du rapport qui s'est noué entre Descartes et l'ordre politique dans les seuls termes d'une négation ou d'une déliaison ? Je ne le crois pas non plus. Car, en raison du succès du cartésianisme, et notamment de l'avènement d'une anthropologie politique qui inscrit la politique dans la morale et qui enracine le droit dans la figure d'un sujet ou d'un individu, lequel, même différent des définitions du cartésia-

1. Descartes, lettre de septembre 1646, *Œuvres de Descartes* par Charles Adams et Paul Tannery, Paris, 1975, t. III, p. 670 (désormais A.T.).

2. Pierre Guénancia, *Descartes et l'ordre politique*, Paris, 1980, p. 23.

nisme, n'aurait pu être pensé sans lui, le rapport de Descartes à la théorie politique ne peut se limiter à la mise entre parenthèses qu'il a lui-même pratiquée. S'il est une différence entre Descartes et les théoriciens politiques du premier XVIIe siècle, c'est d'abord peut-être que ces derniers se sont intéressés à l'histoire et au droit que le philosophe a rejetés ou méprisés. Si la position de Descartes en matière d'histoire et de droit n'a pas été sans conséquences sur ses petits-neveux, ce sont d'abord ces conséquences qu'il faut examiner. Il n'y a pas de politique cartésienne : cette absence s'est inscrite à l'état civil de l'histoire et du droit.

Que Descartes ne soit nullement intéressé à l'histoire, Henri Gouhier et Yvon Belaval l'ont déjà parfaitement souligné[1]. Par son désir « de ne pas être de ces petits artisans qui ne s'emploient qu'à recommencer de vieux ouvrages parce qu'ils se sentent incapables d'en entreprendre de nouveaux », par son exaltation de l'architecte qui bâtit à partir des fondements et sa certitude que lorsqu'on est perdu mieux vaut avancer résolument dans une direction que d'en essayer plusieurs, Descartes a délibérément méprisé la connaissance historique. Comme il en fait l'aveu à la princesse Élisabeth dans sa lettre du 31 janvier 1648[2], il a rêvé d'un traité contre l'érudition. Il a opposé la connaissance fondée sur le raisonnement à l'expérience alimentée par la mémoire : « Nous ne serons jamais philosophes si nous savons tous les raisonnements de Platon et d'Aristote et qu'il nous est impossible de porter un jugement ferme sur une question donnée ; en effet, nous paraîtrions avoir appris non des sciences mais de l'histoire[3]. » Dans sa fameuse lettre à Hogelande du 8 février 1640, Descartes écrit : « par histoire, j'entends tout ce qui est déjà inventé et qui est contenu dans les livres ». À quoi il oppose la science qu'il définit par « l'habileté de résoudre toutes les difficultés, et par là, à découvrir par son ingéniosité propre tout ce qui en cette science ne peut être découvert par un esprit humain[4] ».

1. Voir Henri Gouhier, *La Pensée religieuse de Descartes*, Paris, 1924, et Yvon Belaval, *Leibniz critique de Descartes*, Paris, 1960.

2. Élisabeth à Descartes le 5 décembre 1647, A.T., t. V, p. 97 ; Descartes, lettre du 31 janvier 1648 à Élisabeth, A.T., t. V, p. 111.

3. *Regulae*, 3e Règle, A.T., t. X, p. 364.

4. Descartes, lettre à Hogelande du 8 février 1640, « *Per historiam intelligo illud omne quod jam inventum est atque in libris continetur. Per Scientiam vero, peritiam questiones omnes resolvendi, atque adeo inveniendi propria industria illud omne quod ab humano ingenio in ea scientia potest inveniri...* », A.T., t. III, Paris, 1975, p. 722.

Dans la *Recherche de la vérité*, encore une fois, il a confronté, comme l'approximation à l'exactitude, la vaine curiosité au jugement maîtrisé : « la différence qu'il y a entre les sciences et les simples connaissances qui s'acquièrent sans aucun discours de raison comme les langues, l'histoire, la géographie, généralement tout ce qui ne dépend pas de l'expérience seule[1] ». Et il a finalement dénoncé l'inutilité de l'histoire savante : « Un honnête homme n'est pas plus obligé de savoir le grec ou le latin que le suisse ou le bas-breton ni l'histoire de l'Empire que celle du moindre État qui soit en Europe[2]. » Pour faire bonne mesure, il a étendu cette connaissance à l'histoire naturelle.

Ce verdict sans appel trouve peut-être sa raison dans le statut de l'histoire dans la *ratio studiorum* du collège jésuite où elle figurait au titre de morale appliquée, délivrant des exemples de bonne conduite à partir de la vie, revue et corrigée, des hommes illustres. Coupée du jugement critique, elle se rapportait à la tradition et à l'autorité.

Une telle définition explique alors l'influence limitée qui sera celle du cartésianisme sur l'épistémologie de l'histoire savante, telle qu'on la trouvera par exemple chez Jean Mabillon, l'auteur de la *Diplomatique* parue en 1681[3]. Incontestablement, la diplomatique sera en acte un discours de la méthode historique non seulement parce qu'elle fait sienne la fameuse Règle IV de Descartes : « la méthode est nécessaire pour la recherche de la vérité », mais parce que, en raison de la place qu'elle assigne au discernement, autrement dit au doute méthodique, l'épistémologie mabillonienne est initialement une épistémologie cartésienne. Le vrai en histoire savante cesse d'être l'indubitable, la charte authentique sera celle-là seule qui aura victorieusement remporté l'épreuve du doute diplomatique. Mais pour autant, l'érudition ne sera pas rapportée à la structure de la conscience ni à la nature du *cogito*. L'histoire savante ne transfère pas au sujet individuel générique l'autorité effondrée de la réalité, elle la transmet à la collectivité savante. La notion de public se substitue à celle d'autorité et recouvre la place du sujet. Au lieu de rapporter la vérité de l'érudition à la seule intuition de celui qui

1. *Recherche de la vérité*, A.T., t. X, 1974, p. 502.
2. *Op. cit.*, *idem*, p. 503.
3. Dans la mesure où elle énonce les règles qui permettent d'authentifier avec précision les documents, la *Diplomatique* fonde véritablement l'histoire savante ; sur ce point nous nous permettons de renvoyer à nos ouvrages, *Jean Mabillon*, Paris, 1988, et *La Défaite de l'érudition*, Paris, 1988.

la pratique, elle la renvoie aux conditions générales de la pratique juridique, où s'est noué, dès lors, un lien entre l'histoire et le droit. Or ce lien, ce n'est pas Descartes, mais Hobbes, Locke ou Leibniz qui le penseront. Ajoutons que l'histoire savante ne se pliera pas non plus à l'aménagement épistémologique suggéré par Arnauld et Nicole lorsqu'ils délimiteront la place de la vérité historique dans une logique du probable, parce que les érudits ne considéreront nullement le temps passé comme un temps virtuel probable mais seulement comme un temps advenu[1]. Dès lors, l'épistémologie de l'histoire savante ne relèvera nullement d'une épistémologie du probable, mais d'une épistémologie du certifié et de l'authentifié qui transporte tous les critères de la connaissance dans la source, dans les *diplomata* et dans les *acta*, lesquels constituent le matériel d'expérimentation de l'érudit. De ce point de vue, l'épistémologie de l'histoire savante qui préjuge de l'existence d'un matériel des traces, d'une nature de la culture, est radicalement étrangère à la philosophie cartésienne.

Cependant le rapport de Descartes à l'histoire ne s'épuise pas ici. Car le cartésianisme, malgré son attitude antihistorique qui sera relayée par d'autres penseurs comme Pascal ou Malebranche, a néanmoins joué un rôle positif dans la formation d'une conscience critique historique. C'est ce que Élisabeth Labrousse a souligné dans ce qu'elle a appelé, à propos de Pierre Bayle, le paradoxe de l'érudit cartésien[2]. Adepte de la philosophie cartésienne, nouvelliste à outrance, Bayle transformera son érudition en critique. Or c'est à Bayle, qui répand l'idée d'une distinction entre la nature et la culture, que l'on doit sans doute faire remonter la postérité de la philosophie critique de l'histoire qui se déploiera au XIXe et au XXe siècle, avec notamment la critique de l'historicisme énoncée par les philosophes néokantiens (Dilthey, Simmel, Rickert, Max Weber). En

1. Arnauld et Nicole ne rejettent pas toute vérité en histoire mais l'inscrivent dans une « créance probable », le passé au même titre que l'avenir est tout au plus possible : « ... Il faut mettre — écrivent-ils — une extrême différence entre deux sortes de vérités : les unes qui regardent seulement la nature des choses et leur essence immuable indépendamment de leur existence ; et les autres qui regardent les choses existantes, et surtout les événements humains et contingents, qui peuvent être et n'être pas quand il s'agit de l'avenir, et qui pouvaient n'avoir pas été quand il s'agit du passé », *La Logique ou l'art de penser*, Paris, 1965, p. 335 *sq.*

2. Élisabeth Labrousse, « Le paradoxe de l'érudit cartésien », *Religion, érudition et critique à la fin du XVIIe siècle et au début du XVIIIe siècle*, Paris, 1968.

cette avenue le travail fondamental de Jean-Marie Beyssade[1] sur la philosophie première de Descartes apporte une confirmation inattendue. Si l'ontologie de Descartes ne marque nullement le refus de reconnaître une valeur positive au temps, comme on l'a inféré souvent de la théorie de la création continuée, mais si plutôt, à l'opposé, Descartes a construit avec le temps de l'énumération l'idée d'une continuité, s'il a proposé un schéma du ressouvenir et de la mémoire, sa philosophie ne s'oppose point à l'intelligibilité du devenir. Mais il faut ajouter que ce schéma fondé sur la liberté est résolument solidaire d'une conduite tournée non vers le passé, mais vers l'avenir, d'une recherche orientée non vers l'enchaînement des déterminations, mais vers l'émancipation du jugement. En ce sens, la métaphysique cartésienne ouvre la voie de la recherche de la vérité et de la conduite de la vie qui profile une prospective davantage qu'elle n'engage une rétrospective. La philosophie cartésienne aura ainsi une incontestable portée dans le déploiement de la critique de la raison historique, laquelle n'évitera pas toujours le pyrrhonisme.

Descartes ne s'est pas davantage intéressé au droit. Il n'est apparemment resté dans son système aucun souvenir de ses études de droit commencées à Poitiers. Pour autant, on irait sans doute trop vite si l'on réduisait la position cartésienne vis-à-vis de ses petits-neveux en matière de droit, et singulièrement de droit politique, à une pure et simple interdiction. La philosophie de Descartes délimite plutôt une ligne de partage des eaux à l'intérieur de la politique des modernes.

D'un côté, la philosophie cartésienne n'est nullement en contradiction avec les doctrines de l'école du droit de la nature et des gens que l'on trouve chez des auteurs presque contemporains comme Grotius, et ultérieurement chez Pufendorf et Burlamaqui. Car cette école du droit de la nature et des gens, pour laquelle tout le droit est logé dans la raison humaine, tout le principe de la société est situé dans un acte de volonté, tout l'ordre juridique est rebâti à partir d'un calcul de l'entendement, tout l'ordre civil est constitué à partir des individus, reconduit indiscutablement la conception cartésienne de la nature et du sujet. Par son exercice d'arrachement à l'état de nature, la civilité y est l'aboutissement d'un effort de volonté et d'un acte de création du sujet humain. Dans son inspiration fondamentale, le subjecti-

1. Jean-Marie Beyssade, *La Philosophie première de Descartes*, Paris, 1979.

visme juridique qui se manifeste est assujetti à la division essentielle entre la nature des choses et la nature de l'homme.

En revanche, la philosophie politique qui a gardé l'idée de loi naturelle léguée par la seconde scolastique espagnole, comme on la retrouve chez Hobbes, Spinoza et Locke, est sans doute étrangère au cartésianisme. Une philosophie, en effet, qui promeut l'idée de ce que l'on pourrait appeler *une nature de la culture*, une nature anthropologique avant même d'être psychologique, une telle philosophie institue le fondement de la société et la légitimation de l'ordre politique, non dans un acte de libre décision de la conscience individuelle, mais dans une délégation de la puissance exécutive de la loi naturelle qui instaure la souveraineté et la justice pour garantir les droits de l'homme. Le droit n'y est pas seulement le résultat d'une maîtrise ou d'une convention, il est d'abord l'aboutissement d'une connaissance. La philosophie politique des modernes tels que Hobbes, Spinoza, Locke, est fondée sur une conception de la nature de l'homme qui se réduit moins à une double identification de l'individu et de son intérêt qu'à l'idée selon laquelle des hommes ont une nature commune, *i.e.* qu'il existe des lois de nature (par exemple qu'il faut préserver sa vie ou ne pas faire à autrui ce qu'on ne voudrait pas qu'il vous fasse, selon la définition de Hobbes).

Aussi l'école du droit est-elle divisée, et divisée précisément dans son rapport au cartésianisme. D'un côté, sans doute un segment qui emprunte au cartésianisme sa conception de la nature et du sujet, et qui est responsable de l'idée d'un ordre civil formé par la convention et instituant les droits du citoyen. De l'autre, dans le courant fermé à la division imaginée par le philosophe du *cogito* entre l'homme et le monde, une inclination à déterminer les droits civils à partir des droits de l'homme. Si la philosophie cartésienne est incontestablement l'une des sources du volontarisme et du positivisme juridiques des modernes, elle n'a en revanche nul rapport avec la doctrine des droits de l'homme. Ainsi le cartésianisme donne à voir la ligne de fracture qui éloigne le droit politique continental volontariste, subjectiviste, positiviste, exaltant avec la citoyenneté les droits civils, du droit politique anglo-saxon objectiviste et individualiste, jusnaturaliste et arc-bouté sur les droits de l'homme.

Rejetée avec l'histoire, mise entre parenthèses avec le droit, peut-on alors espérer rencontrer la véritable politique de Descartes dans sa morale ?

Une morale politique de Descartes ?

Si, pour Descartes, l'ordre proprement humain n'est instauré que par la liberté de la volonté, alors la politique se confond avec la conduite de la vie et elle s'identifie, pour autant que nous acceptions cette idée que les hommes sont libres, avec la morale. Mais il y a une difficulté. Comme la politique chez Marx, le statut de la morale chez Descartes a été, de la part de ses lecteurs et de ses commentateurs, objet de nombreuses discussions. La difficulté a été exposée naguère avec pertinence et profondeur par un article d'Henri Gouhier, « L'itinéraire moral de Descartes[1] ». Certes, il existe une intention cartésienne de constituer une philosophie morale. Elle s'énonce dans ses notes de jeunesse, le recueil perdu et retrouvé des *Cogitationes privatae*[2] que nous connaissions par les extraits donnés par son biographe Baillet (fragments des années 1619 à 1623), dans la troisième partie du *Discours de la méthode,* qui présente en 1637 la morale provisoire. Dans la Dixième partie du même *Discours*, qui contient la promesse d'une morale qui ne serait plus provisoire mais qui, comme la médecine ou le progrès technique, serait une conséquence du cartésianisme. Dans la lettre préface au traducteur des *Principia Philosophiae*, où Descartes énonce que la sagesse est le dernier développement de la connaissance après la physique et la médecine mécaniste, de même qu'il compare toute la philosophie à un arbre dont les racines sont la métaphysique, le tronc est la physique et les branches qui sortent de ce tronc sont toutes les autres sciences qui se réduisent à trois principales, à savoir la Médecine, la Mécanique et la Morale. Il ajoute : « or comme ce n'est pas des racines ni des troncs des arbres qu'on cueille des fruits, mais seulement des extrémités de leurs branches, ainsi la principale utilité de la philosophie dépend de celles de ses parties qu'on ne peut apprendre que les dernières[3] ». Dans l'ensemble enfin de textes comprenant le *Traité des passions* et les lettres de Descartes à la princesse Élisabeth, à la reine Christine et à Chanut, l'ambassadeur de France en Suède, textes qui datent des années 1643 à 1649.

Mais si cette fermeté d'intention se révèle consonante avec la relation faite par le *Discours de la méthode* « d'acquérir une

1. Henri Gouhier, *Les Premières pensées de Descartes...*, Paris, 1958.
2. *Cogitationes privatae*, A.T., t. X, p. 213 *sq.*
3. *Les Principes de la philosophie*, A.T., t. IX, 1978, p. 14-15.

connaissance claire et assurée de tout ce qui est utile à la vie », si elle se trouve en harmonie avec « l'extrême désir [de Descartes] d'apprendre à distinguer le vrai d'avec le faux, pour voir clair en ses actions et marcher avec assurance en cette vie », si elle est parfaitement adéquate à son observation selon laquelle il lui semble « qu'il pourrait rencontrer beaucoup plus de vérité dans les raisonnements que chacun fait touchant les affaires qui lui importent et dont l'événement le doit punir bientôt après s'il a mal jugé que dans ceux que fait un homme de lettres dans un Cabinet touchant des spéculations qui ne produisent aucun effet, et qui ne lui sont d'aucune conséquence[1]... », il est néanmoins avéré que cet ensemble constitue une totalité disparate qui ne présente nullement la même homogénéité que la majeure partie des œuvres où se trouve exposée la métaphysique cartésienne : les *Règles pour la direction de l'esprit* (1628), le *Discours de la méthode* (1637), les *Méditations métaphysiques* (1641), les *Principes de la philosophie* (1644). Dans ces conditions, Descartes aurait-il en partie failli à réaliser le projet qu'il avait donné pour sous-titre au *Discours de la méthode : le projet d'une science universelle qui puisse élever notre nature à son plus haut degré de perfection* ? Lui qui, dans le domaine de la connaissance, dans cette partie de la *sapientia humana* qui relevait de la *bona mens* et qui procédait du *studium bonae mentis*, aurait réussi à surmonter le scepticisme irrédent des penseurs humanistes, critiques de la scolastique, et aurait finalement dépassé l'incertitude de Montaigne et de Pierre Charron, l'éloge de la folie d'Érasme, la critique des sciences d'Agrippa, bref toutes les exaltations de la docte ignorance pour fonder une connaissance certaine et indubitable, aurait-il moins bien réussi dans le domaine des connaissances utiles à la vie, à la poursuite du bonheur ? La morale aurait-elle été le niveau d'incompétence atteint par le cartésianisme ? Telle est la question qui a maintes fois été posée à son propos et à laquelle Étienne Gilson et Pierre Mesnard, Martial Guéroult et Ferdinand Alquié n'ont pas toujours apporté de réponses convergentes.

Pourtant, lors même que l'on admet une pensée cartésienne qui retient la politique dans les limites du jugement et qui détermine le seul véritable rapport entre les hommes à partir de la confrontation de leur liberté et de la convenance de leur conscience, il reste à examiner comment Descartes a conduit et

1. *Discours de la méthode*, A.T., t. VI, 1982, p. 10.

réfléchi cette liberté. Dans le projet d'une *science universelle qui élève notre nature à son plus haut degré de perfection*, Descartes ne s'est pas contenté de la seule connaissance de l'idée claire et distincte commandée par l'entendement, il s'est aussi engagé dans le simple effort de volonté qui exerce son libre arbitre et il a défini la *générosité*. Ou, pour le dire autrement, si la politique de Descartes se confond avec la morale et si la morale est inséparable de la conduite, il nous faut peut-être examiner cette conduite.

Il faut donc revenir à son histoire, à ses voyages, à son propre comportement. Il faut y retourner non parce que c'est le philosophe qui a essayé d'élever par la méthode « sa connaissance au plus haut point auquel la médiocrité de son esprit et la conduite de sa vie lui auraient permis d'atteindre », ni parce que l'existence précéderait l'essence, mais parce que, comme il l'a dit dans la première partie du *Discours de la méthode*, il a quitté l'étude des lettres et s'est résolu « de ne chercher d'autre science que celle qui pouvait se trouver en lui-même ou bien dans le grand livre du monde », et il a employé le reste de sa jeunesse à voyager[1]. Descartes compare lui-même cette pratique du voyage à la pratique de l'histoire, « car c'est quasi le même — dit-il — de converser avec d'autres siècles que de voyager[2] ».

Une action politique de Descartes ?

Je me propose donc de retourner sur la conduite de la vie de Descartes. Je ne l'examinerai ici — faute de temps — qu'à partir d'un corpus limité et sans entrer dans le détail des discussions ou les rectifications chronologiques qui, sur tel ou tel point, ont leur utilité. Ce corpus est composé de la biographie de Descartes rédigée par Adrien Baillet[3] et des ouvrages de jeunesse de Descartes dus à la recherche de Henri Gouhier[4], lesquels sont mis en rapport avec le contexte historique du premier XVIIe siècle européen.

1. *Op. cit.*, p. 9.
2. *Op. cit.*, p. 6.
3. Adrien Baillet, *La Vie de Monsieur Descartes*, Paris, 1691, Genève, 1970.
4. Henri Gouhier, *Les Premières Pensées de Descartes*, *op. cit.*, voir aussi Cornélia Serrurier, *Descartes, l'homme et le penseur*, Paris, 1951, Gustave Cohen, *Écrivains français en Hollande dans la première moitié du XVIIe siècle*, Paris, 1920.

Car Descartes (1596-1650), ce philosophe qui a révolutionné la pensée des modernes, est d'abord l'homme du premier XVIIe siècle. De la conduite de sa vie on peut retenir, de façon évidemment très schématique, quatre étapes. D'abord les années de sa formation. Puis la visite du grand livre du monde. Ensuite l'établissement en Hollande. Enfin la personnalité de quelques-unes de ses correspondantes à l'époque de sa maturité.

À quelques approximations près dans la discussion desquelles je n'entrerai pas, on peut admettre que Descartes a été pendant huit ans l'élève des jésuites au collège de La Flèche, dont la création avait été autorisée par Henri IV. Il y a suivi la *ratio studiorum* qui avait été fixée en 1518. Bien que notre philosophe se soit détourné par la suite de l'enseignement qu'il a reçu — « sitôt que j'eus achevé tout ce cours d'études... je changeai entièrement d'opinion », a-t-il écrit[1] —, on peut néanmoins observer qu'il est resté fidèle à ses maîtres sur trois points.

1. À l'idée chère à Ignace de Loyola selon laquelle il vaut mieux étudier quelques matières à part que s'éparpiller dans les connaissances dispersées. « Mieux vaut bien savoir une science que de toucher à beaucoup en sachant peu de chacune », dit la règle des collèges[2].

À l'importance donnée aux règles prescrites pour la conduite de la recherche et l'étude (la *ratio studiorum* comprend explicitement des *Regulae pro delectu opinionum in theologia...* — règles pour choisir les opinions en matière de théologie — ou de philosophie) ; le titre même du premier ouvrage important de métaphysique de Descartes, *Regulae ad directionem ingenii*, en est une sorte de décalque.

2. Peut-être le plus important, car c'est là où Descartes semble avoir été le plus profondément influencé, à la conception de la liberté qu'on lui avait enseignée. Comme le souligne justement le *Dictionnaire de théologie catholique*[3], il est nécessaire, pour comprendre l'entente commune des théologiens jésuites, au-delà de leurs différends momentanés, de tenir compte de la dix-septième règle de l'orthodoxie, qui s'attache à préserver à tout prix la doctrine du libre arbitre. « Ne nous arrêtons pas et n'insistons pas tellement sur l'efficacité de la grâce, que nous fassions naître dans les esprits le poison de l'erreur qui nie la liberté. — Sans doute est-il permis de parler de la foi et de

1. *Discours de la méthode*, A.T., *op. cit.*, p. 4.
2. *Dictionnaire de théologie catholique*, art. « Jésuite ».
3. *Op. cit.*

la grâce mais il ne faut pas le faire de telle manière que les œuvres et le libre arbitre en reçoivent quelques préjudices. » En réaction contre le calvinisme, l'effort des théologiens jésuites se concentra pour sauvegarder pleinement le libre arbitre, ce qui leur fit rejeter la grâce *ab intrinseco* inféodée à la prédétermination physique. Les théologiens de la compagnie de Jésus s'accordèrent sur le rejet de la prédétermination physique, sur l'attribution à Dieu d'une connaissance des actes libres indépendants des décrets absolus, sur la réalisation d'une science dite moyenne pour expliquer comment la grâce donnée par Dieu entretient une connexion infaillible que la position de l'acte libre définit, formellement ou virtuellement. Ils récusèrent avec la plus extrême énergie les idées du serf-arbitre ou de grâce efficace qui révoquaient en doute l'idée d'une volonté humaine infinie. Les maîtres de Descartes refusaient d'inscrire la grâce *en Dieu*. Aussi bien, si, au premier XVIIe siècle, l'école française de spiritualité avec Pierre de Bérulle (1575-1629), Charles de Condren (1588-1641), Jean-Jacques Olier, peut-être davantage que le jansénisme, cet arbre qui cache la forêt de la véritable histoire religieuse, s'est opposée avec une force particulière à la spiritualité jésuite et ce notamment sur la question de la grâce et de la liberté, il faudrait souscrire en raison de sa fidélité à l'enseignement de sa jeunesse sur ce point aux interprétations proposées naguère par Henri Gouhier et aujourd'hui avec des arguments dirimants par Jean-Luc Marion pour corriger l'idée erronée d'un Descartes bérullien. La théologie cartésienne empruntera bien peu à l'école française de spiritualité.

3. Enfin Descartes noua peut-être aussi au collège des amitiés. C'est sans doute plus tard à Paris qu'il se lia fortement avec le père Mersenne, religieux de l'ordre des Minimes, de sept ans plus âgé que lui mais qui, comme lui, avait fait ses études à La Flèche.

La seconde étape de la vie du philosophe est celle de ses voyages. Après ses années de collège et un séjour à Paris jusqu'en 1617, Descartes prit la route de Hollande qui lui ouvrit « le grand livre du monde ». Le livre du monde plein de bruit et de fureur. Un livre d'histoire militaire et de guerres de religion. Le champ de bataille n'était pas national, il était européen, et le roman du jeune cavalier parti d'un si bon pas emprunta moins à l'univers de Michel Zevaco qu'à celui de Frances Yates. Adrien Baillet a raison d'écrire : « Il délibéroit du parti qu'il avoit à prendre lorsqu'il apprit que le Duc de Bavière levoit des troupes... Comme il ne se soucioit pas d'entrer dans les intérêts des États et des princes, sous la domination desquels la Providence ne l'avoit fait naître, il ne prétendoit pas porter le mousquet pour les affaires des uns, ni pour détruire celle des autres[1]. » Cependant, il faut ajouter que la politique qui se mène dans les batailles où Descartes va s'engager n'est pas une politique d'État mais une politique religieuse. La guerre de religion a cessé d'être comme au XVIe siècle une guerre civile, elle est devenue une guerre européenne. Le front ne met pas en présence des États mais des Églises, le combat ne partage pas des nations mais des convictions. La bataille fait rage, la bataille de la Contre-Réforme aux prises avec la Réforme. Et dans cette bataille, il faut observer que Descartes va se ranger dans l'un des camps.

Les premiers engagements du jeune philosophe furent des engagements militaires. Mais ils furent aussi, et de façon quasi contemporaine, des engagements intellectuels. De l'un à l'autre la conséquence est-elle bonne ?

Dans une liste non exhaustive des diverses actions militaires du jeune homme on peut retenir qu'il s'engagea en Hollande dans les troupes de Maurice de Nassau en garnison à Breda, qui allaient livrer bataille contre les arminiens pour le compte des gomaristes, puis en 1619 dans les troupes du duc Maximilien de Bavière, catholique, en 1621 dans les troupes du comte de Bucquoy, catholique, en 1623 en Italie, à la bataille de la Valteline et encore une fois, en 1628, au siège de La Rochelle dans les troupes catholiques. À l'exception des troupes de Maurice de Nassau et de la bataille de la Valteline, les armées où Descartes combattit appartenaient à des princes de nationalité différente mais se trouvaient dans le camp de la Contre-Réforme. Le moment important de la guerre de religion européenne eut pour théâtre d'opération l'Europe centrale, et plus précisément la Bohême.

Si l'on veut comprendre les événements auxquels Descartes fut mêlé, il convient d'ouvrir une petite parenthèse. Le traité d'Ulm, négocié en 1620 par les ambassadeurs de France, avait institué un cessez-le-feu entre protestants et catholiques pour que fût réglée à l'amiable la querelle, mais la Bohême en était exceptée. Ce fut là que tout se joua et que débuta, à en croire certains historiens, la guerre de Trente Ans.

À la mort de Rodolphe II et à l'avènement de l'empereur Ferdinand de Styrie, l'Europe centrale connut une évolution

1. A. Baillet, *op. cit.*, p. 58.

politique et culturelle[1]. Dans l'atmosphère tendue qui régnait en Europe, plongée dans cette période d'incertitude qui sépare les guerres religieuses du XVIe siècle de la guerre de Trente Ans, la mort de l'empereur Rodolphe II avait ouvert une crise de succession. Car Rodolphe II était un personnage hors du commun, très différent de son neveu Philippe II d'Espagne. Aussi philosophe que ce dernier était pieux, aussi tolérant qu'il était autoritaire, Rodolphe II s'intéressait aux sciences et aux sciences telles que la Renaissance les avait déployées à l'intérieur des sciences occultes. Il avait déplacé la cour impériale de Vienne à Prague et la ville de Bohême où résida Tycho Brahé était devenue un centre d'études alchimiques, astrologiques et magico-scientifiques de premier ordre, autour du palais de l'empereur rempli de bibliothèques, de salles miraculeuses avec leurs merveilles de magico-mécanique. Prague était devenu un lieu de rencontre pour tous les doctes qui s'intéressaient aux études scientifiques et ésotériques. John Dee, Edward Kelley, Giordano Bruno et Johannes Kepler y séjournèrent tandis que se développaient en toute quiétude et indépendance les études cabalistes des rabbins juifs. Un des conseillers favoris de Rodolphe en matière de religion (Pistorius) était cabaliste, souligne Frances Yates. À Prague, l'Église réformée de Bohême fondée par Jan Hus était officiellement admise par une « lettre de Majesté ». Or tout changea avec l'avènement de l'empereur Ferdinand de Styrie, un élève des jésuites qui était d'opinion opposée à celle de l'empereur Rodolphe, et fanatiquement déterminé à extirper l'hérésie.

En 1617, Ferdinand de Styrie devint roi de Bohême. Il s'empressa de résilier la « lettre de Majesté » et s'attaqua à l'Église réformée de Bohême. C'était la fin de la trêve en Europe cen-

1. Frances A. Yates, *La Lumière des Rose-Croix*, trad. de l'anglais par M. D. Delorme, Paris, 1985.

Selon Adrien Baillet, Descartes s'est engagé dans les troupes du duc de Bavière qui allait combattre le roi de Bohême mais en gardant son quant-à-soi et en jouant essentiellement le spectateur (p. 59 et 70) : « Mais s'il est vray qu'il s'est trouvé à la fameuse bataille de Prague, comme l'assurent d'autres Auteurs, il est croiable qu'au lieu de suivre les Ambassadeurs, il sera retourné de la ville de Vienne droit au camp du duc de Bavière... Il n'étoit pas le seul des jeunes gentilshommes françois qui eût la curiosité de voir la fin de cette tragique scène, que devoit représenter le nouveau Roy de Bohême C. Palatin. Plusieurs y alloient pour apprendre le métier de la guerre particulièrement sous le comte de Bucquoy. Mais R. Descartes qui avoit d'autres vuës et qui ne cherchoit qu'a connoître le genre humain dans toutes ses catastrophes, se contentoit de vouloir être le spectateur des autres. »

trale. À Prague même, l'opposition particulièrement violente se manifesta avec le célèbre épisode de la défenestration de chefs catholiques et l'offre de la couronne de Bohême à l'électeur palatin Frédéric (par ailleurs gendre, après ses noces avec la princesse Élisabeth, du roi d'Angleterre Jacques Ier). Frédéric accepta la couronne de Bohême et la garda le temps d'un hiver, jusqu'à la défaite de ses partisans à la bataille de la Montagne Blanche par les armées de Ferdinand de Styrie. Cette bataille où, en 1620, les troupes catholiques écrasèrent les troupes protestantes, est un moment capital de l'histoire européenne. Non seulement parce que Descartes, après avoir assisté au couronnement de Ferdinand de Bohême comme empereur d'Allemagne[1], s'engagea ensuite dans les troupes du duc de Bavière, mais aussi et surtout parce que cette bataille sonne en quelque sorte le glas de l'Europe centrale protestante. Voici comment Lavisse la décrit :

> Les forces tchèques réduites à 24 000 hommes en face de 45 000 catholiques étaient ruinées par les privations, la fatigue et le découragement. Le prince d'Anhalt les établit sur un mamelon qui, à l'ouest de Prague, s'abaisse assez rapidement vers les affluents de la Letlava, c'est la Montagne Blanche. Maxime de Bavière et Tilly voulaient attaquer sur-le-champ, Bucquoy redoutait un échec, le moine Dominique de Jésus Marie, qui assistait au conseil, lui reprocha son manque de foi. Pendant ce temps, les jésuites, les capucins et les carmes parcouraient les rangs des soldats, les confessaient, distribuaient la communion. Les catholiques marchèrent au combat au cri de *Sancta Maria*. Le résultat de l'affaire ne fut pas longtemps douteux[2].

Bien que la nature exacte de la participation de Descartes à ce combat ne soit pas totalement élucidée, il n'en reste pas moins qu'il a combattu dans les troupes de la Contre-Réforme. Mais aussi, et dans le même temps, il s'est engagé aux côtés de son ami Marin Mersenne dans la querelle intellectuelle des Rose-Croix, comme Adrien Baillet en témoigne : « Sous le titre général de Questions sur les six premiers chapitres de la Genèse[3], le Père Mersenne faisoit entrer dans un gros volume

1. A. Baillet, *op. cit.*
2. Lavisse et Rambaud, *Histoire de France*, Paris, t. V, p. 522.
3. Marin Mersenne, *Questiones in Genesim...*, Paris, 1623.

mille choses de sujets divers. L'affaire des Rose-Croix y trouve place, à plus juste titre sans doute que beaucoup d'autres. M. Descartes étoit venu assez à temps pour lui faire prendre des mesures assurées sur tout ce qu'il vouloit insinuer[1]. » Et il ajoute : « L'examen que M. Gassendi a fait de la philosophie de Fludd est une bonne censure de la société des Rose-Croix. On peut dire que la conduite de M. Descartes dans sa manière de vivre, d'étudier et de raisonner en a été une perpétuelle réfutation[2]. »

Ce que Frances Yates a appelé la terreur rosicrucienne en France[3] correspond en vérité à la bataille idéologique qui opposait les chefs de file de la Contre-Réforme aux défenseurs de l'Europe protestante. Après que des affiches eurent été placardées à Paris annonçant la présence dans la ville de la Fraternité des Rose-Croix, un beau tapage se déchaîna. Gabriel Naudé tâcha d'éclairer ses contemporains en rédigeant la *Révélation à la France sur la vérité de l'histoire des Frères de la Rose-Croix* (1623)[4], puis une *Apologie pour les grands hommes soupçonnés de magie* (1625)[5], où il les disculpait des accusations portées contre eux. Le père jésuite François Garasse s'était en effet déchaîné contre eux avec un pamphlet, la *Doctrine curieuse des beaux esprits de ce temps* (1623)[6], dans lequel il dénonçait leur chef comme étant Michel Maïer et le danger qu'ils représentaient pour la religion et pour l'État. Le plus farouche adversaire des Rose-Croix fut sans conteste Marin Mersenne qui, dans les *Questiones in Genesim*, attaquait de front, comme l'a montré Robert Lenoble, toute la pensée magique de la Renaissance en dénonçant la cabale et l'hermétisme[7]. Il se déchaînait

1. A. Baillet, *op. cit.*
2. *Ibidem.*
3. Frances A. Yates, *La Lumière des Rose-Croix*, *op. cit.*, chapitre X, p. 135-149.
4. Paris, 1623.
5. Paris, 1625.
6. Paris, 1623.
7. Voir Robert Lenoble, *Mersenne et la naissance du mécanisme*, Paris, 1971. Robert Lenoble montre ici parfaitement qu'en attaquant en bloc toute la tradition de la Renaissance, Mersenne a ouvert la voie à la philosophie cartésienne. Cependant, il n'est pas certain qu'on doive reprendre entièrement son interprétation de la cabale décalquée de celle de Marin Mersenne. Robert Lenoble conçoit en effet la cabale comme une simple pensée magique, animiste, qui confond la réalité et le concept et prend les mots pour les choses : « Le texte sacré devient une immense allégorie : les noms, les lettres, même les quatre points cardinaux ont un sens, mieux encore, ils ont une vertu. C'est par eux que

contre Jean-Baptiste Porta, Pic de la Mirandole, Giorgi[1], Robert Fludd, autant que contre la philosophie naturaliste de Pomponace, Paracelse, Cardan, Télésio, Giordano Bruno, Vanini et Campanella.

Or il est significatif, souligne Frances Yates[2], que la première attaque de Mersenne contre la Renaissance, son *Questiones in Genesim*, ait été publiée en 1623, l'année de l'éclatement de la réaction antirosicrucienne. Cette œuvre attaque la magie et la cabale et tous les grands noms associés à ces traditions, Ficin, Pic, Agrippa, mais ses critiques les plus féroces sont dirigées

---

Dieu exerce sa puissance, mais à l'inverse, par eux nous pouvons capter quelque chose de la force divine. Par l'angélologie et la démonologie, la cabale rejoint la sorcellerie : les esprits obéissent aux mots pour ne pas dire qu'ils sont des mots », écrit-il (*op. cit.*, p. 98). Cet amalgame de la cabale avec l'animisme procède d'une double confusion. La confusion avec l'aristotélisme et la hiérarchie des formes : « Une métaphysique — écrit-il — se dégage en effet, bon gré mal gré, de la cabale, c'est la vieille doctrine de la hiérarchie des formes et *de la création en cascade* » (p. 99). Ici c'est nous qui soulignons, car la théorie émanatiste de la création en cascade n'est nullement identifiable à la hiérarchie des perfections aristotéliciennes. Il vaudrait mieux dire que c'est exactement l'inverse car la cabale a moins alimenté l'aristotélisme qu'elle n'a contribué à faire renaître le néoplatonisme. Comme l'a montré J. Karpe, le farouche néoplatonisme de Galilée s'explique par sa volonté de fonder une physique mathématique. La vénération mystique pour la réalité suprême, l'Un des platoniciens, le Dieu ineffable de la tradition privée, conduisait à rejeter la divinité dans l'inconnaissable et à chercher à connaître la nature seule ; la thématique de la nature nombre a certes nourri une conception symboliste du nombre, mais elle a surtout développé l'idée fondatrice d'une nature écrite en langage mathématique. Pour Galilée le néoplatonisme n'est nullement « le germe lointain », selon les termes de R. Lenoble, de la physique mathématique. La seconde confusion faite par l'abbé Lenoble concerne le caractère dualiste et gnostique de la cabale : « Néanmoins, l'on verra presque aussitôt apparaître la gnose, point de rencontre de toutes les doctrines de l'émanation. La métaphysique de la cabale est celle de la gnose. La destinée humaine se définit par la lutte de la lumière et des ténèbres », écrit-il (p. 100). Or la vérité de la cabale se situe à l'opposé. La cabale n'est pas dualiste. C'est tout l'inverse. Le Dieu Un est inconnaissable, on ne connaît que la nature. Il n'y a pas d'arrière-monde. La faute en incombe peut-être à la bibliographie dépassée de R. Lenoble qui, sur la cabale, ne cite que l'ouvrage de M. A. Franck dans sa seconde édition de 1889, dont les limites ont été soulignées par J. Karpe, en 1901, *Études sur les origines et la nature du Zohar,* Paris, 1901. Depuis, les travaux sur la cabale, avec G. Scholem, Paris, trad. franç. 1968, F. Secret, Paris, 1964, Frances A. Yates, *op. cit.*, M. R. Walker, Londres, 1958, ont beaucoup progressé.

1. Sur Francesco Giorgi, voir Frances A. Yates, *La Philosophie occulte à l'époque élisabéthaine*, trad. de l'anglais par L. de Lestrange, Paris, 1987, chapitre IV, « Le frère cabaliste de Venise, Francesco Giorgi ».

2. Frances A. Yates, *La Lumière des Rose-Croix*, *op. cit.*, p. 142.

contre son contemporain Robert Fludd. Les attaques vont se poursuivre durant plusieurs années. Fludd répondra et cette controverse retiendra l'attention de toute l'Europe. Significatif parce que précisément Agrippa[1], Robert Fludd et Michel Maïer étaient les penseurs du mouvement protestant européen.

À cette occasion, le renfort de Descartes ne fit pas défaut à Marin Mersenne, et le cavalier français qui avait affronté les troupes protestantes par l'épée allait maintenant les combattre par la plume. Que Descartes, malgré la rumeur infondée qui courut, loin d'être un auxiliaire des Rose-Croix, fût l'un de leurs adversaires les plus résolus, et ce dès ses premières œuvres, Henri Gouhier l'a très nettement montré en soulignant que, dès la lettre à Beeckman du 20 mars 1619, Descartes songe non pas à un « *Ars Brevis* de Lulle, mais à une science entièrement nouvelle ». Une autre lettre du 6 mai 1619 montre qu'il a lu les commentaires d'Agrippa et qu'il les rejette entièrement[2]. Descartes n'a jamais démordu du programme de la Règle VIII qui s'écarte définitivement de la voie des sciences occultes de la Renaissance pour ouvrir celle du mécanisme[3]. Dans le triomphe du mécanisme sur la pensée magique de la Renaissance, triomphe dont le champion fut sans nulle contestation possible le philosophe, il y a pourtant un étrange destin qu'a souligné Frances Yates : « C'est une profonde ironie de l'histoire de la pensée que de constater que le développement de la science mécanique — d'où allait sortir l'idée du mécanisme en tant qu'éventuelle philosophie de la nature — était lui-même un produit de la tradition magique de la Renaissance. Le mécanisme, dépouillé de la magie, devenait la philosophie qui allait évincer l'animisme de la Renaissance et remplacer le " magicien " par le philosophe mécaniste[4]. »

Pour notre propos, l'important est que Descartes, découvrant à l'étape de sa jeunesse le grand livre du monde, fut aussi un adversaire des mages de la Renaissance, lesquels, regroupés dans le mouvement des Rose-Croix, se trouvaient être les chefs

1. Heinrich Cornelius Agrippa, voir Frances A. Yates, *La Philosophie occulte..., op. cit.*, chapitre V, « La philosophie occulte et la magie, Henry Cornelius Agrippa ».

2. Voir lettre à Beeckman du 20 mars 1619, le *thesaurus mathematicus* (A.T., t. X, p. 165 et 398), Journal de Beeckman (1628-1629), A.T., t. X, p. 347, cité par H. Gouhier, *op. cit.*, 1958, et voir G. Rodis Lewis, *XVIIe siècle*, n° 32, juillet 1986.

3. *Regulae, op. cit.*

4. Voir F. Yates, *La Lumière des Rose-Croix, op. cit.*, « De l'invisible collège à la Royal Society », p. 201-220.

de file du parti protestant rassemblé derrière Frédéric de Bohême, le roi d'un hiver que Descartes n'allait pouvoir oublier tout à fait.

La seconde étape de la vie de Descartes se confond avec son installation en Hollande. On la présente généralement, et tel est le cas de Baillet, comme motivée par le souci d'un physicien continuateur de Galilée de se trouver à l'abri des foudres de la censure religieuse autant que déterminée par la volonté d'un philosophe de se consacrer à une méditation métaphysique désembarrassée de toutes les obligations mondaines auxquelles il avait dû souscrire à Paris. Cette présentation tend à faire de l'élève de La Flèche le héros éponyme de la République des lettres, et du docte celui qui a pris au mot la célèbre devise de Montaigne : « Il est temps de nous desnouer d'avec la société puisque nous n'y pouvons rien apporter. » Cependant, entre l'idéal de la thébaïde hollandaise et la réalité des résidences de Descartes, quelques détails étranges suscitent l'étonnement.

Descartes installé en Hollande ? Peut-être. Mais établi ? Sûrement pas. Un compte approximatif de ses différentes résidences recensées par Baillet fait apparaître (schématiquement) qu'après s'être trouvé successivement à Breda (1617), en France (1621-1629), en Flandre occidentale (1629), à Amsterdam (1630), à Deventer (1633), à Amsterdam (1634), à Deventer (1635), à Amsterdam (1636), à Egmont (1637), à Hardeiwick (1639), à Leyde et Amsterdam (1640), puis de Leyde en 1641 à Egmont en 1643, etc., il a beaucoup changé de demeures et il n'a jamais cessé de voyager. Il est allé en Allemagne, en Souabe, en Autriche, en Bavière, en Bohême, en Hongrie, en Flandres, en Italie, peut-être en Angleterre, au Danemark, en Suède, sans compter de nombreux allers et retours en France. Un compte approximatif des indications données par Adrien Baillet fait apparaître qu'il n'a *pas* déménagé *moins de trente-six fois*. On avouera que pour un homme qui cherchait la tranquillité, c'est beaucoup. Il avait également l'étrange habitude d'habiter les faubourgs et de se faire adresser son courrier par l'intermédiaire d'amis. « Quoiqu'il se vantât de pouvoir garder la solitude au milieu de la foule des peuples aussi aisément que dans le fond des déserts, il évitoit neanmoins le cœur des grandes villes et affectoit de loger au bout de leur faubourg. Il leur préféroit toujours des villages et des maisons détachées au milieu de la campagne... Jamais ou rarement faisoit... adresser les lettres et les paquets... au lieu de sa demeure[1]. »

1. A. Baillet, *op. cit.*

Descartes exilé en Hollande ? Sans doute. Mais isolé ? Nullement. Outre ses voyages, il était relié à de nombreux interlocuteurs par sa correspondance qui constitue une partie écrasante de son œuvre, et il échangeait ainsi des réflexions avec de nombreux savants et philosophes, mais aussi avec des personnalités de premier plan au rang desquelles la princesse palatine Élisabeth et la reine Christine. Ces deux princesses avaient un point commun. Elles étaient toutes les deux les filles de dirigeants de l'Europe protestante, le lion vaincu comme on avait surnommé Frédéric, le lion vainqueur comme on avait exalté Gustave-Adolphe. Les deux rois avaient eu des destins bizarrement semblables et bizarrement contraires. Le roi de Bohême et le roi de Suède furent salués et pleurés ensemble dans une oraison funèbre prononcée à La Haye. Après la défaite de Frédéric, les victoires de Gustave-Adolphe sauvèrent la cause protestante en Europe du Nord. Frédéric rentra en Allemagne, regagna le Palatinat ruiné, fut reçu par Gustave-Adolphe qui le reconnut comme chef des princes protestants allemands. Tous deux moururent le même mois de novembre 1632.

Par un étrange concours de circonstances, dans la dernière étape de sa vie, Descartes allait devenir le confident et l'ami de la fille de celui qu'il avait combattu dans sa jeunesse. Au vrai, qui était donc la princesse Élisabeth ? Outre ses qualités personnelles de réflexion, la princesse Élisabeth était d'abord et avant tout la fille de sa mère, la fille de la reine Élisabeth de Bohême dont la cour en exil était devenue le rendez-vous de l'*invisible société*. Élisabeth de Bohême a été un personnage capital bien qu'elle ne recouvrât jamais un trône. Installée pauvrement et dignement à La Haye, elle avait rang dans la succession au trône d'Angleterre comme fille de Jacques Ier et sœur de Charles Ier. Si ce dernier était mort jeune et sans postérité, elle serait devenue reine d'Angleterre, où elle gardait de nombreux amis. Ultérieurement, c'est d'ailleurs dans sa postérité qu'une succession protestante fut recherchée et trouvée puisque c'est le fils de sa dernière fille, Sophie de Brunswick, électrice de Hanovre, qui monta sur le trône d'Angleterre sous le nom de George Ier. La reine pensionnée par le Parlement pendant les guerres civiles reçut à sa cour Hartlib, Dury et Comenius, leaders intellectuels de l'exil protestant bohémien et allemand. Selon Frances Yates, l'invisible société rassemblée autour de la reine Élisabeth de Bohême a été l'antichambre de la *Royal Society*[1]. De son côté la reine Christine

1. F. Yates, *op. cit.*, *idem*.

est beaucoup mieux connue que la princesse Élisabeth. De la souveraine du principal État protestant du Nord, hôtesse du philosophe, on a retenu la convocation dès l'aube dans la bibliothèque glacée qui hâta peut-être la fin d'un sage habitué à un climat plus clément et à des matinées plus tranquilles, mais on a moins souligné l'extraordinaire succès politique que fut pour la Contre-Réforme la conversion au catholicisme de la fille de Gustave-Adolphe qui en imputa le mérite à Descartes[1].

Si, dans la conduite de sa vie, et singulièrement dans sa jeunesse, Descartes ne fut peut-être pas seulement un observateur mais aussi un partisan, engagé avec des canons et des concepts pour réaliser dans le monde et vis-à-vis des autres consciences une politique qu'il faut bien appeler une politique chrétienne, alors peut-être, à la longue liste des traductions proposées pour la première phrase des *Cogitationes privatae*, pourrait-on ajouter celle-ci, qui interprète autrement le fameux secret de Descartes[2] : « *Ut comoedi, moniti, ne in fronte appareat pudor, personam induunt; sic ego, hoc mundi theatrum conscensurus in quo hactenus spectator extiti, larvatus prodeo.* » Que l'on traduirait : « De même que les comédiens, appelés, revêtent un masque pour que la rougeur n'apparaisse pas sur leur front, moi, parcourant le théâtre du monde dans lequel j'ai joué le spectateur, je m'avance masqué. »

Mais la politique religieuse ne se livre pas plus aisément que la science nouvelle. À suivre ici l'engagement militaire et épistolaire contre les troupes et avec quelques figures éclatantes de l'Europe protestante, avouons que la conviction s'insinue que le philosophe a peut-être conduit sa vie — librement — selon les exercices spirituels et en pratiquant à sa manière la direction de conscience comme un élève moins infidèle à ses maîtres jésuites qu'on ne le dit, même s'il a été contesté par le père Bourdin et même si plusieurs de ses propositions furent ultérieurement chicanées par la Compagnie. Dans la conduite de sa vie, si Descartes a assumé et conduit une politique, elle ne peut être qu'une politique chrétienne et ne pourraient — au juste — s'en scandaliser, par principe, que ceux qui ignorent que la religion

1. A. Baillet, *op. cit.*

2. Le recueil des *Cogitationes privatae* qui commence par cette phrase fameuse a été édité par Toucher de Careil qui la retrouva dans les papiers de Leibniz. Il est daté de janvier 1619.

Descartes revient de Hollande, il partira pour l'Allemagne en juillet; voir A.T., t. X, p. 213, note a.

fut une actrice principale de notre modernité. Avouons néanmoins aussi que, si de la lutte armée contre les troupes protestantes à la critique de leurs penseurs, de l'offensive militaire contre les lions protestants à l'échange épistolaire avec chacune de leurs filles, dont l'une sous sa direction se convertira au catholicisme, cela fait beaucoup de conséquences pour qu'aucune ne soit bonne, cette politique chrétienne que nous avons ici tenté d'observer demeure, en l'absence d'une documentation probante, une conjecture qui reste à établir.

Politique de Descartes ? S'il n'y a pas de théorie politique de Descartes, il y a sans doute une morale et peut-être bien aussi une action du philosophe. Mais l'existence de cette dernière devrait être étayée. Si elle s'avérait controuvée, il faudrait nous pardonner d'avoir ainsi battu la campagne cartésienne, tant est grand l'inconvénient de n'y pas résider.

Kant et l'idée de république universelle

> Je suis par goût un chercheur. Je sens la soif de connaître tout entière, le désir inquiet d'étendre mon savoir, ou encore la satisfaction du progrès accompli. Il fut un temps où je croyais que tout cela pouvait constituer l'honneur de l'humanité et je méprisais le peuple qui est ignorant de tout. C'est Rousseau qui m'a désabusé. Cette illusoire supériorité s'évanouit. J'apprends à honorer les hommes et je me trouverais bien plus inutile que le dernier des travailleurs si je ne savais que la valeur de mon étude est de mettre en évidence les droits de l'humanité.
>
> Emmanuel Kant

Il y a une morale, peut-être une action politique de Descartes. Il n'y a pas, nous l'avons vu, de philosophie politique cartésienne. Existe-t-il une philosophie politique kantienne ? Reconnaissons que la question est récente et postérieure à la redécouverte de la philosophie politique des modernes, Bodin, Grotius, Hobbes, Spinoza, Locke, auxquels nous devons le vocabulaire (État, souveraineté, droits de l'homme, droits naturels)[1] et la syntaxe (pacte civil, droit naturel, république, démocratie) du droit politique moderne. Ajoutons que le corpus constitué par les études qui relèvent de la philosophie politique[2]

1. Voir B. Barret-Kriegel, *L'État et les esclaves*, Paris, 1979, et rééd., Payot, 1986 ; *Les Chemins de l'État*, Paris, Calmann-Lévy, 1986.

2. Les textes suivants :

Des différentes races humaines, datées de 1775-1777.

Idée d'une histoire universelle au point de vue cosmopolitique et *Réponse à la question Qu'est-ce que les Lumières ?*, datées de 1782.

Le Compte rendu de l'ouvrage de Herder « Idées en vue d'une philosophie de l'histoire de l'humanité », de 1785.

fait piètre figure dans son émiettement — à l'exception de la *Doctrine du droit*, il s'agit essentiellement d'opuscules — par rapport aux trois grandes critiques[1], et tant en ce qui concerne la densité et l'originalité des analyses qu'en ce qui touche à leur retentissement. La révolution copernicienne, les jugements synthétiques *a priori*, les antinomies de la raison sont universellement connus, alors qu'on cherche plus difficilement des concepts politiques stars imputables à Kant. Il faut être honnête : ce n'est pas de la lecture de Kant que procède le retour de la philosophie politique. C'est plutôt le retour de la philosophie politique qui a permis la relecture des textes kantiens qu'on avait longtemps tenus pour des *minima moralia*. Cependant, une observation quantitative qui conclurait à la nécessité de tenir pour négligeable la place de la politique kantienne n'est pas dirimante si l'on évoque deux remarques préliminaires.

On observera d'abord, comme la chronologie nous y invite, que la réflexion de Kant en matière de philosophie de l'histoire est *antérieure* à l'événement de la Révolution française et que, par conséquent, si celle-ci lui a inspiré des réflexions fondamentales, elle ne se trouve nullement à l'origine de sa conception politique. La réflexion de Kant est une réflexion sur l'histoire, elle n'est nullement une réaction immédiate d'enthousiasme ou de dépit devant l'histoire. L'autonomie de la pensée y garde d'autant plus ses droits qu'elle a l'initiative[2]. Georges Vlachos[3] a remarqué que lorsque Kant rédige ses opuscules politiques, il a déjà soixante-trois ans. Ses œuvres politiques ont été préparées par ses réflexions de 1770 à 1784 et les conclusions que lui a inspirées la lecture des œuvres de Hume et de Rousseau. Force est de constater qu'elles sont contemporaines des publications de sa maturité intellectuelle (voir note 2, page 25). La pensée de

---

La Définition du concept de race humaine, de 1785.

Les Conjectures sur les débuts de l'histoire humaine, de 1786.

Sur l'emploi des principes théologiques dans la philosophie, de 1788.

Le Conflit des familles, de 1798.

On observe qu'à l'exception du dernier, ils sont tous antérieurs à la Révolution française. Soit ils appartiennent à la philosophie de Kant. Mais il faut remarquer que *La Doctrine du droit*, sans doute publiée en 1796, n'est que la première partie de la métaphysique des mœurs.

1. *Critique de la raison pure*, 1781. *Critique de la raison pratique*, 1788. *Critique de la faculté de juger*, 1790.

2. Voir B. Bourgeois, *in La Révolution française dans la pensée de Copernic*, Neuchâtel, 1989.

3. *La Pensée politique de Kant*, Paris, 1942.

Kant est la pensée de l'époque qui a produit la Révolution française et non la pensée occasionnée par l'époque de la Révolution.

On soulignera ensuite que la thématique politique de Kant se présente à la fois comme un *prolongement* et comme un *remaniement* du droit politique des modernes. Kant n'invente pas les concepts de république ou de droit, qu'il reprend aux penseurs classiques, et ce n'est aucunement dans l'état miniaturisé où il les a conservés qu'on a pu les retrouver, mais il est certain qu'il les a retravaillés. Sa réflexion ne s'attache pas à une théorie politique, mais à une philosophie de l'histoire. Son étude ne concerne pas l'organisation de la cité ou la mise en place du gouvernement civil, elle s'intéresse à l'évolution et au développement de l'humanité. Moins qu'à Hobbes, qu'à Spinoza ou qu'à Locke, elle se rattache à Rousseau *(Discours sur l'origine de l'inégalité)* et à Herder *(Idées pour la philosophie de l'histoire de l'humanité)*. Elle touche à l'histoire universelle du point de vue cosmopolitique. La société à laquelle se réfère Kant est bien une société politique, mais c'est une société politique internationale, à l'échelle du genre humain, à l'horizon de l'unité de l'espèce humaine. Une anthropologie davantage qu'une politique, un déplacement de la politique à l'anthropologie pour laquelle Kant a fabriqué une question spécifique : qu'est-ce que l'homme ? L'objet de sa philosophie de l'histoire est l'unité de l'espèce humaine. En outre, la doctrine du droit élaborée par le philosophe de Koenigsberg déborde la conception du droit politique des modernes en circonscrivant le droit public par un *terminus a quo*, qui est le droit privé, et un *terminus ad quem*, qui est le droit international. Moins que du droit naturel moderne, on y lit l'inspiration du traité de Wolf, *Principes du droit de la nature et des gens*. Kant inaugure sa réflexion par une étude du droit privé centré sur la possession et l'achève par une analyse de droit international public. C'est précisément dans cet espace délimité par la philosophie de l'histoire et la philosophie du droit que Kant a inventé un futurible qui n'a pas fini de nous fasciner ou de nous irriter : l'idée de la république universelle.

Reste-t-il quelque chose de l'idéal des Lumières ? Avons-nous gardé autrement que comme une utopie ou une sottise la perspective de la paix perpétuelle et de la république universelle ? Poser une telle question, c'est sans doute se demander quelle est l'actualité de la pensée politique et historique de Kant ?

La perspective de la république universelle et de la société des nations se trouve exposée par Kant dans un opuscule particulièrement dense, *Idée d'une histoire universelle au point de vue cosmopolitique*. L'ouvrage est constitué d'une suite de neuf propositions[1]. C'est dans les trois dernières propositions que Kant énonce la perspective de la république universelle, non sans souligner les difficultés qu'elle entraîne et les obstacles qu'elle ne peut manquer de rencontrer. Kant énonce très simplement que le sens de l'histoire de l'humanité (direction et signification) est celui de l'établissement d'une société des nations et d'une république universelle régissant l'humanité. Pour cela, il lui a fallu redonner sens au concept d'histoire.

Dans l'œuvre kantienne, le terme « histoire » apparaît à plusieurs reprises. La première critique s'achève sur une histoire de la raison pure, les *Conjectures sur les débuts de l'histoire humaine* mettent en évidence l'idée du développement qui s'accomplit selon des fins[2]. Au-delà de l'inventaire et d'un catalogue, c'est l'assignation du sens du développement qui permet d'organiser une classification. Si l'histoire humaine a un sens,

1. 1) Toutes les dispositions naturelles d'une créature sont destinées à se développer un jour complètement et conformément à une fin.

2) Chez l'homme (en tant qu'il est la seule créature raisonnable sur la terre), les dispositions naturelles qui se rapportent à l'usage de la raison ne doivent se développer complètement que dans l'espèce mais non dans l'individu.

3) La nature a voulu que l'homme tire entièrement de lui-même tout ce qui dépasse l'agencement mécanique de son existence animale et qu'il ne participe à aucun autre bonheur ou à aucune autre perfection que ceux qu'il s'est créés lui-même, libre de l'instinct, par sa propre raison.

4) Le moyen dont se sert la nature pour mener à son terme le développement de toutes ses dispositions est leur antagonisme dans la souche, dans la mesure où cet antagonisme finira pourtant par être la cause d'un ordre réglé par la loi... (l'insociable sociabilité de l'homme).

5) Le plus grand problème pour l'espèce humaine, celui que la nature contraint l'homme à résoudre, est l'établissement d'une société civile administrant le droit universellement.

6) Ce problème est le plus difficile et c'est aussi celui que l'espèce humaine résoud le plus fort [...] l'homme est un animal qui a besoin d'un maître.

7) Le problème de l'établissement d'une constitution civile dépend du problème de l'établissement d'une législation qui règle les relations extérieures des États et ne peut être résolu sans lui.

8) On peut considérer l'histoire de l'espèce humaine dans l'ensemble comme l'exécution d'un plan caché de la nature pour établir une constitution qui règle parfaitement la politique intérieure, et aussi, à cette fin, la politique extérieure : c'est le seul état où la nature puisse développer complètement toutes ses dispositions dans l'humanité.

9) Il faut considérer qu'une tentative philosophique pour traiter de l'histoire universelle d'après un plan de la nature qui vise la parfaite union civile dans l'espace humain est possible et même favorable pour ce dessein de la nature.

2. Voir Jean-Michel Muglioni, introduction à l'*Idée*..., Paris, Bordas, 1988.

celui-ci doit être déterminé « aussi bien — dit Kant — que tout autre événement naturel, selon les lois universelles de la nature ». Cette nature ne peut être celle des seules volontés subjectives dont la confrontation est irrégulière et contraire. Comment rendre compte du destin d'êtres libres et par définition imprévisibles ? La méthode pour surmonter l'obstacle et découvrir une régularité dans le cours irrégulier des choses humaines est de considérer l'histoire comme le devenir d'une espèce unique, ce qui suppose l'admission de la continuité entre les générations et l'acceptation de la finalité naturelle ; une finalité naturelle que n'explique pas la causalité, le « parce que », mais le « comme si », et que rend possible un type particulier de jugement, le jugement réfléchissant. Cette idée directrice permet d'organiser la compréhension de l'histoire selon un plan déterminé par la nature. « Toutes les dispositions naturelles d'une créature sont destinées à se développer un jour complètement et conformément à une fin. » Si la nature ne fait rien en vain et qu'elle a créé l'homme démuni de toutes les protections accordées aux autres animaux, c'est qu'elle a un autre dessein, à savoir que l'homme, qui dispose de la raison et de la liberté de sa volonté, crée un nouvel ordre qu'il tire de lui-même. Dans la créature humaine, la raison est infinie et les projets rationnels sont sans limite mais, pour progresser, la raison a besoin de s'exercer et de s'instruire alors même que l'homme est marqué par la finitude et que sa vie singulière est fugace. C'est pourquoi la raison humaine a besoin de se réaliser dans la suite des générations. Elle est générique. C'est donc l'histoire de l'espèce qui exhibe le plan de la nature. L'histoire anthropologique que poursuivra le XIXe siècle en rapportant le développement de l'intelligence humaine au développement de l'habileté manuelle de l'*homo faber* commence ici.

Kant ne reprend nullement le finalisme aristotélicien. Revenir selon lui à un point de vue finaliste — Kant dit *téléologique* —, ce n'est pas retrouver le point de vue hiérarchique et qualitatif de la philosophie des Anciens que dénonçait justement Spinoza, en ostracisant de la rationalité tous les comportements humains pour les rattacher à une moralité ou à une théologie séparées. Kant se livre à l'opération inverse, qui consiste à rechercher la loi de nature des comportements rationnels. L'observation biologique fait apparaître, sur l'exemple des corps organisés, que la nature n'est pas livrée au hasard ou à la contingence. Nous ne devons pas considérer que la liberté est *imperium in imperio*, qu'elle est hors de la nature mais, tout à l'opposé, qu'elle doit avoir un sens naturel. Dans la téléologie naturelle, où précisément chaque chose a sa place, l'homme fait problème, sauf à considérer que le développement obligé de la raison est la contrepartie obligée de sa pauvreté instinctuelle. Aucun instinct ne guide la main humaine capable d'accomplir une inépuisable diversité d'actions. L'homme a la supériorité du non-spécialiste capable d'apprendre et de se perfectionner. L'habileté naturelle de la main outil et du corps disponible assure la finalité de la liberté et dispose l'organisation humaine non à la seule survie, mais à la vie *humaine*, c'est-à-dire à la vie conforme aux exigences de la raison.

> La nature a agi comme si elle avait attaché plus d'importance chez l'homme à l'estime raisonnable de soi qu'au bien-être.

L'homme ne cherche pas seulement la satisfaction, la vie facile, le bonheur, il cherche autre chose qu'il ne rencontre que dans la transmission, la culture, l'effort pour les générations futures. Notre vie contient davantage que ce que renferme l'éphémère brièveté de nos existences singulières, puisque l'espèce humaine connaît l'apprentissage, la transmission, l'éducation, puisque nous recevons de nos parents et que nous transmettons à nos enfants ou neveux et que le sens de cette transmission peut être celui d'un progrès. La finalité est ainsi retrouvée, mais c'est une finalité culturelle et morale. La culture n'est pas autre chose que la nature, la culture est la fin de la nature, la manière dont la nature nous prépare à la liberté.

Aussi bien, la perspective de la république universelle n'est ni utopique ni millénariste, qui assigne à la politique sa dimension rationnelle. Elle fait de la politique un universel, elle promeut l'idée qu'il existe une politique universelle. Il n'y a, selon Kant, qu'une seule politique valable, et c'est celle de la république. Comment le philosophe prussien soutient-il une telle prétention, et nous-mêmes, aujourd'hui, dans le monde divisé qui est le nôtre, que devons-nous en penser ? En élargissant l'idée d'État-nation à celle de république universelle, Kant élargit notablement la problématique moderne de l'État-nation, mais ne s'inscrit pas pour autant, ainsi que le fera Fichte, en rupture avec la théorie politique de ses prédécesseurs. Ces derniers, en la personne d'auteurs comme Hobbes, Locke, Rousseau, avaient défendu l'idée d'un État instaurant au moyen d'un pacte social la paix civile et la liberté des individus par leur soumission à la loi. Une telle soumission exigeait que chacun aliène une partie de son droit naturel et renonce en particulier au meurtre et à la vengeance armée pour les remettre à l'État. Cette fin, Kant la retient intégralement :

> Il faut une société où, sous des lois extérieures, la liberté se trouve liée au plus haut point à un pouvoir irrésistible, c'est-à-dire à une constitution civile parfaitement juste.

Mais il va différer ces deux points de la théorie classique, et c'est dans ce double écart qu'il ouvre la perspective de la république universelle comme horizon non utopique et comme politique universelle.

La première différence porte sur les moyens. Selon Kant, le passage à la société civile ne s'opère pas par le moyen du contrat social, du pacte. Il ne se réalise pas par le passage d'un hypothétique état de nature qui, selon lui, n'a jamais existé, à un état civil qui n'est non plus jamais arrivé. La problématique kantienne de la nature est tout autre : au scénario du pacte social, elle substitue la recherche du passé et elle échange la mise en scène du contrat pour l'investigation du sens de l'histoire. Du coup, Kant, en représentant de la philosophie des Lumières, accomplit à l'égard de la politique classique qui séparait la nature de la culture et ne décomptait que des sujets individuels et des étants atomisés, un double déplacement.

En premier lieu, il fait retour à l'inscription de l'histoire humaine dans la nature. Il réinstalle l'homme dans l'univers. Après John Donne : « Tout est détruit, tout est en pièces » ; après Pascal : « Le silence éternel de ces espaces infinis m'effraie », une partie de la philosophie moderne, à la suite de Descartes, avait tiré comme leçon de la physique moderne qu'entre la nature, *res extensa*, et l'homme, *res cogitans*, rien n'allait plus. Parce que la nature ne comporte ni éminence, ni hiérarchie, ni perspective, l'homme n'y avait plus son lieu et sa place. Il est ailleurs. Kant, en un sens, refuse ce point de vue. Selon lui, l'homme n'est pas seulement un artifice étranger à la nature, il est aussi et d'abord dans la nature. Mais Kant ajoute que l'homme est doté de quelques particularités spécifiques puisqu'il possède la liberté, la volonté, la raison. L'homme est un animal, mais ce n'est pas un animal comme les autres. Si on ne se résigne pas à l'irrationalisme qui accepte de ne pas rendre raison de l'homme, il faut porter un jugement qui réfléchit l'existence naturelle de cet animal différent. La nature agit *comme si* elle avait voulu que l'homme se construise lui-même.

L'homme est bien *dans* la nature, mais il ne procède pas uniquement *de* la nature. Autrement dit, Kant pense la nature *comme si* elle produisait aussi la culture.

Kant effectue un second déplacement, celui qui substitue l'entité humanité à l'entité individu — celui qui promeut le point de vue anthropologique. La pensée libérale classique ne connaissait et ne raisonnait que sur des individus atomisés. La pensée anthropologique contemporaine assume le point de vue collectif du genre humain. Marx, successeur ici de Rousseau comme Kant, dira plus tard : « L'homme est un être générique. » Chez l'homme, la raison qui procède par essais et erreurs, qui suppose la transmission des connaissances acquises, mais surtout la moralité qui exige que l'homme ne se détermine que par lui-même, ne peuvent se développer et se réaliser qu'à l'échelle de l'espèce. Kant esquisse déjà ici un thème que Hegel portera en majesté : le concept n'est pas au début mais à la fin. Entendez : l'esprit ne s'accomplit que dans l'histoire.

Tel est donc le premier écart avec la théorie politique classique qui concerne les moyens de l'institution de la société civile, laquelle allie la liberté et la loi. Cette institution, dit Kant, se réalise dans l'histoire et à l'échelle de l'humanité. Son moteur n'est pas la décision, son étayage n'est pas la volonté libre, car la volonté libre n'est pas de l'histoire. Son moteur est précisément la contradiction qui est inscrite dans la nature humaine en tant qu'elle se rapporte aux fins de la nature en général. Kant est peut-être le premier penseur qui mette à profit l'intuition de Rousseau sur le caractère contradictoire de l'évolution de la civilisation, le premier doctrinaire à souligner ce que Hegel appellera plus tard le travail du négatif, ou la ruse de la raison. Selon lui, l'histoire humaine ne progresse pas par le bon côté mais par la mauvaise pente, elle n'évolue pas par la paix mais par la violence, ou plus exactement elle se déploie dans les contradictions inscrites dans la nature humaine. Kant souligne les effets de deux de ces contradictions. La première est ce qu'il appelle « l'insociable sociabilité de l'homme ». L'homme n'est pas ou n'est plus seulement ce qu'il était pour le penseur chrétien augustinien piétiste qu'est le philosophe protestant, un ermite insociable ; il n'est pas ou n'est plus seulement un animal politique, le fameux *zoon politikon* cher à Aristote. Après la belle totalité grecque perdue, le christianisme a institué l'idée de la chute et du péché... Kant souligne que, certes, l'homme est sociable et qu'il ne peut se passer de ses semblables, qu'il a besoin de communiquer ; mais il remarque qu'il est également insociable : il veut dominer, mais l'esprit de la domination le conduit à la guerre et à la solitude. Le résultat de l'insociable sociabilité est paradoxal. La discorde, qui pousse les hommes à s'éloigner et à se faire la guerre, les incline à occuper toute la terre, et la guerre de tous contre tous produit finalement l'équilibre de la terreur, c'est-à-dire la paix civile. La paix, dit Kant, est d'abord pathologiquement ou pragmatiquement extorquée par une force qui, monopolisant la violence légitime, en débarrasse la société civile.

La seconde contradiction concerne l'État lui-même. Elle est résumée par Kant d'une formule : « L'homme est un animal qui a besoin d'un maître. » L'État est une puissance qui soumet les violences privées au profit du bien commun par la loi. L'homme ne peut s'en passer, car il a toujours besoin d'éduquer et de discipliner ses instincts par une force et une discipline. Mais le maître lui-même, le maître de l'État, est toujours un homme, c'est-à-dire un animal qui a besoin d'un maître. Qui disciplinera cet animal-là ? Nous voici donc au rouet. Les États, ces maîtres, sont entre eux à l'état de nature comme les animaux. Qui sera leur maître ? La nature ?... Mais n'anticipons pas. Il y a là une seconde différence avec la théorie classique, qui porte cette fois sur les fins. La finalité de la théorie politique classique est d'instituer l'État-nation particulier local. La fin de la théorie politique kantienne est l'institution d'une société des États-nations, d'une république universelle.

> L'établissement d'une société civile administrant le droit universellement.

Universellement. L'innovation est ici dans l'adverbe. Une question préalable s'impose : en assignant pour fin une société civile universelle, Kant fait-il retour au-delà du pluralisme et de la composition des États-nations à l'idée d'un État universel, c'est-à-dire à l'idée gibeline de monarchie universelle ou d'empire ? Pas du tout. Il ne propose nullement le retour à l'empire contre la république, mais à l'opposé une société des États sur le modèle des amphictyonies grecques, c'est-à-dire une fédération qui reconnaisse les droits réciproques des États et les fasse sortir de l'état de nature ou de l'état de guerre dans lequel ils sont entrés pour remplacer cet état de guerre par un État de droit. La fin n'est ni la conquête ni l'absorption par une nation supérieure.

> Tous les États même les plus petits pourraient atteindre leur sécurité et leurs droits non de leur propre fin et de leur propre appréciation de leurs droits, mais seulement de cette association d'amphictyonies, de la réunion de leurs puissances et d'un jugement d'après des lois issues de la réunion de leur volonté.

La fin est donc l'institution par le consentement d'une *république* universelle. Là encore, le pacte n'est pas au commencement mais à la conclusion, parce que le moyen et le moteur sont encore et toujours la guerre et la violence, l'équilibre de la terreur, c'est-à-dire la finalité de la nature. C'est en ce sens que cette idée :

> ... si enthousiaste qu'elle puisse paraître et quoiqu'elle porte à rire chez un abbé de Saint-Pierre et un Rousseau (peut-être parce qu'ils en croyaient la réalisation trop proche) est pourtant l'issue inévitable de la détresse où les hommes se plongent mutuellement : il faut qu'elle contraigne les États, quelques difficultés qu'ils aient à l'admettre, à une résolution rigoureusement semblable à celle que l'homme sauvage avait été contraint de prendre d'aussi mauvais gré : renoncer à la liberté brutale et chercher le calme et la sécurité dans une constitution réglée par la loi.

Toute la question relative à ce mouvement est dans l'interprétation du processus. Faut-il l'analyser comme une *raison des effets* selon une causalité de séries indépendantes par le schéma épicurien, rencontre au hasard de séries causales indépendantes ? Kant ne se résout pas à ce point de vue parce qu'il lui semble en deçà de l'exigence de sens propre à la raison. Pourtant, ce que le hasard a fait, le hasard peut le défaire et on peut toujours, par hasard, revenir en dessous de l'état d'équilibre attendus. Le principe, même mécanique et thermodynamique, de l'action et de la réaction nous engage dans une autre interprétation : chercher la finalité non seulement dans les parties, mais aussi dans le tout ; chercher un sens à l'histoire politique humaine et enraciner ce sens dans l'exigence la plus haute : celle de la raison.

C'est à ce point que Kant établit une distinction entre l'ordre de l'histoire et l'ordre de la raison. L'histoire produit le savoir, la scène de la culture, mais elle ne produit pas la moralité. L'histoire met en scène les mœurs, la civilisation, mais elle n'a pas de *casting* pour la raison. Kant écrit :

> Nous sommes cultivés au plus haut degré par l'art et par les sciences. Nous sommes *civilisés* jusqu'à en être accablés par la politesse et les bienséances de toutes sortes. Mais nous ne sommes pas encore moralisés.

Culture. Civilisation. Moralité. Arrêtons-nous un instant sur ces trois thèmes qui orchestrent et remodèlent les concepts fondamentaux de l'*Aufklärung*. On le voit, le principe de l'association civile n'est pas fondé sur la raison ou sur la volonté, et c'est pourquoi Kant dit qu'il réalise un accord pathologiquement extorqué. L'accord n'a pas pour origine la raison, il n'a pas pour principe la justice, mais les passions. La première justice est la contrainte civile purement légale de la loi. Elle n'est qu'une discipline, la nature réalise sans nous une société qui nous prépare à la loi. Pour nous le faire comprendre, Kant utilise la métaphore de l'arbre et de la forêt, métaphore qui montre par quel mécanisme la nature produit les progrès de la culture et du droit. Lorsqu'un arbre pousse tout seul, isolé, il grandit rabougri, incliné ou courbé. Dans une plantation forestière, en revanche, les arbres enclos sont mécaniquement appelés, parce qu'ils cherchent la lumière, à s'élever hauts et droits. De même l'enclos civil où les hommes coexistent les contraint à se redresser. Mais si la culture nous fait ainsi quitter l'animalité pour entrer dans la civilisation, elle ne nous donne pas encore la moralité. Kant reprend ici la critique de la civilisation qu'avait inaugurée Jean-Jacques Rousseau contre Voltaire et tous les chefs de file de la société des Lumières, qui identifiaient civilité et moralité, civilisation et supériorité. Rousseau avait remarqué dans son célèbre *Discours sur les arts, les lettres et les sciences*: « Nous sommes civilisés jusqu'à en être accablés par les politesses, les bienséances sociales de toutes sortes, mais tout cela n'est qu'un théâtre, loin de calmer les passions, le progrès des sciences et des arts peut rendre insensible à la justice et développer avec les inégalités qui se creusent entre civilisés et barbares, savants et ignorants, la méchanceté, la domination, la détresse. La civilisation reconduit la guerre. »

À ce point de vue, Kant se distingue de Rousseau par une interprétation plus optimiste de la civilisation des Lumières *(Qu'est-ce que les Lumières ?)*. Si en effet la civilisation n'est pas la moralité, elle nous prépare à la moralité car l'obéissance à la loi décidée librement par une volonté libre prépare à une attitude morale. La civilisation donne des raisons d'espérer, elle est un indice des progrès de l'humanité. Le siècle des Lumières, d'abord parce qu'il a préparé la prospérité économique, est le siècle, ne l'oublions pas, de la naissance de l'économie, de la politique libérale physiocratique, de la réflexion des économistes comme Turgot, Quesnay, Gournay, mais aussi des Écossais comme Adam Smith. La libre circulation du commerce a entraîné la libre circulation des idées, la tolérance, la philosophie, elle a apporté la liberté de penser. En revanche, si le libéralisme ne conduit pas au moralisme, il lui donne néanmoins des conditions extérieures.

Kant remarque, avec les Lumières, « un certain intérêt du cœur qui ne peut manquer de porter l'homme éclairé au bien qu'il conçoit parfaitement ». Là est le point d'inflexion. Le progrès né des passions et de la rivalité entraîne une transformation intérieure. Car les Lumières ne sont pas une simple accumulation de connaissances, elles qui apportent le développement de la pensée libre, l'apparition de la critique, l'exaltation du jugement vrai. L'homme éclairé conçoit le bien dans sa pureté pour lui-même ; en lui s'éveille le sentiment moral. Le siècle des Lumières développe l'idée cosmopolitique d'une unité de l'humanité dans la paix et dans le droit :

> Cela donne l'espoir qu'enfin un jour après maintes révolutions et transformations se réalise le dessein suprême de la nature : un état cosmopolitique universel tel qu'en son sein toutes les dispositions originaires de l'espèce humaine seront développées.

Nous en arrivons maintenant à la neuvième et dernière proposition.

Il est désormais possible — selon Kant — d'envisager l'histoire du point de vue cosmopolitique et d'exposer le plan général d'une histoire universelle de l'humanité comme progrès, des Grecs jusqu'à nous. Non seulement Kant apporte enfin une solution au problème du sens de l'histoire, mais il estime que l'histoire philosophique qui découvre ce sens contribue elle-même au progrès de l'histoire. Reviennent donc les questions : l'idée d'une histoire universelle cosmopolitique, une histoire philosophique du progrès de l'humanité vers la liberté et vers la paix sur toute la terre, n'est-elle pas une pure chimère ? Cette idée revient en effet à considérer qu'un jour, nous serons satisfaits par le cours des choses, qu'un jour le bien adviendra. N'est-ce pas prendre nos désirs pour des réalités et croire que l'histoire deviendra rationnelle parce que l'homme sera devenu raisonnable ? Kant n'évite nullement la difficulté et le fond de la question qui est celui-ci : existe-t-il une politique universelle rationnelle à laquelle les hommes devraient se ranger et à laquelle ils se rangeront effectivement ? Sa réponse s'organise en deux temps.

Le premier temps consiste à remarquer ce qui se produit par défaut, en l'absence de république universelle et de droit public international institués (par parenthèse, cette situation est actuellement la nôtre). Dans ce cas, les États demeurent entre eux à l'état de nature, ils continuent à préparer la guerre. Tant que cette situation dure, les droits de l'homme, au premier rang desquels les droits à la sûreté, ne sont pas assurés. La guerre menace aussi les libertés civiles (loi martiale), le commerce ; à terme, elle détruit, sur le plan intérieur, la république. On peut chiffrer par défaut ce qui manque à une humanité privée de la paix : ce qui lui est enlevé, c'est la réalisation effective des droits de l'humanité ; c'est une situation d'instabilité pour les États et les nations. Et avec la difficulté de pérenniser les régimes républicains fragilisés, c'est la prolongation d'une situation impériale entre les peuples. La guerre menace la démocratie. Réversiblement, a souligné le politologue Pierre Hassner, prenant la défense du projet de Kant de république universelle, on n'a pas suffisamment souligné le phénomène qui donne rétrospectivement raison au philosophe allemand : aucune démocratie dans le monde contemporain n'a encore fait la guerre à une autre démocratie. Autrement dit, les républiques démocratiques ne se font pas la guerre.

Le second temps de la réponse de Kant est marqué par un retour à la téléologie de la nature. À la fin des fins, c'est l'équilibre des guerres, l'équilibre de la terreur, qui met fin à la guerre en poussant à la société des nations :

> La guerre elle-même devient peu à peu non seulement si sophistiquée et d'une issue si incertaine pour les deux camps, mais encore une entreprise si délicate et fâcheuse que [...] les États du seul fait du danger prennent des arbitrages et ainsi préparent de loin un grand corps politique futur dont le monde jusqu'ici n'a pas montré d'exemple. On peut avoir à l'esprit qu'un jour se réalise un État cosmopolitique universel.

Il ne s'agit donc, on le voit, que d'un horizon, d'une direction, mais c'est ce sens (cette direction et signification) qui peut par réflexion — toujours le jugement réfléchissant — donner un sens rétrospectif à l'histoire politique, faire *comme si* l'histoire humaine avait un sens. Et ici Kant porte un éclairage, donne un témoignage, une preuve des plus décisives, qui est celle du sens perpétué de l'histoire grecque et romaine. Pourquoi, en effet, alors que tant de nations ont été oubliées, que tant de peuples ont péri, l'histoire grecque et romaine continue-t-elle de faire sens pour toute l'humanité, sinon parce qu'elle a précisément inauguré la politique universelle par l'avènement de la république ?

En conclusion s'élève une dernière question : si l'idéal de république universelle, c'est l'idéal d'une politique universelle, celle-ci n'est-elle pas un mythe ou tout simplement la volonté de la politique d'une partie du monde, en l'espèce l'Occident, de faire passer son propre développement particulier et singulier pour le développement universel, d'imposer ses mœurs politiques à l'ensemble du monde, d'universaliser par décret sa particularité ? Si la réponse était affirmative, cela voudrait dire qu'il n'y a pas de politique universelle, pas de règles de la cité juste transposables et valables pour toute l'humanité. Reconnaissons d'ailleurs que la catégorie des idéalités universelles est une catégorie très limitée, un club où l'accès est sévèrement contrôlé. Hier l'universalité a été admise pour les idéalités logiques, en l'espèce la science, les idéalités mathématiques. Depuis la démonstration par Socrate que l'esclave de Ménon raisonne en mathématiques comme tout homme le ferait à sa place, nul ne tient que la mathématique est seulement grecque parce que Pythagore, Euclide ou Thalès en ont posé les fondements. L'universalité a été également admise, mais cette fois de manière plus restrictive, par les tenants du monothéisme. Un seul Dieu universel pour toute l'humanité — encore faut-il remarquer que les trois adeptes des religions du Livre, Ancien Testament, Nouveau Testament et Coran, diffèrent quelque peu dans le contenu qu'ils donnent à ces idéalités théologiques... Mais véritablement existerait-il une seule politique, un seul type de cité valable sur toute la terre et pour tous les hommes, alors même que nous observons une diversité incroyable de mœurs, de coutumes, d'usages politiques et juridiques ? Oui, répond avec force Kant, mais on ne peut comprendre le sens de son affirmation sans apporter quelques précisions.

La première concerne le retour à l'idéal républicain antique, à l'histoire grecque et romaine, comme il le dit ici très nettement, à la politique d'Aristote. Ce qui conduit à préciser la définition même de la république. Car c'est Aristote, avec l'audace de la philosophie grecque, qui a prétendu, malgré toute la diversité des modes d'association ou de communauté possibles parmi les hommes, qu'il n'existait que deux modes et deux modes seulement de société (*Politique*, III, 4) : les sociétés qui sont organisées en vue de l'intérêt privé et qui sont despotiques ou domestiques (l'autorité s'y exerce à la façon d'un maître sur l'esclave ou d'un mari sur sa femme) et les sociétés qui ont en vue l'intérêt général *(koinon sumferon)*, le bien vivre *(eu zen)*. Seules les secondes sociétés, dit Aristote, sont républicaines et légitimes, parce qu'elles s'exercent selon des lois. Autrement dit, la *politeia*, la cité juste que les Romains ont traduite par *res publica*, c'est-à-dire la république, s'oppose absolument à l'empire, à la monarchie universelle. Mais lorsqu'on a défini la république, on n'a pas encore désigné le type de gouvernement : la définition de la république porte sur l'objet de la vie civile, l'intérêt général, le bien commun établi par la loi. Elle répond à la question *quoi ?* Mais la définition de la république laisse indéterminée, ouverte, la question des modalités d'exercice du gouvernement. Elle ne répond pas à la question *qui ?* Qui est titulaire des lois ? Qui exerce l'autorité ? Qui s'occupe de la magistrature ? Elle ne traite pas de la question du sujet du pouvoir. À cette question *qui ?* quel est le sujet ? Aristote a répondu en proposant une classification qui a fait florès et qui doit nous faire réfléchir, car elle ouvre à son tour un espace de diversité.

La république, a-t-il expliqué dans *Politique* III, 7, peut être monarchique quand le monarque a en vue non son intérêt privé de monarque mais l'intérêt général, elle peut être aristocratique quand les *aristoi*, les élites, le petit nombre ont en vue non leur intérêt privé d'élite mais l'intérêt général et... dans un lapsus remarquable qui attire l'attention, il a ajouté que la république est républicaine quand le grand nombre gouverne en ayant en vue l'intérêt général non de la seule masse mais de tous. Le gouvernement du grand nombre, qu'est-ce d'autre sinon le gouvernement démocratique ? Manière de dire *mezzo voce* que la démocratie est adéquate à l'institution de la république parce que seul le grand nombre peut véritablement défendre l'intérêt général à la condition qu'il ne cède pas à la massification. Mais laissons là Aristote et revenons à Kant : lorsque celui-ci défend l'idée de la perspective d'une république universelle, il ne prétend nullement que toutes les sociétés suivront le même développement. Les sociétés républicaines peuvent connaître des gouvernements différents et si, comme Aristote, Kant était opposé à l'empire, à la monarchie universelle, il était partisan, en républicain, d'une monarchie constitutionnelle et ne s'est nullement opposé au régime de Frédéric.

La république universelle n'est pas un mythe, comme le croient certains juristes hostiles à la juridisation de l'État, mais la forme d'organisation politique surgie du redéploiement de l'idéal républicain antique sur le fond biblique de l'égalité des hommes en Dieu qui s'oppose aux empires et aux féodalités. L'État de droit n'est pas non plus la fin (le sens et la direction) de l'histoire. L'Europe a inventé l'État de droit, les droits de l'homme, et le premier des droits de l'homme, le droit à la sûreté, le droit anti-esclavagiste. Mais elle les a aussi fossoyés avec le *Code noir* en 1683, avec le second servage de l'Europe de l'Est, avec le retour dans la vie des camps à la vie de l'esclave. Il n'y a aucune fatalité pour qu'advienne l'État de droit, car si les idéalités sont universelles, il faut dire avec Kant qu'il n'y a qu'une politique universelle. Cependant, le développement, lui, n'est jamais universel mais toujours aléatoire. Ainsi, la victoire n'est jamais complète ni la réussite tout à fait assurée, l'histoire n'est jamais finie. Pour que le monde cesse de redevenir le tombeau de l'État de droit, il ne suffit pas d'en appeler à une évolution irrésistible ou à un progrès inévitable. Car il n'y a pas de fatalité historique et, par conséquent, nous ne pouvons pas compter sur un avènement certain de la république démocratique dans tous les pays (européens). Il n'y a pas d'avenir inéluctable de la république démocratique. S'il y a des idéalités politiques universelles, il reste à chacun des États (européens) à les reconnaître et à les réaliser, c'est-à-dire à comprendre la lutte qui a opposé les États républicains aux empires féodalisés afin de les dépasser. Au moment de l'irruption flamboyante et incertaine de la république dans la Révolution française, la grandeur de la leçon kantienne ouvrant l'horizon de la république universelle est ainsi d'exalter la grandeur et de marquer les limites de la politique de la raison.

Fichte et le nationalisme

Retour des nations ? Celles-ci vont-elles naufrager, dans leur tirant d'eau, tout espoir d'universalité ou d'ordre international solide ? C'est bien là que le bât blesse. Comment concilier l'État avec la nation, le particulier avec l'universel ? Les doctrines de l'État et de la nation se suivent et ne se ressemblent pas, et on pourrait interpréter l'apparition de la nation à la fin du XVIIIe siècle et au début du XXe siècle comme une protestation historique et vitaliste dressée contre le nationalisme abstrait de l'État. On peut comprendre le manifeste de l'âme des peuples comme le correctif nécessaire du matérialisme mécaniste des corps politiques qu'avait enseigné la théorie politique classique, ou rappeler l'importance de la civilisation des mœurs après avoir salué la constitution des droits. On suivrait alors Hegel et on soulignerait avec lui qu'un peuple ne saurait être entièrement résumé ou confondu avec le formalisme de sa constitution parce que, pour autant qu'il a un passé et un avenir, il possède également une réalité spirituelle, des valeurs, une intériorité. S'il n'y a pas de droit sans mœurs, il n'y a pas de constitution sans vie éthique. Les peuples ont leur histoire, leur génie. En deçà et au-delà des formes juridiques que renouvelle chaque génération, il y a un reste, la culture, l'esprit du peuple, qui ont été reçus et devront se transmettre. Les nations se développent comme la vie des peuples, elles existent, nous les avons rencontrées.

Pourtant, nous avons été comme vaccinés contre le nationalisme parce qu'il a pris au XIXe siècle et au XXe siècle des formes virulentes et dangereuses (le pangermanisme et le panslavisme hier, le panarabisme aujourd'hui, nous en oublions...). Des nationalismes qui nous ont mis au rouet en foulant au pied l'aspiration universelle de l'âge classique. De sorte que l'accord de l'État et de la nation demeure problématique. Peut-on aujourd'hui concilier l'État avec la nation, la particularité avec l'universalité ? Le programme fut incontestablement celui que Fichte ambitionnait de réaliser et dont on le crédite volontiers. Mais a-t-il réussi ?

Avouons-le d'emblée : aborder le problème de la définition de la nation chez Fichte, c'est buter immédiatement sur une polémique qui a partagé la philosophie européenne et divisé précisément la philosophie française sur deux questions associées. La première touche à l'interprétation favorable ou défavorable de la conception fichtéenne de la nation, la seconde a trait à la reconnaissance ou à la négation d'une évolution dans la pensée de son auteur.

Une polémique, donc, sur une question qui n'a pas cessé de hanter notre philosophie politique. En paraphrasant Claude Digeon, on pourrait dire qu'il y a eu au moins trois époques dans « la crise allemande de la pensée française ». La première a suivi notre défaite de 1870, la deuxième notre victoire en 1919 ; la troisième, enracinée dans l'après-Seconde Guerre mondiale, qui a conduit à ausculter fébrilement les grandes œuvres de la philosophie allemande, n'est peut-être pas terminée. Elle a occupé nos meilleurs esprits. Puisque, dans l'interprétation de la doctrine de la nation chez Fichte, nous avançons sur un terrain déjà largement occupé sinon miné, il est nécessaire de rappeler au préalable les positions des uns et des autres.

Pour le dire sommairement, deux courants se sont opposés au début du XIXe siècle dans les leçons qu'ils tiraient de la doctrine fichtéenne. D'un côté, pour Émile Boutroux (*L'Allemagne et la guerre. Étude d'histoire de la pensée allemande* ; *Germanisme et humanité* ; *L'Évolution de la pensée allemande*), Charles Andler (*Des origines du pangermanisme* ; *Le Pangermanisme en philosophie*), la doctrine de Fichte exposée dans les *Discours à la nation allemande* est à l'origine du pangermanisme. En Fichte le mystique a fini par dominer le rationaliste. Gallophobe, certain de détenir une méthode infaillible, antisémite dès sa jeunesse, il a voulu de toutes ses forces détruire la raison latine. De l'autre côté, les partisans de Fichte, au premier rang desquels Xavier Léon, qui lui a consacré une biographie monumentale (*Fichte et son temps*, Paris, 1922, 3 volumes), mais aussi Victor Basch (« Les doctrines politiques des philosophes classiques de l'Allemagne », *Revue de métaphysique et de morale*, août-septembre 1925), et dans une certaine mesure Victor Delbos (*L'Esprit phi-*

losophique de l'Allemagne et la pensée française), ont voulu disculper Fichte de l'incrimination de pangermanisme et de nationalisme étroit et agressif. S'ils admettaient l'existence d'une incontestable évolution dans la pensée politique de Fichte, des *Considérations...* au *Discours...*, par laquelle Fichte aurait adopté depuis ses *Dialogues patriotiques*, écrits en 1806, une attitude bien compréhensible de défense de sa patrie menacée d'extermination, il serait toujours demeuré séparé du courant de réaction du romantisme politique par son adhésion à la Révolution française. En effet, expliquaient les défenseurs du grand philosophe, quand des romantiques tels les frères Schlegel avaient prôné le retour à l'Empire, Fichte avait réclamé l'avancée vers la République ; quand des romantiques tels Wackenroder et Tieck avaient célébré le Moyen Âge, Fichte avait exalté la Réforme ; quand des romantiques tel Frédéric de Gentz s'étaient tournés vers l'Autriche catholique, Fichte était demeuré dans l'Allemagne protestante ; quand des romantiques tel Adam Müller avaient suggéré de regarder vers le passé, Fichte avait envisagé d'imaginer une ère nouvelle. Fichte, soulignaient ses défenseurs, a sans doute introduit dans les *Discours* un certain nombre de thèmes chers aux romantiques : l'exclusivisme national qui doit s'épurer en se fermant à l'étranger, la langue allemande originaire, le peuple absolu *(das Volk Schlechtweg)*, mais il a réfuté tous les césarismes, le système napoléonien comme la monarchie universelle. Il a conçu le peuple allemand comme le porteur de la liberté et du progrès. Il n'a pas fait de la spiritualité un caractère ethnique mais un trait *éthique*. Et de citer encore cette pièce à conviction comme un ultime témoignage à décharge qu'on peut lire dans les *Discours à la nation allemande* :

> Quiconque croit à la vie spirituelle et à la liberté de cette vie et veut le développement éternel de la spiritualité par la liberté, celui-là, quel que soit son pays d'origine, quelle que soit sa langue, est de notre race et nous appartient et fait cause commune avec nous. Mais quiconque croit à l'immobilité, au recul, au piétinement sur place, est d'une autre race, ou met une nature morte au gouvernement du monde, celui-là, quel que soit son pays, quel que soit son idiome, n'est pas un Allemand, est étranger à nous et il est à souhaiter que le plus tôt possible il se sépare entièrement de nous.

Avec beaucoup de nuances, Martial Guéroult a ainsi résumé l'acquittement final de Fichte :

> Sans doute l'exaltation métaphysico-romantique de la prétendue supériorité essentielle du génie germanique, exaltation qui constitue le thème unique des *Discours à la nation allemande*, peut-elle déterminer sur le lecteur français du milieu du XXe siècle une invicible impression de répugnance. Sans doute Fichte est-il moins facile à défendre aujourd'hui qu'hier parce que depuis hier, depuis la mort de Xavier Léon, nous avons une nouvelle fois souffert de ce nationalisme odieux dont le fondateur de l'université de Berlin fut, sous quelque forme sublimée que ce soit, une des premières incarnations ; parce que nous voyons l'homme nécessairement à travers des événements historiques qui nous cachent une partie de son visage véritable ; parce qu'en fait le nationalisme allemand s'est abreuvé aux sources de son nationalisme en le dépouillant de la large humanité qui en faisait le prix. On peut admettre à la rigueur que de même que dans Fichte, dans le philosophe il y a deux hommes, le mystique et le rationaliste, il y a dans Fichte le politique deux hommes également, le nationaliste et le démocrate, que le nationaliste comme le mystique s'est au cours de sa vie affirmé avec une force toujours croissante. Mais on doit admettre aussi que le démocrate, pas plus que le nationaliste, n'a jamais chez lui abdiqué[1].

La conviction qui a conduit Martial Guéroult à défendre Fichte après Xavier Léon, et à estimer que jamais chez lui le particularisme ne l'avait emporté sur l'universalisme, tient à l'adhésion donnée par le philosophe allemand à la Révolution française et à l'assentiment qu'il a proclamé vis-à-vis de la liberté républicaine, voire socialiste. Pour les républicains du XIXe et du XXe siècle, persuadés qu'il fallait continuer la Révolution pour instituer la république, un philosophe qui avait pris le parti de la liberté selon 1789 ou 1793 ne pouvait avoir mal fait. La conscience atténuée, voire la volonté de ne pas entendre certains thèmes des *Discours à la nation allemande*, sont étroitement solidaires d'une position républicaine étroite. Une position qui est à notre sens aujourd'hui difficile à tenir, en raison de l'approfondissement des réflexions auxquelles les développements politiques du XXe siècle ont conduit la philosophie politique. À travers la pathologie des systèmes totalitaires, le XXe siècle européen a laissé entrevoir en effet qu'il n'était pas suffisant d'être démocrate ou socialiste pour demeurer un partisan inconditionnel de la liberté. La même époque nous a mon-

1. Martial Guéroult, *Études sur Fichte*, Paris, 1974.

tré qu'il n'était pas suffisant d'être rationaliste pour laisser s'exprimer les voies de la raison. Combien de démocraties populaires ou de régimes populistes qui ont étouffé la liberté des individus et abaissé le raisonnement ! Mais revenons à la chose même et disons maintenant ce qui nous paraît aporétique, particulariste dans les *Discours*.

Nous traitons donc du *terminus ad quem* de la réflexion du philosophe, sans aborder ici, et sauf par exception, le problème de son évolution par rapport aux œuvres antérieures. Les *Discours à la nation allemande* réunissent quatorze conférences payantes prononcées à Berlin en 1807-1808, à un moment crucial de l'histoire allemande. Alors que Napoléon est au sommet de sa puissance, l'opinion se retourne contre lui et l'Allemagne se révolte. Les *Discours* sont d'abord un événement, l'un de ces très rares moments où une réflexion philosophique heurte de plain-pied l'actualité et entre directement dans l'histoire, fait époque. Xavier Léon y a justement insisté : l'impact du texte de Fichte fut formidable. Le philosophe y perdit ses anciens amis, la cour de Weimar gagnée aux Lumières, mais y gagna ses vieux ennemis : outre Novalis, Friedrich von Schlegel déjà ralliés, tous les conservateurs allemands. Le succès des *Discours* ne fut pas qu'un feu de paille, eux qui ne cessèrent d'alimenter jusqu'au milieu du XXe siècle tous les courants du nationalisme.

Je retiendrai trois articulations fortes des *Discours* : 1. un traité pédagogique ; 2. une étude nationale ; 3. une mission universaliste — en marquant leur originalité par rapport aux thèmes majeurs des traités politiques classiques, et sans suivre exactement les étapes que scande l'auteur et qui sont la pédagogie, la nation, la pédagogie encore, la mission.

Un traité de pédagogie

Les *Discours* ne constituent pas un traité politique au sens classique, consacré à l'État, au pacte social, aux droits des individus et aux attributs du souverain, mais un traité de pédagogie dévolu à l'Éducation nationale. Une inspection diplomatique rapide permet de constater qu'ils prennent la forme d'une adresse. Y comptent seuls l'interlocuteur et le maître. Dans l'exorde comme dans la péroraison, l'interlocuteur est désigné sans tergiversation et sans remords. L'Allemagne s'est longuement enivrée de la préférence fichtéenne. Car Fichte débute par ces mots cinglants qui feront date :

> Je parle pour des Allemands, rien que pour des Allemands et je leur parle d'Allemands, rien que d'Allemands.

Et il finit par cette phrase qui annonce une ère nouvelle :

> Si l'exposé de ces Discours correspond à la vérité, c'est vous qui, parmi tous les peuples modernes, conservez le germe de la perfectibilité humaine et qui êtes chargés de veiller au développement de l'humanité.

L'interlocuteur est allemand et sa mission est la rédemption de l'humanité. Le moyen est une pédagogie. Le traité vise l'éducation non d'un individu, mais d'un peuple ; le philosophe est l'instituteur, et Fichte se veut l'éducateur.

« L'homme est un animal qui a besoin d'un maître. » L'observation lucide de Kant dans *L'Idée pour une histoire universelle...* n'est pas oubliée, mais détournée. La pédagogie est reformation. Il s'agit de former un autre moi, un autre individu. Le problème de l'éducateur est toujours le même : quel type d'homme veut-il éduquer ? Le type du patriote, répond Fichte. Le triomphe de la volonté générale s'accomplit par la destruction des volontés individuelles et l'Éducation nationale doit substituer, à l'individu déterminé par l'amour de soi et par la conscience de ses intérêts, la formation d'un homme nouveau assujetti à l'intérêt général. Même si l'on ne pense pas avec Max Rouché que les *Discours* sont d'abord une polémique d'inspiration idéaliste contre l'*Aufklärung*, force est de constater que Fichte s'attaque d'emblée au droit naturel utilitariste, à l'*Homo œconomicus* de l'économie politique des Lumières :

> C'est le réveil de la raison froidement calculatrice qui a rompu le lien entre la vie présente et la vie future, créé par la religion, et supprimé toute autre notion morale complémentaire ou de remplacement, l'amour de la gloire, l'amour national comme étant illusoire, tromperie[1].

Il s'en prend à l'égoïsme, « aux noms étranges d'humanité, de libéralisme, de popularité », qu'il propose de balayer pour les

1. *Discours à la nation allemande* (introduction et notes par Max Rouché, traduction française par S. Jankélévitch), Paris, Aubier, 1975, p. 69. On peut consulter également la nouvelle édition du *Discours* traduite, présentée et annotée par Alain Renaut, Paris, Imprimerie nationale, 1992.

remplacer par « un moi général national[1] ». Le moyen du salut, c'est « une véritable Éducation nationale allemande[2] », qui formera « avec tous les Allemands une seule communauté dont tous les membres poursuivent les mêmes intérêts[3] ». Il est nécessaire, explique encore Fichte, de réaliser une véritable soumission de la volonté pour faire plier la volonté individuelle devant l'intérêt général et pour en finir avec l'individualisme.

> L'éducation nouvelle devra au contraire s'appliquer, sur le terrain qu'elle aura à labourer, à détruire totalement la libre volonté et à éduquer la volonté dans le sens de la rigoureuse soumission à la nécessité [...] La science politique en vigueur jusqu'à ce jour, qui visait à l'éducation de l'homme social, avait adopté une règle sûre que chacun aime et veut son propre bien-être... Il faut donc substituer à cet égoïsme, à cet amour de soi dont nous ne pouvons attendre rien de bon, un autre amour[4].

La conclusion du troisième *Discours,* qui ferme la première partie du traité pédagogique, désigne aussi la place exacte de l'Éducation. Le pédagogue est un prophète. L'Éducation nationale a une vocation religieuse et une inspiration sacrée. Elle vise, dit Fichte, « à ressusciter les os de la nation[5] ». Dans la dernière partie des *Discours*, il revient à l'Éducation nationale pour délimiter l'intervention des différents États allemands et le rôle qu'ils peuvent jouer dans la formation scolaire et universitaire. Sa recommandation va dans le sens d'une totale séparation des enfants du milieu familial et particulièrement de l'emprise des mères.

> Les enfants doivent être totalement isolés des adultes et ne vivre que dans la société de leurs éducateurs et de leurs directeurs[6].

La pédagogie. Nous mesurons ici l'ampleur de la subversion fichtéenne par rapport à la théorie politique classique de la construction de la société civile. Celle-ci instituait l'État, la justice, le droit. Elle convoquait des contractants individués, adultes, égaux. Elle faisait appel à des hommes qui, par le calcul

1. *Ibid.*, p. 71.
2. *Ibid.*, p. 73.
3. *Ibid.*
4. *Ibid.*, p. 78 et 80.
5. *Ibid.*, p. 106.
6. *Ibid.*, p. 207.

rigoureux de leurs intérêts, et, parmi ceux-là, de leur intérêt majeur, vivre, persévérer dans son être, aliénaient une partie de leurs droits à une puissance désignée et déléguée. Fichte imagine des enfants dont la volonté devrait être dressée pour que se fortifie en eux le sentiment de la patrie. L'État requérait un pacte, la nation nécessite une éducation. Car Fichte dédaigne de construire l'État, il veut faire se relever un peuple. D'où une seconde articulation : la germanité.

Une étude nationale

Fichte ne se demande pas ce que sera l'État, mais ce qu'a été la germanité *(Deutscheit)*. Il ne part pas de la question la plus générale : « Qu'est-ce qu'une nation ? » comme par exemple Renan. Son objet premier est une question particulière : la nation allemande, la définition du peuple allemand, et ensuite la définition du patriotisme. Quels sont donc les traits principaux de la germanité ? Disons-le sans détour : Fichte expose que le peuple allemand est un peuple supérieur à tous les autres et destiné, en raison de cette supériorité, à régir l'humanité future :

> Nous avons essayé de démontrer que les caractères fondamentaux des Allemands étaient ceux d'une race primitive, ayant le droit de se considérer comme le peuple par excellence, en opposition avec les autres races qui se sont séparées de lui[1].

Cette supériorité repose sur trois caractéristiques essentielles : le sol, la langue et la culture.

D'abord le sol. La supériorité des Allemands est liée selon Fichte à leur enracinement territorial :

> Les premiers Allemands sont demeurés dans l'habitat primitif de leurs ancêtres tandis que les autres ont émigré ailleurs[2].

Ensuite la langue. La langue allemande est originaire et originale. Elle n'a point été contaminée par des emprunts étrangers. Elle est vivante et philosophique parce qu'elle est authentique. En sa primitivité, l'allemand rejoint le grec.

1. *Ibid.*, p. 131.
2. *Ibid.*, p. 108.

> La différence remonte aux premières ramifications de la race primitive. L'Allemagne continue à parler une langue vivante puisant toujours des forces à la source originelle, tandis que la langue des autres peuples germaniques ne vit qu'en surface et ses racines sont mortes[1].

Enfin la culture. La culture allemande est une culture de la liberté et elle permet l'accès au suprasensible. Fondée sur l'autonomie du peuple, elle produit l'auto-engendrement de la liberté. Les défenseurs de Fichte se sont arc-boutés sur cet énoncé pour souligner avec force qu'il n'instruisait pas le procès de la supériorité du peuple allemand en brandissant une donnée biologique, mais qu'il alléguait un effort culturel que chacun pouvait accepter ou partager. Il est vrai, Fichte insiste sur la culture allemande comme culture de la liberté opposée au despotisme du christianisme catholique, élan qui a été mis en œuvre par la bourgeoisie républicaine des villes allemandes.

> La nation allemande est la première parmi toutes les nations européennes dont la bourgeoisie ait démontré depuis des siècles qu'elle était capable de supporter le régime républicain[2].

Mais l'argument ultime de cette culture de la liberté tournée vers la philosophie et la suprasensibilité se trouve aux yeux de Fichte non pas en aval mais en amont, non pas dans ses effets mais dans ses causes ; la culture allemande est philosophique parce qu'elle est primitive.

> La vraie philosophie est essentiellement allemande, c'est-à-dire primitive. [...] Les hommes authentiques originaires forment un peuple primitif : les Allemands [...] La différence essentielle consiste en le fait de savoir si l'on croit à l'existence chez l'homme de quelque chose d'absolument primitif et d'originel...[3].

Dans la mesure où le primitif et l'originel reposent eux-mêmes sur la terre et la langue originelles, la boucle est bouclée. À partir de ces traits distinctifs de la germanité, Fichte définit ce qu'est à ses yeux « un peuple dans la plus haute acception du mot. Ce qu'est le patriotisme ».

1. *Ibid.*, p. 119.
2. *Ibid.*, p. 147.
3. *Ibid.*, p. 153 et 163.

Arrêtons-nous sur un texte capital qui donne à la patrie la place exacte qu'occupait l'État dans la théorie politique classique, comme plus haut Fichte avait remplacé le pacte social par l'éducation.

> La patrie et le peuple comme représentants et gages de l'éternité terrestre, comme ce qui, ici-bas, peut être éternel, dépassent de beaucoup la notion d'État... C'est pourquoi le patriotisme doit justement dominer l'État lui-même comme son instance supérieure, ultime et indépendante, en le limitant dans le choix des moyens en vue de son premier but, la paix intérieure. Il est vrai que pour atteindre ce but, on doit imposer des limites à la liberté naturelle de l'individu, et on devrait même, en l'absence de tout autre but, enfermer cette liberté dans des limites aussi étroites que possible, soumettre toutes ses velléités à une règle uniforme et exercer sur elles une surveillance constante[1].

Quelle liberté reste-t-il alors aux individus ? Quelle est cette culture de la liberté ? C'est, dit-il, la liberté générale contre la liberté particulière, comme Rousseau avait pu opposer la volonté générale aux volontés individuelles.

> Un peuple primitif a besoin de la liberté, qui est le gage de sa permanence en tant que peuple primitif, et il est capable de supporter sans danger un degré de plus en plus élevé de liberté dans le cours du temps... Et c'est la première raison pour laquelle le patriotisme doit gouverner l'État lui-même. En dirigeant l'État, c'est encore le patriotisme qui doit lui assigner des fins plus hautes que celles du maintien de la paix intérieure, de la défense de la propriété, de la liberté personnelle, de la vie et du bien-être de tous. Cette fin supérieure est la seule qui incite l'État à réunir une force armée[2].

On a bien entendu: la patrie est supérieure à la paix civile, supérieure à la propriété, à la liberté personnelle, à la vie et à son bien-être. Si, dans la paix civile, on aura reconnu le réquisit fondamental de la construction de l'État classique tel qu'on le trouve par exemple chez Hobbes ou chez Spinoza (le contrat social mettant fin, par aliénation du droit naturel de chacun, à l'état de guerre et instaurant la pacification), on retrouvera

1. *Ibid.*, p. 173-174.
2. *Ibid.*, p. 174-175.

donc ici, dans la propriété, la liberté personnelle, la vie et son bien-être, la liste non exhaustive des droits de l'homme tels qu'ils figurent dans la déclaration américaine d'indépendance de 1776 ou dans la Déclaration française des droits de l'homme et du citoyen de 1789, après qu'ils ont été rigoureusement déduits par la réflexion des penseurs de la loi naturelle. Fichte écarte ainsi d'un revers de main les droits de l'homme, et avec le génie sûr et fou d'un grand penseur, il concentre son attaque sur le *jus vitae necisque* restauré contre le droit à la sûreté. Un Allemand doit mourir pour elle, pour elle un Allemand doit mourir.

> La flamme dévorante du sublime amour de la patrie qui ne voit dans la nation que l'enveloppe du principe éternel décide l'homme noble à se sacrifier avec joie[1].

Le philosophe restaure le service de la mort ; non plus la liberté ou la mort, mais la liberté *et* la mort. Et dans un texte de politique-fiction contemporain des *Discours*, rédigé en 1807, qui imagine *La République des Allemands au* XXII*e siècle*, Fichte décrit le rite de cette nouvelle religion de la patrie telle qu'il l'imagine.

> La célébration du dimanche se déroule ainsi [...]. On sonne le rassemblement lorsqu'il fait grand jour. Le pasteur est déjà dans l'église, debout devant l'autel. Lorsque tous sont entrés, la musique cesse, le rideau de l'abside s'ouvre, les armes qui s'y trouvent apparaissent [...] puisque chaque Allemand de vingt ans à sa mort est en effet un soldat [...] car puisque les prochains actes par lesquels commence la célébration publique sont des actes civils, on trouve approprié que le symbole fondamental de la citoyenneté, l'armement, y figure aussi ostensiblement [...] Le premier acte est constitué par les obsèques des morts.

Comment éviter ici de se demander s'il n'y a pas eu une évolution dans la philosophie politique de Fichte et comment celui-ci est passé de l'apologie de l'œuvre de la Constituante — « La Révolution française semble être un riche tableau sur ce grand texte : le droit de l'homme et la dignité de l'homme » (l'exclamation proférée par Fichte dans les *Considérations...*) — à l'éradication bien appliquée de ces mêmes droits dans les *Discours* ?

1. *La République des Allemands au* XXII*e siècle sous son cinquième gouverneur d'empire* (1807), traduction française de Jean-Christophe Merle, *Cahiers de philosophie politique et juridique*, université de Caen, 1989, p. 59-60.

Le temps manque ici pour évoquer comme elle le mériterait cette transition. Je dirai seulement que si, en ce qui concerne l'État, Fichte est passé du thème de la société sans ou contre l'État à celui de la supériorité-domination sur l'État, il me paraît que, malgré les apparences, en matière de droits de l'homme, il a peut-être moins évolué qu'on ne pourrait l'imaginer. Ni dans les *Considérations*, en effet, ni dans les *Fondements du droit naturel*, on ne trouvera de définition de droits de l'homme au sens classique du terme. Dans les *Considérations*, l'affirmation des droits de l'homme est liée « à la spiritualité immuable ou à la sensibilité changeante ». Le premier droit est celui de l'affirmation du moi autonome ou de la liberté de la volonté. D'où cette conséquence : le premier des droits n'est pas le droit à la sûreté (droit calculé pour l'appropriation du corps propre et la paix civile), mais le droit de se défendre par la force (droit de faire la guerre), et dans l'ordre civil le droit à l'insurrection. Dans les *Fondements*, Fichte définit moins les droits de l'homme que le droit originaire (droit absolu de la personne d'être absolument cause dans le monde sensible). Le droit originaire qui précède tous les contrats et seul les rend possibles est le droit de présupposer pour tous les hommes qu'ils peuvent entrer par des contrats dans une relation juridique. Le droit originaire est le droit de contracter avec les autres. Il n'est nullement issu d'un droit naturel révélé par la loi naturelle. Il n'est pas un droit à la sûreté, le droit à la conservation du corps propre de la doctrine politique classique. Car, dit Fichte, « il n'y a pas de droit particulier à la conservation du droit ».

Le contrat social est un contrat de propriété des citoyens, la possession ne devient une propriété que lorsqu'elle est reconnue par autrui.

Toute la déduction du droit humain originaire se joue dans le contrat de plusieurs consciences et dans le droit civil, sans intervention de l'État. Elle ne concerne pas l'*homme*, mais l'action de l'individu sur les choses. Comme l'a dit très justement Bernard Bourgeois, « le droit selon Fichte est un droit déterminant les institutions communautaires par les exigences de la liberté » — et son fondement est la liberté. Nous avons là en vérité le maximum d'écart avec la doctrine de Hobbes ou de Locke. La théorie classique des droits de l'homme, en effet, droit à la sûreté, droit à la liberté de conscience, ne fonde nullement celle-ci sur l'autonomie du moi. Les droits de l'homme ne sont pas établis sur un droit subjectif de la volonté ou sur une absolutisation de la liberté.

Ils ont pour principe l'être empirique de l'homme et très précisément son corps, selon la règle découverte par la raison de ne rien faire contre la vie propre. La conservation du corps, la sécurité, la paix et l'épanouissement de ce corps, avec au terme la déclaration du droit au bonheur. Ce corps lui-même est inscrit dans une nature, une « bonne nature » telle que l'a pensée la Renaissance. Du coup, les droits de l'homme sont solidaires non d'une morale comme chez le philosophe du moi absolu, mais d'une politique qui ne ressortit pas uniquement à une législation de la volonté mais à une déclaration des réquisits de la loi naturelle. La sûreté, la liberté de conscience, le bien-être — on peut dire que Fichte s'en débarrasse d'autant plus qu'il ne s'en est jamais véritablement embarrassé. Le plus important est bien entendu la révocation en doute du droit à la sûreté, la mise en cause de la vie, car le droit à la sûreté a été le levier de toute la doctrine des droits de l'homme. Fichte écrit :

> La vie pour elle-même, la vie comme continuation de l'existence changeante n'a jamais de valeur.

Changement d'identité : l'État n'a pas à être, la nation a toujours existé ; elle ne dérive point du travail législatif, du difficile accouchement de la pacification intérieure ; elle ne naît pas lorsque, sur l'horizon des guerres privées disparues, se dessinent les litiges réglés par la négociation des tribunaux et par l'arbitrage des codes ; elle s'est perpétuée par la guerre extérieure, elle a grandi par la résistance. Il s'agit de la renforcer et de la ressusciter. Troquant le calcul juridique pour le phantasme historique, Fichte, déclinant l'identité de l'Allemagne, échange ici la légitimité d'un État fondé sur le droit pour la vitalité d'un peuple nourri par l'amour de la patrie. Le retour à la *Deutscheit* primitive est régressif. Mais il n'est pas absolument nouveau, car Fichte avait écrit dans les *Considérations* :

> La plupart des peuples les plus puissants de l'Europe moderne sortent des peuplades germaniques qui erraient dans leurs forêts libres et sans lois comme les sauvages de l'Amérique du Nord. Ce fut d'abord dans l'Empire franc qu'elles se constituèrent en États fixes. C'est de cet empire que sortirent les États les plus considérables de l'Europe, l'Allemagne, la France, les États italiens... C'est dans les forêts de Germanie qu'il faut chercher l'esprit des

> institutions franques; c'est dans cet empire que se trouve le fondement des institutions modernes de l'Europe[1].

Repli, fuite vers l'ancienne Germanie, ses forêts, ses hommes barbares, primitifs aux cheveux tressés que cherchaient déjà Boulainvilliers et la reconstruction seigneuriale de la nation française. Mais aussi amour de la patrie. Qu'est-ce que le patriotisme ? C'est la loi du cœur, répond Fichte. L'Allemagne s'est déjà incarnée et sa loi s'est inscrite dans le cœur de son peuple. Sa loi, c'est sa foi nationale. Tel est le second déplacement par rapport à la théorie politique classique. À la place de l'État, la nation ; à la place des codes, à la place de la loi, le sentiment national, la foi patriotique. Les *Discours* font sourdre une thématique de l'élection et une thématique de la rédemption. Le peuple allemand est, dit Fichte, le nouveau peuple élu, « germe de la perfectibilité humaine chargé du développement de l'humanité ». Rivalité dans l'élection avec le peuple juif dont Fichte, depuis les *Considérations*, demande qu'on retire ou qu'on n'accorde pas à ses membres de droits civiques. Le nouveau peuple élu, destructeur de la romanité, destiné à régénérer la modernité, porteur de la langue primitive que l'âge classique avait cru trouver dans l'hébreu, est le peuple allemand. Mais rivalité aussi dans la rédemption. Incarnation de la loi dans le cœur, l'amour du peuple allemand pour sa patrie réalise une immersion de toute transcendance dans la foi privée patriotique. La patrie est un nouveau Christ et Fichte prêche une nouvelle religion :

> La croyance de l'homme noble à la durée éternelle de son œuvre sur cette terre repose donc sur l'espoir de la durée éternelle du peuple dont il est issu lui-même et de l'individualité de ce peuple par application de cette loi cachée[2].

Et encore :

> L'esprit qui devra s'épanouir implique nécessairement un amour supérieur de la patrie, il conçoit la vie terrestre comme une vie éternelle et la patrie comme la représentation terrestre de cette éternité[3].

1. *Ibid.*, p. 194.
2. *Ibid.*, p. 171.
3. *Ibid.*, p. 188.

Nous sommes ici passés à la troisième articulation forte du texte, c'est-à-dire à la mission de l'Allemagne vis-à-vis de l'humanité. S'agit-il d'un véritable universalisme ? Quelle est la nature exacte de cette mission ?

La mission messianique

L'Allemagne est chargée de veiller au salut et à la perfection de l'humanité, d'apporter à tous les peuples le sentiment de la liberté et l'accès au suprasensible. Mais quel est le sens exact de cette perspective ? S'agit-il du point de vue cosmopolitique d'institution d'une république universelle dans la perspective kantienne ? La particularité de la nation allemande va-t-elle se dissoudre dans l'universalité de sa mission ? Nous voudrions montrer qu'il n'en est rien et que la mission déterminée par Fichte est une mission messianique qui, loin d'abolir la particularité, l'hypostasie. Certes, des notations apparemment contradictoires qui forment paradoxe coexistent : Fichte explique en effet, d'un côté, que la supériorité du peuple allemand tient à son unité et que cette unité elle-même est fondée sur sa pureté.

> Ce peuple ne peut accueillir dans son sein aucun peuple d'origine et de langue étrangères et se mêler à lui sans perdre sa propre originalité et sans troubler gravement la progression uniforme de sa culture[1].

Mais de l'autre, il évoque un devenir-monde de la nation allemande et, pour revenir au texte maintes fois brandi afin d'attester la pureté de l'intention universaliste de Fichte, il écrit :

> Tous ceux qui croient à la spiritualité par la liberté, tous ceux-là, quels que soient leur pays d'origine et leur langue, sont avec nous. Et tous ceux qui croient à l'immobilité et à la régression [...] tous ceux-là, quels que soient leur pays d'origine et leur langue, n'ont rien d'allemand ; ils sont étrangers et il est à souhaiter qu'ils se séparent de nous totalement[2].

Mais comprenons bien ici ce que dit Fichte en 1807 :

1. *Ibid.*, p. 241.
2. *Ibid.*, p. 164.

> La lutte armée est terminée, dès que nous le voudrons commencera une autre lutte, la lutte des principes, des mœurs, du caractère[1].

Le philosophe récuse la pensée politique européenne étrangère. Il rejette l'idée de l'équilibre européen parce qu'elle méconnaît l'existence de l'Allemagne comme centre et comme soleil. Il révoque l'idée napoléonienne de monarchie universelle au profit d'un combat messianique : la régénération de l'unité par l'Allemagne reconnue dans sa supériorité primitive comme le peuple authentique. Il y a donc bien un devenir-monde de l'Allemagne, mais ce devenir-monde est le devenir national, ce devenir par lequel les peuples seconds reconnaîtront la supériorité de l'Allemagne. Il ne s'agit nullement pour Fichte d'instituer une coexistence de régimes politiques différents mais d'absorber à l'intérieur d'un seul peuple tous ceux qui reconnaissent la supériorité de ce peuple. La politique-fiction et les ressources de l'art trahissent ce que les *Discours* retiennent encore ou hésitent à nommer.

En conclusion, il est temps de dire pourquoi la conception fichtéenne de la nation nous semble engager une mauvaise relation de la particularité et de l'universalité. Et puisque nous sommes partis de la polémique qui a jailli en France, peut-être est-il temps d'évoquer la réponse de Renan à Strauss et à Mommsen dans son texte célèbre, *Qu'est-ce qu'une nation ?*, conférence à la Sorbonne qu'Alain Finkielkraut a eu le mérite d'exhumer mais que nous ne commenterons pas exactement comme lui. Car, dans sa réflexion, Renan n'oppose nullement la nation fondée sur le contrat à la nation établie sur l'esprit du peuple, la nation-contrat à la nation-génie, ou encore le corps politique à l'âme des peuples. Il ne divise pas la culture collective et la volonté individuelle. Il ne conteste aucunement la dimension historique du passé national, pas davantage qu'il ne récuse l'existence d'une culture particulière. Il écrit :

> Une nation est un principe spirituel résultant des complications profondes de l'histoire, une famille spirituelle[2].

1. *Ibid.*, p. 250.
2. Ernest Renan, *Qu'est-ce qu'une nation ?*, *Œuvres complètes,* Paris, Calmann-Lévy, t. I, 1947, p. 887 *sq*.

Ce qu'il rejette ce sont deux choses: 1. que ce principe spirituel soit originaire, tout entier seulement contenu dans le passé («Mais parce qu'une culture ne peut vivre qu'à la condition d'être renouvelée par un consentement commun [...] l'existence d'une nation est un plébiscite de tous les jours») et 2. que l'identité nationale soit tout entière et seulement établie dans la race, la dynastie, la langue, la religion, ou dans le sol. Il n'y a pas, selon lui, de contradiction absolue entre le génie et le contrat, l'âme des peuples et le corps politique, le particulier et l'universel, car, pour se perpétuer, le particulier doit être universalisé par un contrat de renouvellement.

Aussi bien, à nos yeux, fidèle ici au regard porté par Renan sur la question nationale, la difficulté de la conception fichtéenne ne vient-elle pas de l'exhibition de la particularité, de l'analyse de la germanité. Dès lors qu'on admet que les nations existent, il faut aussi accepter l'existence d'un esprit du peuple. La difficulté tient à la confusion entre la particularité et l'universalité réalisée par Fichte en vertu de sa conception de l'identité nationale. Car Fichte attribue au peuple allemand la capacité *unique* de réaliser la liberté et d'atteindre à la culture suprasensible parce qu'il est un peuple primitif, originaire, authentique. C'est par confusion entre une écologie (son habitat) et une culture (sa langue) qu'est déterminée la vocation universaliste du peuple allemand. La particularité de la germanité est érigée en universalité par hypostase des traits historiques et par exhaussement des origines.

Ensuite, Fichte fait de la nation un absolu. Il institue la patrie en infini, il confond son historicité avec son éternité. Il manifeste son déploiement au lieu de la transcendance et de la vie éternelle. Et c'est pourquoi il veut abîmer la religion dans le sentiment patriotique comme il veut réduire le cosmopolitique au national. Mais la nation est toujours un faux ou un mauvais absolu, car son identité n'est ni celle de Dieu ni celle de la nature *(nec Deus nec natura)*. Au-dessus, ou au-delà des nations, existent toujours Dieu ou la nature, et l'humanité. Les nations ne sont pas des divinités éternelles, encore moins une seule nation, le Dieu unique. Elles apparaissent et quelquefois disparaissent dans le cours de l'histoire. Elles sont marquées par la finitude et par la liberté. Cette négation de la dimension historique de la temporalité est, on le sait, le grief majeur de Hegel contre Fichte *(Différence des systèmes de Fichte et de Schelling)*. Enfin, Fichte fait du sentiment patriotique une nouvelle religion, il assimile le peuple allemand à un peuple-Christ. D'où trois conséquences.

La première est l'oubli de ce que chaque citoyen doit à l'homme, de ce que chaque nation doit aux autres nations, l'oubli de l'humanité. Car l'humanité, dans l'ordre du temps, est supérieure à la nation et l'aventure de l'espèce est à hauteur de l'humanité. L'homme doit toujours l'emporter sur le citoyen. Tout peuple qui se croit originaire a une fâcheuse tendance à reconstituer un empire. Certes, le devenir-monde allemand imaginé par Fichte évoque la paix et la civilisation des mœurs. Mais son imagination le trahit quand, dans le même temps, en 1807, il hallucine encore la nation en armes et le service public comme un service militaire permanent.

La deuxième conséquence est le refus de ce que chaque gouvernement patriotique doit aux droits individuels. La volonté générale absorbe chez Fichte les volontés particulières, la liberté générale supprime les libertés individuelles. Tous les droits sont éradiqués, au premier rang desquels le droit à la sûreté, la liberté de conscience, le droit de propriété, le droit au bonheur. Mais surtout, le serment exigé du *pro patria mori* menace la vie des individus.

Enfin, et c'est la troisième conséquence, le mythe du peuple originaire oublie la tâche assignée, mais limitée, de chaque génération. C'est parce que les nations sont dans la finitude qu'elles sont renouvelables. Elles laissent aux générations nouvelles une place qui n'est pas celle de la pure et simple répétition, qui n'est pas seulement celle de l'éducation ou du dressage. Le pacte lui non plus n'est pas le serment incastrable mais le contrat renouvelé à chaque époque et qui, dans les démocraties, donne toujours aux générations futures la possibilité d'inventer. La confusion opérée par Fichte entre la particularité nationale et l'universalité repose alors sur une triple équivoque. Celle qui confond la nature et la culture (le sol d'un côté, la langue et la philosophie de l'autre), celle qui mélange l'être et le temps (en rabaissant la temporalité à la question de l'origine), celle qui amalgame la nation et la religion (en abîmant la tradition dans la transcendance).

Le prétendu triomphe de la volonté de puissance ou de la liberté supérieure ne laisse plus aucune place aux volontés individuelles et réprime également l'histoire. En Fichte, le nationaliste a fini par l'emporter sur le démocrate et la revendication nationaliste ne débouche pas sur un nationalisme capable d'assurer à chaque peuple une coexistence pacifique dans le respect de ses droits. Le monde de Fichte n'est pas le monde cosmopolitique de Kant où la république des États mettra fin à la guerre.

On peut alors se demander, et ce sera mon ultime interrogation, pourquoi les penseurs républicains n'ont point vu ces conséquences et quel est le lieu de leur aveuglement.

Celui-ci se délimite, à mon sens, dans leur expérience hypnotisée de la première République, renforcée après 1870 par le sentiment de la défaite. Comme patriotes, la nécessité d'instruire le sentiment patriotique par une Éducation nationale s'imposait à eux avec évidence et les rendait particulièrement vulnérables devant le propos fichtéen. Mais aussi, comme admirateurs de la première République, qu'ils tenaient pour un bloc, le renversement de l'équilibre respectif de la volonté générale et des libertés individuelles qu'avait institué la patrie en danger ne leur semblait pas dangereux. Il a fallu attendre le déroulement complet de la séquence révolutionnaire dans la révolution socialiste du XXe siècle, avec la mise à mort de l'État de droit et des droits de l'homme, pour que la séparation du droit politique républicain et de la révolution s'accomplisse nettement. Il a fallu, pour reprendre le mot de François Furet, que la Révolution française fût terminée. Comment concilier l'État, la nation et l'universalité ? En reconnaissant à chacun et à chacune la place qui lui est dévolue dans une perspective différente de celle de Fichte. La nation est toujours le lieu où se déploie l'histoire et où se manifeste le développement. Or le développement est toujours fini — fini en son genre. Il est absolu mais il est fini, c'est un absolu particulier. Telles sont la source et l'origine de l'erreur historiciste ou, ici, nationaliste : mettre l'infini dans le fini, mettre l'universel dans l'absolu. Le cadre du déploiement de la nation est celui du développement politique. L'universel ne peut être l'attribut du développement national, parce que celui-ci emprunte toujours des voies insolites, aléatoires, particulières. La dimension cosmopolitique de l'humanité qui figure dans un au-delà des nations subsiste dans les idéalités politiques des droits de l'homme que doit garantir l'organisation étatique nationale et internationale. Parce que les nations apparaissent et disparaissent, aucun peuple ne peut, sous son expérience particulière et transitoire, subsumer ou déterminer l'universalité. Seules les règles de la cité juste sont universelles, mais elles n'existent que comme un jugement téléologique qui excède la vie des nations et les porte au-delà d'elles-mêmes.

Heidegger et la théologie politique

Toute réflexion sur la théologie et la politique et, mieux, sur la théologico-politique, appelle une remarque liminaire, d'ordre historique. La doctrine a changé. Elle s'est lentement mais sûrement modifiée. La philosophie sociale du XIXe siècle avait entériné et développé le principe, venu des Lumières françaises du XVIIIe siècle, selon lequel le rapport entre théologie et politique n'est qu'un rapport de rupture marquant le progrès : passage des ténèbres aux lumières, évolution de la conviction à la raison, transition de la croyance à la science. Auguste Comte en a donné une célèbre illustration avec la loi des trois états, avec le saut de l'âge théologique à l'âge métaphysique, puis à l'âge positif. Dans une telle distinction, la coupure historique, philosophique, épistémologique, est telle qu'il n'y a plus aucun sens à parler de théologico-politique, du moins à l'époque contemporaine du développement des sciences, où la simple raison est censée remplacer la théologie traditionnelle. Cette conception a alimenté l'idée d'une politique qui ne serait plus fondée sur des valeurs religieuses mais sur des raisons scientifiques. La théorie de Marx et Engels, le *socialisme scientifique*, n'est ici qu'une illustration parmi d'autres d'une même ambition que l'on retrouvera chez Charles Maurras, qui se veut un disciple authentique d'Auguste Comte, chez Bakounine, qui désire opposer au marxisme un anarchisme scientifique, chez les théoriciens radicaux du solidarisme, qui fondent leurs conceptions sur la méthode expérimentale d'un Claude Bernard et pensent que la politique s'est affranchie de la théologie dans l'historiographie de la fin du XIXe siècle et du début du XXe, enfin où, bien souvent, la théologie n'est que le masque ou la grimace de la politique.

Le masque. Le masque dogon... Nous arrivons déjà à l'ethnographie et à l'anthropologie générale qui, à travers la redécouverte, à l'intérieur des sociétés que les siècles précédents avaient qualifiées de primitives ou de sauvages, du rôle central de la religion et de la place omniprésente du sacré, vont élaborer ce qu'un Georges Balandier appellera une « anthropologie politique ». Cette fois, l'intervention de la théologie dans la politique est approchée sous les espèces du rite et reconnue sous les apparences du sacré. Quelquefois pour s'en émouvoir esthétiquement, comme dans l'œuvre d'un Georges Bataille *(La Part maudite)* ; quelquefois pour la décrire avec une grande minutie, dans le cas du système des castes de l'Inde classique et moderne où le monde reste régi par Dieu (Louis Dumont) ; mais pas encore pour redonner à la théologie une légitimité heuristique ou épistémologique dans la compréhension du politique lui-même. L'anthropologie générale, notamment dans l'œuvre de Claude Lévi-Strauss, a bien apporté la démonstration que la religion et le sacré, sous des formes certes différentes des religions modernes, occupaient, à travers la mythologie et les rites des sociétés froides, une place centrale, mais, et ce malgré les efforts des anthropologues, sans réussir à surmonter l'idée d'un *gap* infranchissable entre les sociétés archaïques immergées dans le religieux et les sociétés modernes émancipées par la laïcité. Dans ces dernières, la politique ne serait plus susceptible d'être décrite à partir d'une conception de Dieu et du monde, elle se constituerait à distance de la religion. Le tandem théologico-politique caractéristique de la *Pensée sauvage* paraît ressortir non à une conception globale du monde, non à une philosophie exhaussée du sensible, non à des sagesses formalisées, mais davantage aux *mentalités*, c'est-à-dire à un mélange de comportements sociaux et de représentations. Certaines de ces mentalités sont de nature quasi inconscientes, comme Claude Lévi-Strauss en a fait la démonstration dans l'*Anthropologie structurale*. À l'opposé, ce qui appartient à l'ordre du politique est censé relever d'une volonté consciente et de l'action transformatrice du monde. Entre le théologique et le politique, il y aurait donc quelque chose de la topique établie par Freud entre le ça et le moi : le théologique serait de l'ordre du mental, informerait encore certains comportements, le moi politique serait l'affirmation du sujet dans son projet et dans le présent. Quant au surmoi, il serait dévolu à la science, autrement dit à la compréhension, qui doit progressivement guider le politique. La science politique elle-même serait alors un milieu mixte entre la science et le comportement ou, plus exactement, une science des comportements cherchant à sortir de la gangue théologique.

On ne fera pas ici la généalogie des mouvements historiques ou théoriques qui ont dérangé cet arrangement : persistance des mouvements religieux fondamentalistes dans les sociétés du tiers monde, d'ailleurs souvent décrite comme un résidu archaïque alors même qu'elle ressemble comme une sœur aux réactions, hélas modernes, très modernes, qu'ont manifestées les fascismes européens ; nostalgie des valeurs transcendantes à l'éphémère expérience de la vie humaine ; reconnaissance de la force des symboles où le signifié reprend toujours ses droits sur le signifiant et où la sémantique finit par imposer sa validité...

Bref, peu à peu, dans la réhabilitation de l'histoire des idées dans le domaine de la politique, une autre représentation s'est imposée. Une sorte de réhabilitation générale du sens. Dans l'histoire des sciences, on a cessé de considérer que l'invention scientifique était le produit des machines ou des laboratoires qui la constituaient pour souligner tout ce qu'elle devait à de nouveaux *concepts* (Canguilhem), à « un nouvel esprit scientifique » (Bachelard), à des changements de *paradigmes* (Thomas Kuhn). Dans l'histoire politique, on a cessé de penser que la conjoncture économique et sociale déterminait étroitement les institutions juridico-politiques ; dans l'histoire des mentalités, on a cessé de croire que les religions, les sagesses, les systèmes de pensée étaient réductibles à des comportements sociaux. On a recommencé à les étudier en eux-mêmes et par eux-mêmes.

Alors Heidegger vint... Et, avec lui, une philosophie subversive qui affronta directement la domination jusqu'alors inentamée de la philosophie positive. La pensée de Heidegger attaque radicalement la pensée moderne comme pensée de la technique et de la prise sur le monde, comme étagement de significations, par constitution d'un objet séparé de la nature, comme représentation du triomphe de la subjectivité. À quoi elle oppose la définition de l'homme comme *être pour la mort*, dont le rapport sacré qu'il entretient à son environnement, à l'être, est originaire. En termes heideggériens, on dira que la représentation que l'homme se fait de sa relation à Dieu et à la nature, relation qui le voile, l'enveloppe, est un discours tronqué de sa tentative désespérée de prise technique sur le monde. On dira que Job déborde toujours Prométhée, que donc la véritable histoire de l'homme (l'étant) est une subversion de cet apparent étagement de la religion à la science et que, finalement, la pensée religieuse est toujours originaire, même dans ses visées les plus opposées en apparence à la science. Heidegger proclame qu'il y a une religion de la science parce que l'homme est désir. Il subvertit totalement la hiérarchie par laquelle la philosophie positiviste avait subordonné la religion à la science. Cette doctrine d'une irruption originaire du sens qui affleurerait dans les théories politiques elles-mêmes a connu un succès incandescent dans les sciences historiques, avec l'écho rencontré par l'œuvre d'Ernst Kantorowicz, *Les Deux Corps du roi*, qui a lentement mais irrésistiblement étendu son influence. Kantorowicz, exact contemporain de Heidegger, influencé par tout le courant de pensée dont le génial philosophe a fait un système, donne une illustration historique de ce phénomène en proposant, comme unique origine de l'institution de l'État moderne et de la doctrine de la souveraineté, une théologie pure délestée de tout effort de rationalisation, une « christologie » dont la véritable origine se trouverait dans le polythéisme de l'Empire romain, et il manifeste à son tour la politique comme irruption originaire du sens à travers une théologie. Cette doctrine néo-heideggérienne s'est répandue comme un incendie de forêt qui, partout, en chaque lieu, en chaque place, rencontre une matière combustible prête à flamber. La matière combustible, évidemment, c'est la sécheresse de la vision sociologiste, le réductionnisme qu'elle opère en enfermant l'homme, animal symbolique, dans le pain et l'outil.

Nous voudrions montrer ici que si la pensée heideggérienne a eu, un temps, par sa négativité, une formidable efficacité pour fragiliser et finalement détruire un sociologisme impuissant et vulgaire, elle est en revanche fausse dans sa prétention à instaurer une pensée du sens indépendante de la technique. Pourquoi ? Parce que cette pensée du sens n'est elle-même qu'une idéologisation de la théologie. Il n'y a pas, on le montrerait dans une contre-expertise des propositions avancées par Kantorowicz, une seule théologie, une seule conception du monde qui informerait toute la pensée politique médiévale. Parce qu'il y a eu au moins deux théologies, la *théologie de l'empire* et la *théologie du royaume*. Autrement dit, toutes les théologies, loin d'être contenues originairement dans une seule visée, sont elles-mêmes le résultat d'un rapport de connaissances au monde qui a varié avec le temps. Que cette tension en Occident résulte de la lutte toujours recommencée et menée par la religion du Dieu unique contre le passé païen et polythéiste, l'affrontement des papes contre la théologie frédéricienne qui voulait renouer avec l'idée païenne de divinisation de l'empereur en est une première illustration, avant que les royaumes ne s'opposent, à leur tour, à la théologie du César-Christ. La société médiévale, dont nous sommes largement issus, a été le théâtre d'affrontements de choix entre plusieurs modèles de sociétés politiques à partir de l'affrontement de plusieurs théologies. C'est cette diversité des théologies que je voudrais rapidement illustrer.

Kantorowicz a voulu montrer en effet, dans *L'Empereur Frédéric II* et *Les Deux Corps du roi*, que l'État souverain moderne procédait d'une lignée théologique unique qui s'était illustrée à la Renaissance avec la théorie politique des deux corps du roi, laquelle donne au souverain un double corps : un corps mortel, son corps physique, et un corps immortel, l'État ou la couronne. Selon lui, cette représentation duplique l'opposition du corps politique et du corps mystique inaugurée par les théologies médiévales et, davantage, comme il le souligne dans l'épilogue de son livre et malgré l'étape indiscutable que constitue la construction de la théologie médiévale élaborée sous l'impulsion de la doctrine de Frédéric II — notamment dans son *Liber Augustalis* —, celle-ci a son origine ultime dans la gémination du *numen* et du *genius*, caractéristiques des empereurs romains. À l'opposé de la conception élaborée par Kantorowicz, il faudrait montrer l'opposition qui sépare la théologie du royaume de celle de l'Empire en observant comment, loin de conduire à la formation d'une forme politique homogène (l'État moderne), chaussant les mules du pape (selon la formule de Kantorowicz), la dispute des théologies a préparé l'affrontement des États de droit issus des monarchies républicaines, aux États despotiques procédant de l'Empire.

Commençons par la théologie de l'Empire. Incontestablement, l'opération frédéricienne, admirablement analysée par Kantorowicz dans son *Frédéric II*, opération profondément inspirée de l'exemple impérial romain encore frais dans les mémoires, et que Frédéric voulait faire revivre avec son ambition de conquête universelle, son syncrétisme religieux, son retour au triomphe romain et à l'esclavage (dénoncé par les papes), est une tentative de restaurer non l'incarnation christique du Dieu qui se fait homme, mais bien plutôt la divinisation impériale de l'empereur qui se fait Dieu, et que Frédéric II élabore dans sa théorie du César-Christ. Le jeune empereur a osé se comparer au rédempteur, il a changé la conception de la justice, d'une divinité immuable située hors du monde, en moteur chargé de vie, rattaché au temps et lié aux changements de la nature dont lui, non le Christ, serait l'incarnation. En s'appuyant sur l'idée de nécessité et sur la conception aristotélicienne de l'ordre des choses, Frédéric a fait coexister, avec la justice divine, la justice immanente de sa législation nouvelle qu'il a promulguée dans le *Liber Augustalis*; à la conception médiévale du corps christique, il a substitué, mais toute imbibée et imprégnée de lui, l'image du corps politique. On peut abonder dans le sens de Kantorowicz lorsque l'historien allemand s'est plu à souligner les nouveautés frédériciennes que portait l'Empire dans sa lutte contre le sacerdoce. Incontestablement, au juridisme faible de l'augustinisme politique, la théorie impériale a substitué un juridisme fort, appuyé sur la réception du droit romain, juridisme fort parce qu'il ne s'agit pas seulement de la conservation traditionnelle de la paix, mais de la production originelle d'un ordre juridique vivant. Frédéric II établit un lien entre le jusnaturalisme des Anciens, l'idée d'un ordre des choses plus conforme à la justice et à la législation transcendante des Modernes par la justification divine de son œuvre législatrice et la législation de son ordre politique. Selon Kantorowicz, la divinisation de la justice impériale n'est qu'un prêté pour un rendu et son origine est à chercher dans l'action même de la papauté.

> C'est surtout le pape Innocent III qu'il faut mentionner ici car il fut le plus important précurseur de Frédéric II en ce domaine. Car ce pape fut le premier à enfoncer dans les esprits que le juge et le prêtre sont un, que le sacerdoce est royal, et la royauté sacerdotale. C'est seulement Innocent qui imprégna la fonction de juge et de roi de cet esprit de grand prêtre dont Frédéric en tant que médiateur séculier fit alors usage...

Dans cette théologie impériale, rien ne préexiste à la volonté impériale, volonté de puissance auto-organisatrice comme la voudra Nietzsche, et que l'on retrouve dans d'autres manifestations impériales, qu'elles soient antérieures, comme celle de l'empereur byzantin qui se dit *autocrator* — celui qui gouverne à partir de lui-même, de son propre élan —, ou dans des expressions ultérieures comme celle que Napoléon a voulu donner de lui-même lorsque, au moment du couronnement, il a retiré la couronne des mains du pape pour en ceindre lui-même son front. Mais la théologie du royaume ne retrouvera pas cette union du juste, du législatif et du divin qui est manifeste dans l'expression d'un empereur incarnant la loi vivante.

Continuons par la théologie du royaume. Celle-ci a été remarquablement étudiée par Marc Bloch — lecteur sévèrement et justement critique de Kantorowicz — dans son grand livre, *Les Rois thaumaturges.* Je laisse de côté la discussion, ignorée par trop d'historiens, que Marc Bloch a engagée pour savoir si la théologie du royaume avait une origine wisigothique ou mérovingienne. Je retiens seulement qu'une autre vision, vision sacrée elle aussi, court tout au long du Moyen Âge concernant la théologie, celle qu'illustre la théorie du sacre. La théorie du sacre qui a conduit les monarques français à recevoir à Reims l'ampoule bénie et l'onction sainte est expressément calquée sur le modèle biblique de Saül et de David. La théorie du sacre suppose, comme le commente subtilement Marc Bloch, une idée contraire à la théologie impériale qui est celle de la vicariance des pouvoirs. Distinction entre le pouvoir des juges et des rois dans la Bible, séparation entre le pouvoir des prêtres et des rois dans la cérémonie de Reims. Distinction qui a conduit l'Église chrétienne à l'idée de la séparation des deux pouvoirs et des deux glaives, à l'idée de l'indépendance du pouvoir spirituel et du pouvoir temporel, à l'idée d'une séparation, n'en déplaise aux empereurs, qui ne traverse pas l'État impérial, qui n'est pas interne au pouvoir politique lui-même, mais qui maintient précisément une extériorité de la spiritualité par rapport à la politique. De cette séparation ont procédé, explique Georges de Lagarde, la genèse de la laïcité au déclin du Moyen Âge et la défaite des thèses gibelines.

Il y a ici toute la distance qui sépare le monde chrétien occidental du monde byzantin et de l'orthodoxie grecque, véritable héritier de l'Empire romain. C'est l'empereur Constantin qui a élevé la religion chrétienne au rang de religion d'État. La hiérarchie orthodoxe, où le patriarche est subordonné à l'empereur, en procède pleinement. On aurait tort de confondre l'autocratie et la théocratie, même si, dans les deux cas, il y a une fusion de deux ordres séparés, l'ordre religieux et l'ordre politique. Lorsque Pierre le Grand décide de supprimer le patriarcat pour administrer directement l'Église, il agit non en théocrate mais en autocrate. La théorie frédéricienne n'était pas sans avenir. Poursuivie chez les théoriciens du gibelinisme extrême à la fin du Moyen Âge, elle a revécu dans le sillage du rêve impérial fasciste dont s'inspire largement Kantorowicz, lequel évoque les mânes des grands empereurs pour se répandre dans les territoires anciennement occupés par le Saint-Empire, l'Allemagne, l'Italie, l'Espagne, *semper eadem.*

Qu'est-ce qui distingue donc la théologie impériale de la théologie royale ? C'est la nature du sacré, qui s'attache d'un côté à la personne impériale et de l'autre à la personne royale. Divinisé, le César-Christ, rédempteur, affirme sa transcendance absolue, son immortalité, sa volonté illimitée sur un espace sans bornes, et l'éternel retour de sa conquête universelle. Sacré, oint du Seigneur, courbé sous l'évêque à l'image de Saül agenouillé devant Samuel, le roi accepte la vicariance des fonctions. Le sacre lui fait gagner un attribut nouveau : il cesse d'être un simple laïc pour devenir ministre de la parole divine. Ministre, c'est-à-dire serviteur et non seigneur-Christ. Le roi accepte la finitude. La cérémonie du sacre est indissociable du long combat de l'Église mené sous les mérovingiens, sous les carolingiens, sous les othoniens, pour affirmer son indépendance, indépendance caractéristique de l'Occident puisque celui-ci se définit par l'émancipation de l'Église par rapport au pouvoir politique. Le pouvoir royal est ainsi limité par l'existence d'un pouvoir divin dont il procède.

La théologie du royaume ne se calque pas sur la théologie de l'Empire. Elle ne fait pas du roi un rédempteur, elle n'a pas de visée sotériologique. En se rapportant à l'Écriture, elle fait procéder le royaume de Dieu tandis que, dans la théologie impériale, c'est Dieu qui émane de l'empereur. L'idée biblique du royaume marque les hommes, l'espace, l'histoire de tous les signes de la finitude, l'idée frédéricienne de l'Empire donne au héros, à sa volonté, tous les emblèmes de la transcendance. Dans l'idée royale, l'ordre politique ressortit à une création antérieure déjà accomplie, où la cérémonie du sacre avec la présence préalable de la sainte ampoule, déjà donnée auparavant, manifeste clairement l'existence d'une autorité spirituelle antérieure, laquelle confère un mandat spirituel à un pouvoir humain et transitoire devant le peuple assemblé, sur le modèle des juges qui ont oint les rois d'Israël, comme Samuel a intronisé Saül. Dans l'idée impériale, en revanche, l'ordre politique tout entier est happé par l'appropriation, dénoncée par les papes, de la métaphysique de la rédemption ; le César-Christ arrête le temps que, tel Parsifal, il transforme en espace de conquête et instaure, en un instant, la puissance sans limite de l'*autocrator* dont le seul exercice peut conduire au dépassement mystique de la chute de toute société humaine. Prenons donc au sérieux la cérémonie du sacre, et le rapport intransigeant qu'elle établit avec le modèle de Samuel et de Saül. Samuel est un juge, ce qui signifie, pour des gens versés dans les Écritures, la supériorité des juges sur les rois, dans tous les cas la prééminence de la justice sur le pouvoir à travers la médiation, en Occident, d'un corps de prêtres, lui-même médiateur du peuple chrétien dans son ensemble.

Là gît une seconde différence entre la théologie du royaume et la théologie impériale. Loin d'absorber totalement la loi dans la personne de l'empereur, *lex animata* (la loi animée), la théologie du royaume inscrit la prééminence de la loi en la personne du roi, prééminence qui se déploiera dans l'idée des lois fondamentales du royaume, lois indépendantes du roi et qui limitent sa volonté. C'est arc-boutés sur cette doctrine des lois fondamentales — au nombre de sept, si l'on en croit les juristes — que les légistes royaux ont refusé la réception du droit romain qui véhiculait la prétention impériale de vassaliser les monarchies. L'histoire de la relégation du droit romain dans les monarchies anglaise et française, dont j'ai décrit les étapes dans ma thèse[1], a sans nul doute un rapport avec la prééminence de la loi inscrite dans la théologie du royaume. La relégation du droit romain a entraîné deux conséquences majeures dans la formation de la politique moderne. La première est d'inscrire résolument le droit moderne dans une perspective novatrice et d'être notamment au principe du développement de la *Common Law* en Angleterre et de la rédaction des coutumiers en France. La seconde est de développer, au sein des monarchies républicaines, un droit public préservé de l'influence impériale où s'affirme déjà, à travers la théorie de la dévolution légitime de la couronne et la théorie statutaire du royaume, l'idée du gouvernement par la loi et l'épée de justice se substituant au droit de conquête ; ou encore l'idée d'un État qui laisse une place à l'expression proprement nationale et particulière du sentiment religieux (anglicanisme, gallicanisme) avec ses édits de tolérance, lesquels forment une préhistoire de la genèse de la laïcité.

Le droit des États de droit, c'est-à-dire le droit des monarchies républicaines qui se développent à partir du XVIe siècle, se fonde alors sur une source, en partie étrangère au droit romain, et qui est celle des Écritures. On en trouve une expression non déguisée, après la théorie du sacre ci-dessus évoquée, dans toute la pensée politique classique, de Hobbes qui consacre des longs chapitres du *De Cive* et du *Leviathan* à la république chrétienne, à Locke qui évoque le pouvoir public des juges, et

1. *Les Historiens et la monarchie*, Paris, PUF, 1988, 4 vol.

enfin à Spinoza qui aborde directement et magistralement le problème de front dans son *Traité théologico-politique*. Le spinozisme est ici un aboutissement et un tournant de la théologie du royaume qui a accouché de la théologie politique républicaine. Rappelons que Spinoza vit les derniers beaux jours de la République hollandaise, qu'il est le témoin désolé de la fin des frères De Witt *(ultimi barbarorum)* et que là, sur cette terre de Hollande qui incarne l'opposition absolue à la politique impériale de Charles Quint, des Habsbourg, de Philippe IV, là, dans ce moment de tension entre les révolutions qui engendreront les républiques, la révolution anglaise et la Révolution française, Spinoza se retourne sur la théologie biblique pour penser en quoi le modèle de l'État des Hébreux peut, comme il le dit, fournir encore d'utiles exemples à l'État moderne.

De sa lecture des Écritures, Spinoza tire trois leçons théologico-politiques : le pacte, la séparation des pouvoirs et le rapport théologico-politique légitime. De la théorie du pacte, dont le modèle biblique se trouve — Hobbes avait pris les mêmes exemples — dans l'alliance passée entre Dieu et Abraham puis entre Dieu et Moïse, Spinoza tire la leçon de la construction d'une identité civile qui s'oppose à l'identité civile impériale. Les cités doivent être fondées sur le consentement, ordonnées sous une loi et non établies par l'acte fondateur de guerriers qui conquièrent par la force et la brutalité un territoire. La deuxième leçon du modèle de l'État des Hébreux porte sur la séparation des pouvoirs. La puissance d'interpréter la loi était séparée dans l'État hébreu de la puissance militaire. La puissance théologique, dont l'équivalent est, dans l'État moderne, la puissance législative, était confiée aux Lévites et aux prophètes. De son côté, le droit d'administrer l'État et de décider de la guerre relevait de la responsabilité des chefs de tribus. Entre prophètes et soldats, les contrôles étaient constants et réciproques. Par le commentaire approbateur qu'il fait de ce dispositif, Spinoza exalte ainsi, avec Bolingbroke, Sidney, mais avant Montesquieu, le principe de la séparation des pouvoirs. Cette théorie de la séparation des pouvoirs est inséparable — qui ne le comprendrait ? — d'une théorie d'un Dieu qui ne peut être représenté et encore moins incarné dans le politique. Dieu est immanent à la nature, à l'humanité. Si Dieu est partout, le pouvoir lui-même doit être distribué. Enfin, la troisième leçon tirée par Spinoza de l'exemple de la république hébraïque est celle du rapport très particulier qui, dans l'État des Hébreux, unit la religion et la politique. Liée à la religion par le pacte, la communauté des Hébreux est déliée de la violence et de la conquête, et c'est là son trait d'originalité. À la différence des grands empereurs romains qui divinisaient la puissance en se présentant comme issus de souche divine, le peuple hébreu a séparé la divinité de la puissance en se rapportant à Dieu par une alliance. La politique de Moïse, loin de se fonder sur une politique divinisée, est enracinée dans la religion par une législation révélée.

Il y a donc bien dans la culture médiévale l'affrontement de deux théologies opposées qui perdureront à leur façon dans le monde moderne : la première, la théologie impériale, est fondée sur l'incarnation absolue du divin dans la personne de l'empereur et divinise le pouvoir dans la théorie, radicalement exprimée par Frédéric II et exaltée par Kantorowicz, du César-Christ. Elle exprime l'union organique des deux instances, Théologie et Politique, elle conduit à la fusion de la société rassemblée dans les deux corps de l'empereur. Cette conception, qui provient en dernier ressort de l'Empire romain et que, en tant que mythologie, véhicule le droit du *Corpus Juris Civilis*, est fondée sur une conception organiciste de Dieu, de la Nation et de la Société, qui doivent se rassembler dans une parousie de l'Absolu qui aura bien lieu, *hic et nunc*. C'est la raison pour laquelle il n'y a aucune rencontre de hasard entre Heidegger, Kantorowicz et les résurrections mussoliniennes et nazies de l'idée impériale gibeline. Il s'agit là, du point de vue théologico-politique, d'un seul mouvement intellectuel qui s'achève au XXe siècle.

La seconde théologie, la théologie du royaume, est fondée sur la suprématie de la loi, sur ce que le mouvement de l'école française de spiritualité, auxquels ont appartenu un Poussin, un Vincent de Paul, un Mabillon, a nommé si profondément l'*incarnation ascendante*. Elle est établie sur la distinction des pouvoirs et la vicariance des fonctions qu'a représentées primitivement la cérémonie du sacre, et plus tard par la médiation des *acta*, actes de la vie des saints, actes de la vie des hommes, affirmant la domination du pouvoir ou de la vie politique par une parole de Dieu qui rappelle, aux princes et aux individus, leur humanité et leur finitude. À travers cette évocation de l'égale dignité de tout être humain en Dieu, la cérémonie du sacre anticipe l'inscription ultérieure, dans le droit, des droits de tout être humain. En ce sens, le sacre est aussi la désacralisation du pouvoir. De la théologie du royaume au droit politique de l'homme, la conséquence est automatique.

J'étais partie de la philosophie. J'y reviens pour conclure. Nos maîtres de l'école française d'épistémologie et d'histoire des sciences, Gaston Bachelard, Georges Canguilhem, nous ont appris à ne plus parler de la Science mais des sciences pour constituer une épistémologie non cartésienne. De la même façon, la redécouverte nécessaire de la place occupée par le théologique dans les systèmes politiques — commentaire rendu obligé par la conscience que nous avons de la justesse de la célèbre parole de Moïse dans le Deutéronome: « L'homme ne vit pas que de pain » — doit nous conduire à nous écarter de la seule grande philosophie française du XIXe siècle, celle d'Auguste Comte, pour cesser de parler de la théologie avec un T majuscule et pour étudier *les* théologies. À l'encontre du présupposé heideggérien qui sous-tend la définition de l'homme comme « être pour la mort », les théologies procèdent d'un point de vue que les heideggériens nommeraient ontique, c'est-à-dire qu'elles viennent de l'histoire, qu'elles sont de l'histoire, qu'elles s'opposent, qu'elles se transforment...

La philosophie de Heidegger n'est pas le dernier mot de la théologie politique, mais seulement l'envers grandiose et infernal, la chambre noire, le côté obscur de l'aveuglement positiviste.

Existe-t-il un développement politique universel ?

Existe-t-il un développement politique universel ? À une telle question, la réponse ne va pas de soi. On remarquera à titre préliminaire que le champ d'application de la catégorie de l'universel, s'il ne s'est pas étendu sans résistance et sans effort, ne suscite pas d'opposition dans la tradition occidentale pour deux catégories d'idéalités : les idéalités logiques et les idéalités théologiques.

Avec la résolution d'un problème difficile de géométrie par un esclave conclue par la célèbre apostrophe de Socrate : « Cette ligne, les sophistes l'appellent diagonale. Si tel est son nom, c'est sur la diagonale que, selon toi, esclave de Ménon, se construit l'espace double... », la philosophie grecque proclame l'universalité du raisonnement. Avec l'affirmation de l'unité de l'espèce humaine créée et sauvée par Dieu, la Bible énonce l'universalité de la nature humaine. Il n'y a qu'une humanité en Dieu et l'Église qui se réclame du fils de l'homme se veut apostolique et romaine, mais d'abord et surtout universelle. Pourtant, si l'idée du caractère universel des idéalités logiques ou théologiques — et par suite morales lorsqu'on accepte que les religions ont été les éducatrices des sociétés — est largement reçue dans notre civilisation qui les a proclamées, il n'en va pas de même, loin s'en faut, de l'idée d'un développement politique universel. On observera d'ailleurs que les cités ou les peuples, les cités grecques, le peuple juif, qui ont affirmé avec la plus grande énergie l'idée d'une universalité du raisonnement et de la morale, sont aussi celles et ceux qui se sont résolument opposés à l'empire universel. Liée qu'elle est à la dégradation du temps de la matière corruptible, la cité terrestre, où les philosophes ne sont pas rois et où les fidèles, lorsqu'ils ne sont pas martyrisés, ne sauraient être suffisamment sanctifiés, a longtemps semblé échapper à l'universalité.

L'époque contemporaine et la modernité ont cependant réaffirmé l'existence d'un développement politique universel. Mais force est alors de reconnaître que les deux expressions récentes d'une telle idée, l'expression marxiste et l'expression libérale, sont aujourd'hui discréditées ou discutées. D'abord l'émancipation purement sociale par la collectivisation des moyens de production et la prétendue abolition de la lutte des classes n'ont apporté ni la prospérité, ni le dépérissement de l'État, ni la liberté et, dans les sociétés socialistes, les lendemains n'ont pas chanté. Par ailleurs, l'instauration du marché n'a pas entraîné, *ipso facto*, l'édification de la démocratie qu'elle était censée impulser dans les pays en voie de développement. Aujourd'hui, bon nombre des nations du tiers monde, au rang desquelles les nations islamiques, loin de vouloir adopter le modèle de développement occidental, réévaluent leur tradition particulière et reprochent à ceux qui exaltent la modernité de faire preuve d'occidentalo- ou d'européo-centrisme. Si l'on ajoute à cette comptabilité la facture laissée par les grandes catastrophes politiques qu'a connues le monde du XXe siècle, on peut, en parodiant le talmudiste qui dénonce les messianismes précoces, incriminer les conceptions susdites au titre d'universalismes précoces, ou estimer plus simplement qu'elles représentent des pétitions de principe que les faits se sont chargés de démentir.

Nous voici alors reconduits, plus encore qu'aux discussions concernant le développementalisme, au débat-clé qui a opposé la pensée romantique à la philosophie des Lumières. On estime en effet généralement que l'existence d'un développement politique universel s'affirme dans l'idée de progrès, progrès de la raison pour l'ensemble de l'humanité qui est le fait de la philosophie des Lumières et que l'on trouve par exemple dans le célèbre *Tableau historique des progrès de l'espèce humaine* que Condorcet, reprenant et élargissant les intuitions de Price, Priestley, Turgot, rédigea en 1793, à la veille de sa mort. Condorcet distingue dix époques de l'histoire, qui scandent les progrès de l'esprit humain. À ses yeux, le développement se caractérise avant tout par le progrès des sciences, le déploiement des lumières de la raison et c'est, à l'apparition des différents savoirs, au niveau d'instruction atteint par les individus qu'il juge le degré d'avancement d'une civilisation. L'horizon du progrès des sciences est cosmopolitique, qui concerne toute l'humanité. La philosophie des Lumières serait par là une des origines véritables de l'historicisme.

On observera également que cette philosophie cosmopolitique du progrès a fait l'objet, dès la fin du XVIIIe siècle, d'une critique radicale par la philosophie romantique allemande, dont les ouvrages de Herder, notamment *Une autre philosophie de l'histoire* (1774) et *Idées pour la philosophie de l'histoire de l'humanité* (1784-1785), constituent un premier manifeste. À l'idéal d'une humanité cosmopolite civilisée par les savoirs, Herder objecte l'expérience irréductible et singulière de chaque peuple, la particularité de la nation, de l'esprit d'un peuple défini par sa langue, sa race et sa culture. Je voudrais cependant essayer de montrer que cette opposition n'est pas effective parce qu'il existe, entre ces deux courants de pensée, une symétrie plus grande qu'on ne pourrait le croire à l'égard de la représentation du développement politique universel.

Loin de moi l'idée de nier les différences pertinentes ou les écarts certifiés qui séparent un Condorcet d'un Herder, et les Lumières du romantisme. Les Lumières pensent le progrès comme un universel, le romantisme présente la nation comme particulière. D'un côté l'humanité, de l'autre les peuples. Ici la raison et ses productions, là la culture incarnée dans la race, la logique, le territoire. Pour les uns la reconnaissance d'un développement unique, pour les autres la revendication d'une aventure spécifique, imprévisible, irrégulière. Je souscris également à toutes les réserves qu'a inspirées, à la tradition de la philosophie française (Andler, Boutroux, Guéroult), l'irrésistible et prévisible évolution de la philosophie romantique vers le pangermanisme. Lorsqu'un peuple prétend prendre la place de tous les autres peuples et régler leur sort, il retrouve l'impérialisme le plus classique. Lorsqu'on met la transcendance dans la nation, l'infini dans le fini, on oublie ce que chaque nation doit aux autres nations, c'est-à-dire à l'humanité, on oublie ce que la patrie doit aux individus, c'est-à-dire aux droits de l'homme.

Cependant, il n'est peut-être pas inutile de rappeler ce qui a *justifié* la critique romantique du développement politique universel. Dans un premier temps, le correctif herdérien à la pensée cosmopolitique est sans appel. Face à l'idéal abstrait de développement universel, à l'idée de l'*essence* du progrès fondée sur la raison, il rappelle tout simplement l'*existence* de la vie des peuples, qui s'incarnent dans la langue et dans la culture. Il suggère que l'universel des Lumières est un faux universel.

Celui-ci en effet rejette dans les ténèbres du passé ou de la sous-humanité ceux qui sont appelés les barbares. L'opposition entre les barbares et les civilisés — « En tout temps le vulgaire est féroce », disait Voltaire —, qui ravale dans la sauvagerie toute une part du passé et tout un morceau du présent de l'humanité, a été le leitmotiv de la pensée du progrès.

On peut alors entendre l'argumentation de Herder défendant, contre la Renaissance civilisée, la cause des peuples germaniques, barbares sans doute mais aussi vigoureux et vivants, comme une réponse du berger à la bergère. Les barbares, rétorque Herder, appartiennent aussi à l'humanité. La projection de l'histoire humaine sur le plan des progrès de la raison donne à l'humanité la place d'un mauvais infini qui croit pouvoir se substituer à Dieu ou à la nature. En martelant que l'infini de l'histoire humaine doit se situer du côté du plan providentiel divin, que les nations sont des incarnations, en nous rappelant l'existence de la finitude et de la particularité avec son lot de défaites et de catastrophes inévitables, la critique romantique constitue-t-elle l'ultime objection, le désaveu définitif à l'idée d'un développement politique universel ? Je ne le crois pas.

Non seulement parce que, à la fin des fins, l'hypostase de l'esprit du peuple ou de la nation, dans l'idée par exemple que le peuple allemand est le seul peuple originaire dont la mission est d'assumer le salut de toute l'humanité (Fichte), finit par faire de la nation un absolu, mais parce que, plus fondamentalement, aussi opposées qu'elles puissent être en apparence, la philosophie politique de Condorcet et celle de Herder convergent sur un point essentiel, la mise à l'écart de la politique et de l'État, renvoyés, dans des systèmes de pensée différents, au même néant ontologique. Sans doute les Lumières pensent-elles le développement et se représentent-elles dans l'infini du progrès de la civilisation des mœurs. Mais elles tiennent en revanche la politique pour un phénomène adventice, inessentiel, de l'ordre du bruit et de la fureur. Matériau combustible, la politique doit tout entière transmettre son énergie à la *civilisation*, ce concept inventé par la philosophie des Lumières (rappelons-nous Gibbon : « J'ai vu le triomphe de la barbarie sur la civilisation » à propos de la chute de l'Empire romain) ; la politique appartient plutôt à ce que Platon appelait, dans le *Timée*, la *Chora*, le domaine de la matérialité rebelle au démiurge, la résistance de l'idéologie, elle-même sans histoire. Au XIXe siècle, cette conception aboutira à l'idée de l'âge positif, non politique chez

Auguste Comte, « administration des choses » chez son disciple Saint-Simon, repris par Marx à l'idée utilitariste d'un État minimum, asymptotiquement nul, dès lors que les progrès de l'instruction leur auront permis le dépérissement.

Pour le premier romantisme, en revanche, la politique est résorbée dans le national, l'ethnique. Il n'y a plus de comparaison possible entre régimes voisins mais affrontement ou coprésence à tout le moins, non plus d'un esprit des lois mais d'un esprit du peuple dont l'essence immanente est également présente dans tous les aspects de la vie du peuple. (Notons d'ailleurs en passant que, pour Herder, Hegel, la conception chère à Montesquieu d'« un esprit général » constitue une première expression de l'esprit du peuple.) Cette position épistémologique conduit à renvoyer les lois ou la société dont elles sont censées tirer toute leur essence, ou bien à élever la politique transposée dans la nation à la dimension d'une religion civile, qui réalisera l'universel particulier, *ens realissimum*, d'un peuple lui-même divinisé (Fichte), ou encore à réévaluer l'idée impériale comme corps mystique selon l'idée chère au cercle de Stefan George et à Kantorowicz.

Ce n'est donc ni dans les Lumières ni dans le romantisme qu'il faut rechercher, à mon sens, la pensée d'un développement politique universel. Les Lumières ne pensent pas le caractère universel de la politique, le romantisme finit par ne plus penser le caractère fini de la nation. Derrière l'opposition qui les sépare — les premières accentuent l'universel, le second insiste sur le particulier —, il y a une mauvaise dialectique du fini et de l'infini. Les Lumières font du développement de l'humanité un universel infini, mais elles oublient les générations humaines, la politique particulière, les États. Le romantisme redonne vie à la particularité jusqu'à l'exhausser en absolu, il fait passer le fini dans l'infini, il oublie l'universel. Les Lumières font du développement un universel, mais elles oublient la politique ; le romantisme fait de la création un absolu, mais il oublie l'universel.

Aussi bien, la pensée de l'existence d'une politique universelle tirée en majeure partie — sur ce point, l'intitulé proposé par Bossuet est vérifié — de l'Écriture sainte, appartient à la réflexion classique de la philosophie des XVIe et XVIIe siècles. On lui doit l'idée selon laquelle, dans la mesure où il n'existe qu'une seule nation créée par Dieu, il n'y a aussi qu'une seule politique ordonnée et cohérente à cette nature. Rappelons très sommairement qu'on doit à Bodin, Hobbes, Spinoza et Locke ces conséquences. Premièrement, l'idée que la seule puissance légitime (force ne fait point droit) est celle qui est fondée sur un contrat, que le seul État qui vaille est un État de droit, arbitrant les litiges communs par la loi. Une telle conception de la puissance implique la critique des modèles antérieurs du développement politique : la critique du macromodèle de l'Empire comme paix universelle, la dénonciation du micromodèle de la seigneurie comme usage factice des hommes. « Les hommes ne sont pas des choses. Ils ne se possèdent que par institution » (Pufendorf). Deuxièmement, l'idée que l'homme fait à l'image de Dieu a des droits inaliénables et irréductibles, le droit à la sûreté, la liberté de conscience, la propriété, l'égalité de droit. On objectera alors que si la pensée classique a bien découvert l'existence d'une politique universelle, ou du moins quelques-uns de ses éléments, elle n'a pour autant ni réfléchi l'histoire ni le développement, c'est-à-dire les modalités particulières, relatives et temporelles de l'accès à cette politique, et elle a en particulier ignoré le rôle de la violence dans l'histoire. Sans doute, et c'est pourquoi cette pensée d'une politique universelle n'est peut-être pas encore la pensée d'un développement politique universel. Cette pensée existe-t-elle ?

Certes, mais à la condition de préciser le sens de l'affirmation. Ce qui existe, comme l'a proclamé et pensé la philosophie du XVIIe siècle, c'est une politique universelle valable pour tous les hommes car accordée à la nature humaine. L'État de droit, les droits de l'homme, sont bons pour tous les hommes car il n'y a nulle part aucune justification à l'esclavage et à l'oppression, mais les voies du développement sont hasardeuses, soumises aux aléas et aux retours de l'existence humaine. L'histoire de l'humanité se scinde et se situe dans la suite des générations. Le recommencement, qui requiert la transmission, inclut l'entropie. À travers l'histoire particulière de chaque génération, le développement est toujours fini, fini en son genre. Il est absolu et il est fini. Telle est la source et l'origine de l'erreur historiciste : mettre l'infini dans le fini, confondre l'absolu et l'universel, placer l'universel dans le particulier et croire que l'histoire est illimitée alors qu'il n'y a jamais que des histoires plurielles, particulières, contingentes et accessoires. L'universel ne peut pas être l'attribut du développement parce que celui-ci emprunte toujours des voies inédites et imprévisibles, vouées à devenir obsolètes. Néanmoins, la dimension cosmopolitique de l'humanité, qui figure un au-delà des nations, subsiste. Il faut donc renverser les Lumières et le romantisme. Il faut mettre la finitude dans le développement et l'absolu dans la politique.

C'est l'historicité qui porte la finitude puisque, dans l'histoire, les nations apparaissent et disparaissent. Mais, à l'échelle de l'humanité, les règles de la cité juste sont absolues, c'est-à-dire universelles. L'absolu est le parfait fini en son genre.

Est-ce à dire alors qu'il faut juger l'accès à la politique universelle comme un idéal inaccessible et jamais atteint ? Je ne le crois pas non plus et, pour étayer ma conviction, j'évoquerai *L'Idée pour une histoire universelle du point de vue cosmopolitique* et le *Projet de paix perpétuelle* de Kant.

Dans ces textes courts et suggestifs, Kant, on le sait, pose une série de déterminations négatives et se refuse à bâtir une utopie. L'établissement définitif de la société cosmopolitique universelle, un véritable État de droit à l'échelle des nations, n'est pas un concept mais seulement une idée, ou plus exactement un jugement téléologique, c'est-à-dire une projection dans l'avenir qui est en vérité une projection dans l'esprit et non pas dans les choses. Découverte de la *Critique du jugement* et anticipation à bien des égards de la réflexion hégélienne, le jugement téléologique est davantage qu'une idée directrice de la raison. Celui-ci est une opération naturelle de l'esprit sans rapport avec la matière, alors que celui-là figure déjà l'appréhension dans le présent de ce que sera le futur. Le futur dans le présent non pas seulement comme anticipation de l'esprit, mais comme mouvement des choses, déjà le début d'une dialectique de l'histoire, niveaux compénétrés du temps à l'intérieur de l'objet lui-même.

Aussi l'idée de la paix perpétuelle qui seule achève l'État de droit n'est pas seulement une idée directrice de la raison. Elle n'est pas une pensée du futur selon les catégories du présent, l'idée par exemple de la fin de l'histoire, ce défaut de toutes les utopies qui ne peuvent se résigner à la finitude de l'homme. Kant n'objective ni ne spatialise l'idée de paix perpétuelle, ne l'utopise pas, mais en montre la portée rectrice, c'est-à-dire propre à une action. Le rapport avec le développement politique universel est à mon sens le suivant : l'horizon de la paix perpétuelle constitue en fait la saturation d'un objet déjà appréhendé par le concept. C'est parce qu'il y a déjà du droit qu'on peut prévoir qu'il y aura un jour plus de droit. Le projet de paix perpétuelle n'est pas une utopie, mais plutôt une *achronie*, c'est-à-dire une projection dans le temps. Le développement politique universel n'existe donc pas, mais il peut constituer un jugement d'anticipation pour autant que l'idée d'une politique universelle est propre à orienter le développement des nations.

II. Histoire politique et culturelle

L'idée républicaine sous l'Ancien Régime

Grâce aux travaux de Claude Nicolet, le cheminement de l'idée républicaine à l'époque contemporaine est bien connu. Il n'en va pas de même pour la préhistoire de l'idée républicaine avant la Révolution, généralement traitée par prétérition. Qu'en était-il des républiques sous le Saint-Empire et de la république sous les monarchies ? Que devons-nous à l'Ancien Régime en matière d'idée républicaine ? Quelles avenues, quelles impasses en parties inconnues ou voilées nous ont ainsi été léguées ?

La république et l'empire

Une idée aujourd'hui largement reçue, et à laquelle les récents développements de l'unité européenne et les analyses d'Antoine Winckler ont donné un nouveau souffle, est que l'État moderne républicain est né à partir de l'Empire. Une telle interprétation fait de la république et de l'empire non pas deux éléments contradictoires mais, à l'inverse, deux séquences reliées l'une à l'autre. À la différence de l'histoire romaine, où l'*imperium* s'était développé contre la *res publica*, ou plus généralement de l'histoire ancienne où les empires avaient fini par détruire les républiques, le développement de la république et celui de l'empire en Europe, à partir de l'An Mil, auraient été deux processus concomitants qui se seraient renforcés l'un l'autre. L'origine de cette interprétation se trouve dans la pensée italo-allemande. Selon elle, l'empire a constitué une puissante structure porteuse, décentralisée, rassemblée en un centre spirituel impérial, un centre néanmoins affaibli par l'existence de lois fondamentales, par le développement du droit romain, et où, dans les interstices de son édification, sont apparues, prévues dans la structure décentralisée du Saint-Empire, les cités-États, cités-États italiennes d'abord, qui s'appuyaient sur les réquisits doctrinaux du gibelinisme pour affirmer leur indépendance contre la papauté, cités-États allemandes ensuite, cités-États hollandaises ou suisses enfin, qui se sont détachées petit à petit de la structure impériale en produisant une sorte d'éclosion des républiques, dans un mouvement contraire à celui du développement impérial dans l'Antiquité. Là où l'Empire romain, installé sur son Occident territorialisé et centralisé, avait bénéficié du semis incroyable de cités grecques qui avaient essaimé autour de la Méditerranée jusqu'en Palestine, et alors que, par une sorte de chiasme extraordinaire, l'Empire byzantin était mort pour n'avoir pas su ressusciter ces cités et s'appuyer sur elles, l'Empire d'Occident, ne parvenant jamais à l'unification totale dont il avait rêvé, a fait éclore dans ses flancs une multitude de cités, a inventé le fédéralisme et a laissé germer de nouvelles républiques ressuscitant, selon leurs animateurs et leurs penseurs, le modèle antique. À Florence et à Venise, à Ratisbonne, Nuremberg, Hambourg, autour des cités de la Hanse, à Amsterdam et à Anvers, la république renaît dans cet archipel de cités qui se sont déployées du XIVe au XVIe siècle. Selon une telle présentation, l'Empire aurait engendré la liberté en recevant, à partir du Xe siècle, le droit romain et en réinventant la cité grecque, conservant ainsi l'unité spirituelle du monde occidental. Figuration où se dessine la face lumineuse, ensoleillée, de l'évolution politique européenne, de l'empire à la république. Mais on peut en donner aussi une interprétation obscure ou sombre, à la manière de Kantorowicz. Selon l'historien allemand, le Saint-Empire, héritier de la théocratie pontificale, aurait accouché, en engendrant l'État moderne, d'une pathologie politique qui est à lire non dans un sens optimiste, mais plutôt comme un symptôme du mal politique. Aucun État européen n'aurait été épargné dans le processus qui conduit à la formation des États totalitaires *(Mourir pour la patrie)*. Qu'on exalte ou qu'on en récuse l'événement, l'idée selon laquelle la république se développe à partir de l'empire est reçue jusqu'au début du XXe siècle.

La république et la monarchie

À cette interprétation qui a été au centre d'une certaine historiographie germano-italienne s'est opposée une autre représentation, celle des historiens anglais et français de l'école d'histoire politique à la fin du XIXe siècle et au début du XXe siècle, avec laquelle je propose de renouer.

Une analyse bien différente se retrouve en effet chez Maitland et Pollock, chez Freeman et Gilmore, chez Fustel de Coulanges, Ernest Glasson, Jacques Flach. Elle se situe à l'opposé de celle que nous venons d'évoquer. Son intérêt est de repérer l'existence d'une césure entre le développement politique de l'Europe de l'Est et du Centre, d'un côté, et celui de l'Europe de l'Ouest, de l'autre. Son avantage est d'expliquer de nombreuses disparités qui demeurent sans elle inintelligibles. Son bénéfice est de nous permettre de mieux nous orienter par rapport à l'avenir. Dans les monarchies issues anciennement des royaumes barbares, nés du démembrement de l'Empire carolingien, loin que les républiques se développent au cœur même de l'Empire, l'organisation de la chose commune et de la chose publique s'établit par une alliance entre les monarchies et les communes, contre la vassalisation projetée par le Saint-Empire romain germanique. On assiste à un processus inverse qui combine à la fois le développement de la centralisation étatique réalisée par l'État de justice en Angleterre, ou par l'État administratif en France, et des contrats d'association passés avec les villes qui ne leur laissent pas nécessairement l'autonomie financière et administrative, mais de telle sorte qu'il y ait, à la fois, essor de la centralisation et essor des libertés publiques. Tel est le cas de la *Magna Carta* de 1215 qui garantit une première expression des grandes libertés publiques, mais aussi des libertés communales reconnues par le monarque français à travers de nombreux *établissements* qui institutionnalisent les différents droits de bourgeoisie des communes. Il n'est pas nécessaire de suivre le grand Michelet pour dénoncer les contrats passés entre les rois Capétiens et les Valois avec les communes, comme un pur et simple rapport d'écrasement et d'anéantissement des libertés communales, si l'on y devine aussi les liens noués entre la monarchie et le tiers état. On peut ainsi interpréter différemment les effets de la centralisation et de la décentralisation : selon l'analyse qu'en ont donnée les légistes royaux, de Jean Bodin à Loysel, le modèle décentralisé ne vient nullement de la volonté des empereurs mais de leur incapacité à unifier politiquement l'immense espace féodalisé dont ils se sont rendus imparfaitement maîtres, et il n'est pas nécessairement le meilleur garant des libertés publiques. La décentralisation ne garantit ni la paix du royaume ni les droits (la liberté et la propriété) des francs-sujets que la relation de souveraineté institue peu à peu. On analysera alors le développement des cités-États italiennes et allemandes et le développement des royaumes monarchiques comme un résultat qui se fraye un chemin dans les interstices laissés libres ou des diaclases ouvertes à l'intérieur de l'Empire pour la lutte avec le sacerdoce. On identifiera le développement des cités républicaines et des monarchies républicaines. La centralisation monarchique sera perçue cette fois comme centralisation politique (Tocqueville), comme unification de la cité ou du royaume qui récupère les libertés publiques au sein des États-souverains. Dans ce schéma interprétatif, la république naît du royaume ou accompagne le royaume et ne provient pas de l'empire.

Cette conception commune à la philosophie politique des Modernes a été suggérée en premier lieu par Machiavel. Telle est l'unité des *Discours sur la première décade de Tite-Live* et du *Prince*. Machiavel propose pour l'Italie la solution franco-anglaise, c'est-à-dire l'établissement d'une république par l'action d'un Prince. Selon le penseur florentin, le Prince, le Prince seul, permet l'engendrement de la république. Il n'est nullement indifférent, bien évidemment, que Machiavel ait lu attentivement la *Politique* d'Aristote et la *République* de Cicéron, ainsi que les grands penseurs de la république romaine. Comme Rousseau l'a parfaitement compris, loin qu'il y ait une opposition entre l'appel au pouvoir fort et la perspective d'établissement de la république, l'un et l'autre vont de pair. D'une certaine façon, l'interprétation machiavélienne éclaire profondément le destin contraire des républiques italiennes et des monarchies républicaines. Car il est incontestable que les cités-États, et notamment la république de Florence, nées des marges de liberté relative laissées par le Saint-Empire, ont été, selon la formule même de Nietzsche, « emportées comme un premier printemps sous la neige », alors que les monarchies anglaise et française ont permis la consolidation à beaucoup plus long terme de la société républicaine. Certes, le développement des républiques italiennes, Florence, Venise, Gênes, a été incomparablement plus brillant que celui des communes françaises sur tous les plans, intellectuel et artistique. Mais leur destin, en revanche, a été écourté par leur insertion dans la structure impériale, alors que le développement républicain a été conforté par les monarchies, du moins en France, en Angleterre, en Hollande. On peut même ajouter que c'est la dérive impériale de la monarchie espagnole qui a décidé de l'anéantissement de l'orientation républicaine dont les prodromes étaient visibles dans la formation de l'école de Salamanque et dans les écrits de Vitoria, de Bartholomé de Las Casas, de Luiz Vives et de Suarez. L'échec républicain de la monarchie espagnole, après lui avoir donné, dans un premier temps, une formidable dilatation dans sa construction impériale, finira par la resserrer incroyablement, par lui faire perdre non seulement son empire mais aussi ses possessions immédiates, italiennes, portugaises... En revanche, si on ne se laisse pas prendre à la paille des mots, et surtout si on s'engage dans une réflexion sur le terrain des concepts eux-mêmes, il faut observer que les monarchies française et anglaise sont, dans les premiers temps, républicaines.

Il y a un engendrement des républiques par les monarchies, c'est-à-dire par le système de l'État centralisé. Il ne s'agit pas seulement du développement du Parlement en Angleterre, des tentatives d'apparition et d'institutionnalisation des états généraux en France, ni du fait que, pendant tout l'Ancien Régime, est jetée l'esquisse de ce qui composera l'appareil politique proprement républicain. Plus fondamentalement, il s'agit du développement de l'idéal républicain qui fait un long parcours doctrinal et historique sous l'Ancien Régime.

À partir de la Renaissance, l'*idée* républicaine entame un long voyage sous la monarchie, et plus exactement sous *les* monarchies républicaines — quelquefois, pour un temps, républiques — qu'ont été l'Angleterre, la Hollande, la France. C'est sous la série Henri IV, Richelieu, Mazarin que se constitue en quelque sorte, avant la dérive impériale de Louis XIV, la préhistoire de l'idée républicaine, autrement dit l'apparition des fondements de l'État de droit. République et État de droit : ce que nous appelons État de droit désigne peut-être seulement la réapparition de l'idée républicaine dans les Temps modernes. Sur le plan doctrinal, à partir de Machiavel (les *Discours sur la première décade de Tite-Live* sont de 1513) et de Jean Bodin (*Les Six Livres de la République* datent de 1576), l'idée républicaine ne sera plus jamais perdue : toutes les philosophies politiques modernes, de Bodin à Rousseau en passant par Spinoza, Hobbes et Locke, sont républicaines et, qu'on l'intitule république, *commonwealth* ou souverain, la république est le plus grand dénominateur de la pensée politique moderne. Dès le

XVIIe siècle, rappelons-le, le saut vers l'expérience d'un républicanisme sans roi, avec la constitution d'un pouvoir parlementaire, est déjà franchi en Hollande, à Genève, en Angleterre. Cette idée que le souverain devrait trouver son expression dans la poursuite du commun profit, du bien commun dont les états généraux auraient pu constituer une expression possible selon les légistes protestants, avorte en France dans la réalité, mais trouve son inscription dans la Hollande spinoziste dirigée par les frères De Witt, même si finalement, sous le poids des valeurs impériales, la Hollande républicaine s'effondrera devant les assauts du parti orangiste et le retour de la monarchie. On connaît le cri de Spinoza devant l'assassinat des frères De Witt : « *ultimi barbarorum* ». De même une seconde expérience républicaine voit le jour avec les têtes rondes du parti puritain d'Oliver Cromwell, mais elle restera sans lendemain. Dans ces péripéties, en France et sur le continent, l'idée républicaine reflue pour emprunter désormais une voie clandestine et souterraine et ne réaffleurer qu'au XVIIIe siècle, partiellement dans l'œuvre de Montesquieu, pleinement dans l'œuvre de Jean-Jacques Rousseau, mais partout dans les arts et les lettres avec la mode du néo-classicisme, avec la redécouverte de la Grèce démocratique et de la république romaine. Elle se déploie dans le monde de l'Ouest, en Angleterre et en Hollande, pour mettre au jour une seconde pièce fondamentale : les droits de l'homme. Sous les monarchies, l'idée républicaine a été une idée *européenne* et les différentes nations de l'Europe se la sont empruntée pour l'enrichir mutuellement. Après les républiques de Genève et de Corse saluées par Jean-Jacques Rousseau, la Déclaration de l'indépendance américaine de 1776 et la Constitution de 1787 achèvent et couronnent le cycle de ces républiques, certes minoritaires mais présentes sous l'Ancien Régime, et ouvrent l'ère contemporaine où la république finira par triompher de la majorité des monarchies.

L'observation historique engendre une question : comment concilier l'idée républicaine et l'adhésion pour certains, comme Bodin et Hobbes, à la forme monarchique ? On lèvera une contradiction apparente à condition de constater que l'idée républicaine est retrouvée par les penseurs de la Renaissance et des Temps modernes dans les textes d'Aristote, de Cicéron, de Tite-Live, de Salluste et de Tacite et, d'abord et avant tout, dans la lecture de la *Politique* d'Aristote. C'est dire que *le fondement de l'idée républicaine des Temps modernes est lui-même antique.* L'idée républicaine qui réapparaît sous la Renaissance est un bourgeon reverdi de l'idée républicaine antique. Tous les penseurs politiques modernes l'ont dit, la république moderne renoue avec la république antique. C'est donc à la définition de la *Politique* qu'il faut revenir pour comprendre le sens premier de cette définition de la république.

Dans *Politique* I, 2, Aristote explique que la république est la société qui a pour objet le bien vivre *(eu zen)* ; « non pas vivre », dit Aristote, mais « bien vivre ». Dans *Politique*, I, 7, il distingue en effet l'autorité du maître *(despotes)* et l'autorité de l'homme d'État *(politikos)*. Despotique et politique s'opposent comme l'autorité qui s'exerce sur les esclaves *(douloi)*, tandis que l'autorité politique, l'autorité républicaine, s'exerce sur des hommes libres et égaux *(eleutheroi kai isoi)*. Soulignons l'extraordinaire audace et radicalité du grand penseur de l'Antiquité. Selon lui, il n'existe que deux types de société : les sociétés despotiques et impériales d'une part, les sociétés républicaines de l'autre. Les sociétés despotiques sont les sociétés qui sont organisées en vue de l'intérêt privé, de l'intérêt de quelques-uns, tandis que les sociétés républicaines sont les sociétés édifiées en vue de l'intérêt général, du bien commun. Cette radicalité frappera les penseurs de la Renaissance et ils s'en voudront les héritiers. Si la république désigne d'abord et avant tout l'objet de la vie civile, c'est-à-dire le bien commun, l'intérêt général dont le Parlement en Angleterre, les états généraux en France, et l'idée de salut du peuple ou de commun profit seront des expressions approchées, il reste encore à désigner son gouvernement. Reste à définir *qui* va exercer le gouvernement de l'intérêt commun et de l'intérêt général. C'est ici qu'Aristote a dressé une typologie des formes de gouvernement qui sera également reprise par l'ensemble des doctrinaires républicains. Selon Aristote dans *Politique* III, 7, le gouvernement de la république peut être monarchique dès lors que le monarque a en vue non son intérêt privé mais son intérêt général ; le gouvernement de la république peut être aristocratique si les *aristoi* ont en vue non leurs intérêts mais l'intérêt général ; et de la même manière, le gouvernement de la république peut être, nous allions dire démocratique, mais Aristote dit tout simplement républicain, énonçant ici une tautologie qui doit attirer notre attention, si le gouvernement du grand nombre a en vue l'intérêt non des plus nombreux mais l'intérêt général. Autrement dit, et ceci explique cela, la définition de la république ne comprend pas la définition du régime de gouvernement. Sa désignation répond à la question *Quoi ?* et définit l'objet même du pouvoir, le bien commun. Tandis que le gouvernement désigne le titulaire de l'exercice même du pouvoir et sa désignation répond à la question *Qui ?* qui exerce le pouvoir ?

La réflexion aristotélicienne, qui sera reprise par les penseurs des monarchies républicaines, explique de la sorte que l'on puisse être à la fois républicain et monarchiste, puisque les désignations ne s'opposent pas, qu'elles ne sont pas sur le même plan, qu'elles sont complémentaires. Le retour à Aristote, présent notamment chez Jean Bodin, qui retrouve cette conception aristotélicienne (toute société légitime est une république), est pensé par les théoriciens républicains modernes comme un prolongement occidental. Il manifeste le retour à l'expérience de l'Antiquité qui est au cœur du mouvement de la Renaissance. Les penseurs italiens, avant les penseurs anglais et français, reprennent la réflexion qui avait été laissée en suspens par Thucydide, Tacite et Polybe et renouent avec l'interrogation sur ce qui a précipité et causé la chute de la République athénienne ou le déclin de la République romaine. Mais le réexamen critique laisse aussi paraître une rupture avec la politique antique dans le contexte du développement politique chrétien occidental de la formation des États de droit. Chercher les Anciens par-delà le Moyen Âge témoigne de la volonté de comprendre la longue durée du développement politique occidental, comme si les Romains et les Grecs avaient esquissé une aventure qui se redéployait dans les Temps modernes ; mais les Modernes se séparent néanmoins des Anciens par la place qu'ils donnent aux Écritures. Aussi bien, on se leurre lorsqu'on assimile l'élan du Quattrocento et de la Renaissance européenne, et surtout ouest-européenne, à une pure et simple exaltation de l'Antiquité. Car les philologues, et en particulier les juristes philologues anglais et français, dressent un acte d'accusation en règle de l'Antiquité païenne. L'incrimination passe par une distinction entre le développement politique impérial et le développement politique républicain. Dans le développement occidental, une division sépare en effet les légistes impérialistes et curialistes d'un côté, c'est-à-dire les légistes du Saint-Empire romain germanique, des légistes anglais et français. Alors que les premiers œuvrent pour la *réception* du droit romain, et notamment en acculturant le *Corpus Juris Civilis* à la chrétienté médiévale, les seconds combattent pour la *relégation* du droit romain et développent, selon le titre même de l'ouvrage de François Hotman, l'*Antitribonien*, une mise en accusation en règle du droit de Justinien et de son juriste Tribonien. Glanville, Bracton en Angleterre à la fin du Moyen Âge, à la Renaissance en France Dumoulin, Coquille, Bodin, Hotman, rejettent pareillement le *mos italicus*, c'est-à-dire le mouvement de réception du droit romain impérial auquel ils veulent substituer le *mos gallicus*, c'est-à-dire un mouvement de retour au droit romain *républicain*.

La tentative de faire prévaloir un droit romain républicain contre un droit romain impérial, qui est la principale orientation de l'école de Bourges créée au sommet par Michel de L'Hospital et Marguerite de France, est de courte durée. Son acte de décès est signé par François Hotman lui-même qui, au terme de l'expérience du *mos gallicus*, et selon la recommandation de Michel de L'Hospital, décide de rejeter définitivement le droit romain dans la mesure où il est issu d'une civilisation païenne qui a justifié l'esclavage et où il a établi une différence d'essence entre le citoyen et l'esclave. Cette identification du droit républicain avec le développement étatique sera plus tard comprise par Hegel comme l'avait interprétée Machiavel. Au début de la *Constitution de l'Allemagne*, Hegel rappelle en effet que l'Allemagne n'est pas un État. Le Saint-Empire romain germanique a porté la liberté à son point le plus haut, sous la forme de la liberté des corporations, liberté de la petite cité, liberté des maîtres chanteurs qui sera célébrée par Wagner, liberté des villes allemandes, Nuremberg, Francfort ou encore la Hambourg de la Hanse ; mais cette liberté n'est pas la liberté républicaine, liberté la plus haute, qui, selon Hegel, est la liberté même de l'État. De Machiavel à Hegel en passant par Hobbes, la conséquence républicaine et étatique est bonne.

Ce serait donc aller trop vite ou penser dans une séquence chronologiquement trop courte que d'opposer définitivement la monarchie et la république. Certes, les partis républicains, après les révolutions dites bourgeoises de la fin du XVIIIe siècle, seront des partis antimonarchistes, mais les monarchies de l'Ancien Régime dans l'Europe extrême-occidentale ont été, pour une part, des monarchies républicaines. Les monarchies ont été le cadre dans lequel se sont développés les premiers éléments de l'État de droit moderne — entendons de l'État républicain. Et rappelons que Kant, le grand penseur de la république qui en universalise le modèle, est aussi monarchiste ! Ceux qui oublient que la monarchie et la république ont été mariées avant de divorcer devraient être intrigués par les étranges conditions de la naissance de ce que nous appelons la république. Comme chacun le sait, la république ne fut pas proclamée *ex nihilo*, *ex abrupto*, par une déclaration solennelle. La date de naissance, le 21 septembre, coïncide avec l'énoncé de l'abolition de la royauté. C'est seulement le lendemain que les actes officiels furent datés de l'An I de la république. Pourquoi ce laps de temps, cette hésitation ? Tout simplement parce que les « républicains » avaient déjà la conviction de vivre dans un régime républicain... républicain monarchique. Il a fallu que le sang coule, il a fallu la mort du roi et la guillotine pour que, dans l'histoire de la France, soit vectorisé le destin antimonarchique de l'expérience républicaine. On peut donc dire que d'une certaine manière (mais c'est une ruse de la raison) l'Empire, empêché d'accomplir sa vocation à la conquête universelle, a permis, dans les sociétés européennes où se sont émancipés de lui les royaumes barbares, l'instauration de la république. Du coup, il s'agit d'un retournement extraordinairement intéressant de l'évolution antique qui avait connu dans la décadence la dégradation des républiques vers l'Empire. Dans l'Europe médiévale, c'est en revanche la décadence et la destruction de l'Empire, notamment dans l'épuisement de la lutte occasionnée avec le sacerdoce, qui a reproduit le développement républicain.

Nous proposons donc d'inscrire la réapparition de l'idée républicaine dans l'Ancien Régime sous les monarchies. L'intérêt d'une telle interprétation nous semble propre à expliquer le divorce prolongé qui a séparé le développement étatique de l'Europe de l'Ouest et celui de l'Europe de l'Est. C'est à l'Ouest que sont apparus, sur la base des anciennes monarchies, évidemment non sans rupture ou sans évolution, les régimes républicains démocratiques modernes : en Angleterre, en Hollande, aux États-Unis, bientôt en France, tandis que ceux-ci n'ont pu s'instituer que très tardivement en Europe de l'Est. À l'opposé, en effet, l'Europe du Centre et l'Europe de l'Est ont connu une pérennisation au XIXe siècle et jusqu'au XXe siècle des empires féodalisés. L'avantage d'une telle exposition est de préciser que le terme utilisé par Arno Mayer, « la persistance de l'Ancien Régime », s'applique évidemment bien davantage aux terres d'Empire qu'aux monarchies, même si les monarchies ont connu quelques restes impériaux. Le bénéfice d'une telle conception est de faire sa place au droit politique des États modernes qui a été essentiellement élaboré dans le cadre des monarchies républicaines, où leurs légistes-philosophes ont jeté les bases du droit des États, du droit des citoyens, des droits de l'homme.

Un droit politique moderne, fort différent de celui des Anciens et du droit en général, se déploie en effet dans le cadre de l'État moderne. Il suscite l'apparition d'un droit politique autonome, indépendant du droit civil caractéristique, selon les romanistes comme von Ihering ou Michel Villey, du droit moderne. Celui-ci *ajoute* au droit romain, qui était essentiellement un droit privé, un droit public. Un droit public républicain où se déploient successivement le droit de l'État, les droits de l'homme, les droits des citoyens, les droits de la nation. Un droit qui est aussi marqué par les conditions historiques qui lui ont donné naissance et dont les différentes parties ne sont pas nécessairement cohérentes.

Le droit politique républicain né sous l'Ancien Régime

LE DROIT DE L'ÉTAT. – Le droit de l'État souverain qui sert aujourd'hui de pierre d'angle à tout le droit des État dans le monde moderne a été élaboré dès la Renaissance. L'État républicain ou l'État de droit, c'est-à-dire l'État qui tire sa légitimité d'une organisation de la société pour le bien vivre, l'intérêt général et le bien commun, donne par conséquent à la loi, au droit, une place d'attribut principal dans son fonctionnement. Le principe de souveraineté de l'État est dégagé dès le XVIe siècle par Jean Bodin et il signifie d'abord l'indépendance absolue, l'autonomie de l'État. Le droit de l'État souverain a une double cible : à l'extérieur, il combat l'idée impériale, à l'intérieur l'idée féodale, animé qu'il est contre l'une et l'autre pour affirmer la spécificité d'un État moderne et rationaliser le fonctionnement de la politique sous deux aspects :

— La reconnaissance de la pluralité des États et d'un ordre international qui s'oppose à l'idée d'un Empire universel unique et qui produit tôt en Europe — dès la seconde moitié du XVIIe siècle — ce que l'on a appelé l'équilibre européen. Le droit de l'État souverain est associé à la création du droit international moderne qui trouve son expression, dès 1625, dans *Le Droit de la guerre et de la paix* du Hollandais Grotius, droit international qui reconnaît l'égalité et la pluralité des États souverains dont les relations doivent être régies par le consentement et par le pacte, et met fin à l'idée d'Empire universel. Dans ces rapports entre les États, *la bella diplomatica* — ce joli terme est italien —, la guerre avec les diplômes (les titres), remplace la guerre tout court. On ne combat plus avec des canons et des mousquets, mais avec des actes et des titres juridiques. Le diplomate pousse d'un coup d'épaule le militaire, l'ambassadeur remplace le lansquenet. C'est le temps des négociations, de la recherche frénétique des titres de droit, de la collation et de la réformation des codes, le temps des légistes et des constitutions, le temps de l'État de droit.

— Le second aspect du droit de l'État souverain est la prééminence de la politique intérieure sur la politique extérieure, la suprématie de la dimension civile sur la dimension militaire. Le souci premier devient celui de la bonne administration, de la bonne justice... du «pré carré» — la formule est de Vauban. L'arbitrage des litiges par la loi qui s'attaque au *dominium* sépare la puissance de la propriété. Cette œuvre rationalisatrice de l'État contient déjà un énoncé élémentaire des droits individuels: ainsi, dans la doctrine de la souveraineté, Bodin rappelle que celle-ci est limitée par la loi divine, la loi naturelle, qui comprend les droits fondamentaux comme la liberté et la propriété des biens du sujet (première formulation des droits de l'homme) et les lois fondamentales. C'est donc à partir de cet État républicain que pourront être institués les droits de l'homme. Pourtant, dans cette doctrine de l'État souverain qui a combattu l'Empire et la féodalité subsiste un reste impérial, celui de la raison d'État. On peut rendre compte de ce reste: la souveraineté demeure une puissance, une puissance *publique*, certes, mais tout de même une puissance. Qu'est-ce qui en soutient la *force*? Tout simplement la décision de la volonté. Le mécanisme en a été élaboré par Jean Bodin lorsqu'il a refusé, dans *Les Six Livres de la République* (1576), de donner comme modèle au fonctionnement du souverain l'organisation jurisprudentielle de la justice avec ses délibérations et ses parties, ses sentences rendues *a posteriori* à l'issue d'un procès, pour lui préférer le modèle de la décision administrative *a priori* rendue par décrets et par commandements. Dès lors, la souveraineté reposera sur la volonté. Volonté singulière du monarque sous la monarchie, bientôt volonté générale du peuple sous la république à partir du système d'équation imaginé par Rousseau. Mais le souverain lui-même restera *legibus solutus*, délié des lois, absolu. À partir de la lente histoire de la puissance de la volonté qui devient volonté de puissance par un sujet sans cesse appelé à la pose héroïque, on observe une suite de dérives absolutistes et de remontées impériales sous l'Ancien Régime dans la monarchie absolue de Louis XIV, à l'époque contemporaine dans le Premier et le Second Empire. Le problème ici soulevé est celui des limites de la souveraineté. Les limites initiales, religieuses, morales et juridiques imaginées par Bodin ont tendance à être oubliées ou érodées. La souveraineté *dans* l'État deviendra souveraineté *de* l'État, qui ne veut plus connaître d'autres commandements ou obligations que ceux de son droit positif et qui est entré dès lors en contradiction avec les autres droits politiques, et notamment ceux des droits de l'homme.

LES DROITS DE L'HOMME. — Les droits de l'homme naissent et se développent dans le cadre du droit des États mais en rupture par rapport à celui-ci. À leur propos, on commet fréquemment l'erreur suivante. On croit qu'ils ont été inscrits depuis très longtemps dans le droit positif. Chacun connaît en effet les deux grandes déclarations du XVIIIe siècle (la Déclaration américaine d'indépendance de 1776 et la Déclaration française de 1789) et on imagine que les droits de l'homme sont entrés dans la politique moderne à cette époque. L'erreur en ce qui les concerne est double, car une distinction est à faire entre l'Amérique et l'Europe. Si le délai d'institutionnalisation a été rapide pour la Déclaration américaine inscrite dès 1787 dans le préambule de la Constitution, il a été beaucoup plus long pour la Déclaration française, puisqu'il a fallu attendre 1946 pour qu'elle figure à son tour dans le préambule de notre Constitution, au lendemain de la défaite du nazisme. En revanche, eu égard à la philosophie des droits de l'homme, il faut remonter beaucoup plus loin, un siècle même avant les déclarations du XVIIIe siècle, pour les trouver dans le raisonnement des philosophes à l'Âge classique. Ici, il faut légèrement pivoter. Car si le droit de l'État a essentiellement une origine française, les droits de l'homme, soyons justes, malgré le retentissement de notre propre Déclaration, ont essentiellement une origine anglaise et anglo-hollandaise. Nous en devons la déduction pour l'essentiel à Hobbes, Spinoza, Locke. En matière de droits de l'homme, on leur doit tout. Ils nous ont légué *toute* la liste des droits et *tous* leurs fondements philosophiques.

Toute la liste. À Hobbes, nous sommes redevables de la démonstration du droit à la sûreté : soit chaque homme a droit à son corps, chaque homme a droit à sa vie, dont le corrélat est que personne ne doit être esclave et qu'aucun pouvoir n'a le droit de vie et de mort sur personne (autrement dit, la fin du fameux droit impérial de vie et de mort sur le citoyen soldat). À Spinoza, nous devons la liberté de conscience : soit chaque homme a le droit d'opiner comme il lui semble, dont le corrélat est qu'aucun pouvoir, pas même celui d'une Église, ne peut contraindre le jugement en conscience, qui est le fondement de toutes les libertés civiles d'opinion et d'expression. À Locke, nous sommes redevables de la liberté de propriété : soit chaque homme a le droit de s'approprier une part des objets de la nature, dont le corrélat est qu'aucun pouvoir ne peut s'attribuer à la place des individus la domination de la nature, et qu'il faut séparer la politique de l'économie. À tous enfin, nous devons l'idée fondamentale de l'égalité des individus qui repose sur l'idée de l'identité de l'humanité. Droits de l'homme, humanité une. Cette idée ne vient pas de l'Antiquité païenne, comme l'a dit un fin connaisseur du droit romain, Michel Villey : les droits de l'homme ne viennent pas des droits de Rome. Il ne peut y avoir de droits de l'homme en effet quand l'*homo*, par opposition au citoyen, c'est l'homme sans droit, l'esclave — la remarque est de Hannah Arendt. Mais davantage, il ne peut y avoir de droits de l'homme quand on n'inscrit pas dans le droit l'idée théologique ou philosophique de l'unité de l'humanité, introuvable dans le monde païen, pour lequel il y a des dieux et des cités différents par nature, hétérogènes par principe. L'idée de l'humanité une est monothéiste et, dans notre tradition, biblique. C'est pourquoi tous les théoriciens des droits de l'homme l'ont cherchée dans les Écritures ou, comme le dit Spinoza, dans *le modèle de l'État des Hébreux*. Peut-on fonder les droits de l'homme sur autre chose que sur la révélation biblique ? Les théoriciens des droits de l'homme répondent par l'affirmative. Quel est à leurs yeux, en effet, le fondement philosophique des droits de l'homme, qui sera d'ailleurs en partie perdu dans le rationalisme et l'universalisme abstraits du XVIIIe siècle ? Le fondement philosophique des droits de l'homme est, et seulement, le *droit naturel*. Ici, il faut éviter confusion et malentendu. Ni Hobbes, ni Spinoza, ni Locke, ni aucun des théoriciens des droits de l'homme, des théoriciens de la révolution républicaine anglaise, ne sont des médiévaux ni des inquisiteurs, et pourtant ils tiennent que l'homme a une nature et que c'est par folie ou par sottise qu'on la nie, qu'on la rejette ou qu'on la dénature. Mais qu'en est-il à leurs yeux de la nature humaine ? Justement la nature humaine, c'est la nature avec la loi, *natura cum legem*... Nos philosophes ne sont pas aristotéliciens, ils ne pensent pas que la nature humaine est le reflet d'un cosmos hiérarchique et inégalitaire mais, tout au contraire, contemporains de Galilée et de Newton, ils empruntent à la science moderne l'idée d'une nature avec la loi, c'est-à-dire d'un univers infini où l'exigence mathématique conduit en même temps à définir des lois de rapports entre les êtres et à décrire l'égalité fondamentale des conditions. La confusion à éviter est donc celle qui consiste à réduire l'idée moderne galiléenne et newtonienne de la nature dont se servent les théoriciens des droits de l'homme à l'idée aristotélicienne et hiérarchique de la nature. Mais revenons à l'homme, à sa nature avec la loi. Que dit Hobbes, que dit Spinoza, que dit Locke qui leur soit commun à tous les trois ? Les droits de l'homme ne proviennent nullement d'un arrachement à la nature. Hobbes insiste : le droit à la sûreté n'est pas une liberté, c'est une obligation. Il s'agit d'une loi de la nature découverte par la raison qui pousse à ne rien faire contre la vie. Comprenons bien nos philosophes : ce ne sont pas des niais. Aucun d'entre eux ne s'imagine que les hommes ne tuent pas, ne volent pas, n'oppriment pas les consciences, alors qu'il nous est donné de voir chaque jour le meurtre, le vol, l'assujettissement de l'opinion. Ils exposent simplement que la transgression des interdits du Décalogue a comme conséquence inéluctable la décomposition de la société humaine. Si les hommes veulent vivre en société, il leur faut respecter ces droits, sinon ils détruiront ce qui est proprement humain. Reprenant le même problème à la fin du XVIIIe siècle, Kant ajoutera que la nature a confié à l'homme lui-même le soin d'instituer ou de transgresser la loi — sa loi. Mais si la loi de nature existe, cela signifie que les droits de l'homme ne sont pas anglais, français, hollandais, européens ou occidentaux, comme le diront les théoriciens légitimistes adversaires des droits de l'homme, mais qu'ils sont valables pour tous les hommes puisque tous les hommes participent de la même nature. Du coup, et cette fois c'est Kant lui-même qui en a tiré la conséquence légitime, ils ne sont susceptibles d'être véritablement institués que dans le cadre d'une humanité enfin unifiée par la coexistence des États de droit, c'est-à-dire d'une république universelle.

Le droit politique des droits de l'homme se trouve donc à hauteur de l'humanité et, bien qu'il soit apparu dans le cadre du développement politique de l'État moderne, il est fondé sur une anthropologie et une philosophie différentes de la philosophie de l'État souverain. La philosophie et l'anthropologie de l'État souverain peuvent parfaitement, fondées qu'elles sont sur une doctrine de la volonté et de la décision, se rattacher à un fondement philosophique cartésien, mais il n'en va pas de même de la philosophie des droits de l'homme. Celle-ci, nous l'avons vu, est d'emblée subjective et interindividuelle. Son universalité ne doit rien à l'universalité de l'empire établie sur la conquête. Son universalité appartient à celle de la *république moderne universelle.*

LE DROIT DES CITOYENS. — À la fin du XVIIIe siècle, la construction française de la citoyenneté, à travers le retour au modèle de l'Antiquité romaine et la répudiation du modèle biblique, s'éloigne sensiblement de la tradition classique du XVIIe siècle qui avait centré sa réflexion sur les droits naturels de l'homme. La tradition républicaine française a alors été fortement influencée par le modèle de l'Antiquité romaine qui a triomphé chez nous à la fin du XVIIIe siècle. Il n'est que d'évoquer le célèbre tableau de David, *Le Serment des Horaces*, qui résume toute l'époque et anticipe la civilité révolutionnaire de la nation en armes. *Le Serment des Horaces*, présenté au public en 1784, représente une citoyenneté qui elle aussi a un fondement volontariste et décisionniste. Elle repose sur le pacte et, comme il est dit, sur le serment. Réservée aux adultes masculins (dans le tableau de David, les femmes sont dans un coin et sanglotent), mais aussi et surtout une citoyenneté coupée de la loi naturelle, recouvrant l'homme. La Déclaration française des droits de l'homme et du citoyen qui s'est voulue, au terme des débats de la Constituante, un préambule constitutionnel, a privilégié, à la suite de Jean-Jacques Rousseau, les droits du citoyen plutôt que les droits de l'homme. La citoyenneté en France sera d'abord censitaire avant d'être capacitaire. Aux propriétés, puis aux capacités, l'autorité civile. L'accès au suffrage universel sera dans un premier temps limité aux citoyens capables de payer un certain impôt (les propriétaires). Aujourd'hui encore, par l'intermédiaire des grands corps de l'État issus des grandes écoles, une partie de l'exercice du pouvoir, et notamment le pouvoir administratif, de même que l'accès aux rangs les plus élevés de la carrière politique, du *cursus honorum* auraient dit les Romains, ou de la magistrature, est réservée à ceux qui justifient de compétences spécifiques. La citoyenneté républicaine, *i.e.* la liberté publique, la participation à la vie publique, à la vie politique, n'a pas été entièrement fondée sur la conscience et sur la liberté de conscience mais assurée en partie sur la compétence. Ajoutons que, par surcroît, la liberté de conscience n'a pas été tout à fait assurée dans notre droit politique. Malgré la demande insistante du pasteur Jean-Paul

Rabaut Saint-Étienne, à la Constituante, d'inscrire la liberté de conscience comme un droit de l'homme, et la liberté des cultes comme un droit du citoyen, l'article 10 de la Déclaration des droits de l'homme de 1789 ne stipule-t-il pas :

> Nul homme ne peut être inquiété pour ses opinions même religieuses pourvu qu'elles ne troublent pas l'ordre établi par la loi ?

Manière très restrictive, on en conviendra, d'établir la liberté de conscience.

Cette conception selon laquelle la citoyenneté repose en dernière instance sur la lumière de la raison et de l'entendement a sans doute aménagé la place importante, prise chez nous et dans tous les pays qui partagent notre conception de la citoyenneté, par l'instruction publique et l'Éducation nationale. Elle provient de la philosophie des Lumières, d'un Voltaire et d'un Condorcet qui estimaient que ce qui définit d'abord et avant tout le citoyen civilisé c'est son entendement et sa culture. Un homme qui n'est pas véritablement policé par l'instruction civile et par le savoir demeure un barbare. La grandeur d'une telle conception est d'avoir contribué au développement de l'instruction et d'avoir été responsable de l'alphabétisation et du progrès culturel, d'avoir su transformer les hommes en citoyens. Mais sa limite est d'ôter aux peuples réputés barbares l'appartenance à l'humanité, d'enlever aux pauvres en esprit la participation à la citoyenneté. C'est pourquoi, dès le XVIIIe siècle, son anthropologie sera récusée par Jean-Jacques Rousseau dans le *Discours sur les lettres, les sciences et les arts* qui le rendra célèbre. Rousseau explique que l'humanité ne repose pas seulement sur la science ni sur un style supérieur de vie, les bonnes manières, qu'elle n'appartient pas seulement à la compétence mais qu'elle repose d'abord et avant tout sur la conscience, et Kant renchérira. La conception capacitaire de la citoyenneté marque peut-être une régression par rapport à l'idée selon laquelle le bon sens est la chose du monde la mieux partagée (Descartes), ou encore selon laquelle, en ce qui concerne son intérêt, chacun juge toujours aussi bien que tous les autres (la pensée utilitariste anglaise). On peut affirmer que le fondement du jugement est toujours la conscience, plus haute que la compétence, parce que, sur la conscience et non sur la compétence, il est possible d'établir l'égale dignité de tous les hommes.

En quoi une telle doctrine de la citoyenneté a-t-elle pu fragiliser la vie républicaine ? Tout simplement parce que la conception de la citoyenneté censitaire ou capacitaire produit nécessairement des exclus. Le refus que le mouvement socialiste du XIXe siècle opposera à la recherche des droits civils et de la citoyenneté républicaine n'aura pas d'autre motif. Exclus les pauvres, les ouvriers, les non-propriétaires, les non-instruits. Exclus aussi les femmes et les enfants. L'Église catholique, antirépublicaine au XIXe siècle, aura pendant longtemps la part belle avec les femmes et les enfants dont elle espérera toujours les suffrages et recueillera souvent l'adhésion, pour la raison très simple qu'elle leur donnera dans son credo une place que le droit politique républicain (les associations masculines francs-maçonnes) leur refusera entièrement. Nous touchons là à ce que l'on pourrait appeler la déficience de ce modèle de citoyenneté, déficience qui dépend elle-même d'une anthropologie inexacte. Le droit politique républicain de la puissance souveraine et de la citoyenneté tel qu'il a été élaboré sous l'Ancien Régime souffre d'une définition volontariste, contractualiste de la puissance publique et de l'association civile. L'État et la citoyenneté sont conçus comme organisés à l'intérieur d'un état civil séparé sinon opposé à l'état de nature. Le droit politique républicain ne dit rien ou presque sur la nature humaine. Qu'est-ce que la *res publica*, la chose commune ? Si elle est produite par le serment d'individus assemblés, *qui* sont ces individus ? Faut-il se contenter de la philosophie subjectiviste, conventionnaliste, pour les définir ? Autrement dit, l'homme se réduit-il à sa volonté, à son entendement ? L'humain n'est-il pas homme et femme ? Les droits de l'homme (sûreté, liberté de conscience, égalité) ne dérivent-ils pas de la nature de l'homme ? Cette politique républicaine est incertaine parce qu'elle est incomplète. La chose publique ne se suffit pas à elle-même. Elle laisse indéterminée la place des choses privées ou la part privée de l'activité humaine et s'expose de ce fait à la critique libérale (Benjamin Constant). Mais, davantage, la conception purement contractualiste et volontariste de la chose commune est impuissante à rendre compte du « déjà là », du « déjà donné » de la tradition et de l'histoire. Le droit politique républicain qui fait l'impasse sur la nature oublie aussi l'histoire. Ce sera toute l'objection du romantisme politique à la philosophie républicaine des Lumières : les sociétés ne résultent pas seulement d'un contrat, elles proviennent aussi d'une histoire, l'histoire faite par les générations antérieures.

LE DROIT DES PEUPLES ET LE DROIT DES NATIONS. — Le droit des peuples est incontestablement le droit le plus récent. Au son de la *Marseillaise*, il a accompagné les armées napoléoniennes dans leur course européenne, même si son affirmation explose au XVIIIe siècle avec la Déclaration d'indépendance (1776), qui est le premier texte de droit des peuples moderne, et avec le rattachement par référendum du comtat Venaissin à la France réalisé par la Révolution française. Mais son fondement philosophique est postérieur et s'est trouvé exprimé très largement dans la tradition romantique qui participe d'un autre « Ancien Régime », celui de l'Empire, que le nôtre.

On peut dire en effet que le principe de droit des peuples s'est présenté comme un réactif, comme une réaction à deux formulations antérieures :

1. Comme un correctif démocratique au droit de l'État ou du monarque souverain en objectant que la souveraineté est nationale, c'est-à-dire que l'origine de toute souveraineté se trouve dans le peuple, comme le dit expressément l'article 3 de la Déclaration française.

2. Comme un correctif historique à l'idée d'une communauté reposant sur la seule citoyenneté, elle-même fondée sur un contrat. À quoi le principe des nationalités objecte qu'un peuple a d'abord un héritage d'habitudes matérielles et intellectuelles composé d'une géographie et d'une histoire, qu'on l'appelle *l'esprit général de la société* (Montesquieu), *l'esprit du peuple* (Herder) ou *l'âme du peuple* (Renan). Autrement dit, le national précède le citoyen comme l'enfance anticipe l'âge adulte. Le rationalisme abstrait, l'universalisme abstrait de la philosophie des Lumières avaient cru possible de construire la civilité par le seul serment de la citoyenneté. Le romantisme objecte ici qu'un peuple n'est pas seulement un contrat. Objection si forte que les républicains les plus attachés à la tradition du XVIIIe siècle ne pourront que l'accepter. Cette objection légitime du principe des nations et du droit des peuples a connu sa déviation et sa pathologie qui conduit du principe des nationalités au nationalisme. Le principe du nationalisme qui, à mon sens, trouve son expression la plus radicale dans les fameux *Discours à la nation allemande* de Fichte (1808) est double : il absolutise et il éternise le principe de la nation. Il l'absolutise : il s'agit de faire de la patrie un absolu, de la désigner comme la seule transcendance supérieure à l'État, et surtout de proclamer la supériorité d'une nation, en l'espèce la nation allemande, par rapport aux autres nations ; d'instituer la supériorité du principe

national par-dessus le principe des libertés individuelles. Le patriotisme devient alors un sentiment religieux et promeut l'idée d'un peuple chargé d'accomplir le salut de tous les autres. Il l'éternise: l'éternisation trouve sa formule dans l'idée du peuple originaire *(Urvolk)*, peuple qui possède un territoire originaire, une langue originaire, une ethnie et bientôt une race originaires. Cette conception, qui nie la dimension historique des peuples, lesquels apparaissent et quelquefois disparaissent, est déréalisante. Elle oublie et refoule la réalité, en l'espèce l'existence des autres États-nations avec le droit des États, l'existence des individus avec les droits de l'homme et les libertés individuelles. À la théorie nationaliste, les républicains opposeront, à la fin du XIXe siècle, un principe des nationalités fondé à la fois sur la reconnaissance du passé historique et l'autodétermination.

De cette rapide description du droit politique républicain tel qu'il a été élaboré sous l'Ancien Régime — les anciens régimes —, nous pouvons tirer deux leçons. La première concerne le passé.

On observera que les résultats que je consigne et qui rassemblent les aspects novateurs du droit politique républicain des temps modernes s'opposent frontalement à l'interprétation qui enfouit et enracine à l'inverse le développement politique dans l'histoire médiévale, et qu'ils ne peuvent s'ajuster notamment à l'interprétation de Kantorowicz telle qu'il l'a exposée dans son grand ouvrage. *Les Deux Corps du roi* constitue en effet la synthèse de toute l'historiographie allemande du développement politique, en réunissant des thèses qu'on trouvait chez Ranke, Mommsen, Jellinek, Gerber, Fitting, et qu'on peut résumer de la façon suivante. 1. L'État moderne provient du Saint-Empire romain germanique, qui lui-même a emprunté sa doctrine fondamentale des *deux corps du roi* (le corps mystique et le corps politique) à la théocratie pontificale. D'où les déviations qui seront celles de l'État allemand et qui ont été interprétées par d'autres auteurs sous le terme de totalitarisme et peuvent être renvoyées à une origine unique, de même qu'elles n'ont épargné aucun État *(Mourir pour la patrie)*. 2. Le cœur du droit politique de l'État, son noyau résiduel et cancéreux, est théocratique. La doctrine des *deux corps du roi* met en avant un système théologico-politique qui enracine le sacré de la politique dans la mystique du corps sacré du souverain.

À cette interprétation, qui a reçu un vif succès pour autant qu'elle mettait en œuvre les démarches de l'anthropologie historique, on peut opposer des interrogations qui ne sont pas levées par Kantorowicz. La théocratie du royaume s'apparente-t-elle véritablement à la théocratie de l'Empire ? Les monarques anglais et français, anglicans, gallicans, si soucieux qu'ils se soient montrés de leur indépendance temporelle vis-à-vis de l'autorité spirituelle de la papauté, ne se sont en effet jamais élevés à cette altitude ni fourvoyés à cette déraison qui ont porté un Frédéric II de Hohenstaufen à la théorie du César-Christ. Tout au contraire, comme l'a étudié Marc Bloch, la doctrine des *rois thaumaturges*, qui fait du sacre une pièce essentielle pour attester la fonction ministérielle de la royauté, place le royaume sous l'inspiration de la monarchie davidique et incline le chef des rois oints du Seigneur sous l'autorité transcendante de Dieu. Jamais, si exaltés qu'ils fussent, les monarques anglais ou français n'ont voulu accomplir la rédemption à la place du pontife. La seconde interrogation en forme d'objection est que, à l'encontre de la politique impériale de réception du droit romain, les monarques anglais et français ont mené avec une belle obstination une politique de relégation du droit romain. Enfin, on peut ici ou là observer que les doctrinaires invoqués par Kantorowicz ne se situent pas toujours dans le camp dans lequel il les range. Ainsi, Jean de Salisbury, dont il fait l'un des premiers doctrinaires de la théorie des *deux corps du roi*, n'est nullement un légiste au service de la monarchie, lui qui, secrétaire de Thomas Becket, n'a dû son salut qu'à mettre la Manche entre lui et le roi d'Angleterre. En revanche, Jean de Paris s'est mis au service de son monarque, Philippe le Bel...

Ou encore reprendre la remarque de Ralph Giesey qui a souligné que la doctrine des *deux corps du roi* ne fut jamais reçue par les légistes royaux. Mais là n'est pas l'essentiel. Si l'État républicain moderne naît sous l'Ancien Régime et au cœur des monarchies, il est certain qu'il coexiste avec des restes impériaux qui perdurent jusque — je l'ai subrepticement indiqué — dans la doctrine de la souveraineté. C'est plutôt l'ensemble du droit politique républicain moderne à travers les trois aspects de la doctrine que je viens d'évoquer qui s'oppose très largement à la doctrine kantorowiczienne : la doctrine de l'État moderne ne provient pas du Saint-Empire romain germanique. La politique des monarchies républicaines, où se mettent en place les éléments d'un droit politique nouveau et les institutions de l'État moderne, correspond davantage à une politique anti-impériale où le règlement des litiges requiert l'appui des textes, où la contestation réclame la confrontation des vérités, où le besoin administratif conduit le pouvoir à se régler sur le savoir et sur la loi. Il y a eu ainsi une politique de collation et de réformation des codes, dans la mesure où il y a eu une volonté pour constituer un corps de droit unifié indépendant du droit romain, opposé à l'Empire au service d'un État central garant de la paix du royaume et de certaines libertés fondamentales du sujet, tel le droit à la sûreté. Il ne faut pas être simpliste : l'équation pourrait évidemment se lire dans l'autre sens, surtout si on en change les signes. Il y a sans doute un avènement, mais aussi une entropie de la république dans le développement de la monarchie. Le projet de droit politique moderne connaît au cours de l'Âge classique une sorte de décadence croissante qui se traduira par un tarissement progressif de la politique juridique de la monarchie, par un démantèlement de l'unité du droit — et partant, comme je l'ai étudié dans *Les Historiens et la monarchie* (1988), par une entropie de la conscience historique de l'Âge classique. Autrement dit, l'idée républicaine perce et se perd sous la monarchie.

Ainsi, à la fin du XVIIIe siècle, la république est bel et bien à l'ordre du jour, elle est d'actualité. Cela dit, la France ne viendra pas *spontanément* à la république et elle ne s'y maintiendra pas *fatalement*. Ce que voulaient les constituants de 1789, y compris la gauche déjà — Robespierre, Lameth, Duport —, c'était une révolution, c'est-à-dire le retour, par la convocation des états généraux, de la monarchie à son contrat originaire avec le peuple. Ils souhaitaient faire de la monarchie l'agent de la volonté générale et du peuple contre les ordres privilégiés, conformément au vœu de Jean Bodin. L'alliance que Mirabeau tentera, sans succès, de faire conclure à Louis XVI ne s'est pas opérée. On peut imaginer — si Louis XVI n'avait pas été Louis XVI, si Marie-Antoinette n'avait pas été Marie-Antoinette — une autre issue conduisant à une monarchie constitutionnelle. Le mouvement de libéralisation est général en Europe : la défaite anglaise devant les colonies américaines a empêché outre-Manche la dérive absolutiste d'un George II et a permis la consolidation du régime parlementaire... En France, la libéralisation ouvre la voie à un affrontement violent, radical, des révolutionnaires avec la monarchie. L'issue fatale de la guerre européenne des monarchies contre la jeune République a été la montée en puissance de l'armée, puisque, à côté de Bonaparte, Bernadotte, Moreau, Jourdan jouent et auraient pu jouer un rôle politique plus grand encore, même si aucun d'eux n'aurait pu rivaliser avec la vision gibeline, grandiose et catastrophique qui a conduit Napoléon de Moscou à Waterloo. Une dictature politico-militaire succède donc à la République sans éradiquer le sentiment républicain : celui-ci reste puissant sous sa forme de l'Ancien Régime, car si la majorité des Français ne veut ni le retour des privilèges ni celui d'une Église consacrée obligeant les consciences, personne n'est capable ou ne veut empêcher la personnalisation, la dérive autoritaire d'un pouvoir, qui est venu de la République elle-même. Soulignons-le : il n'y a pas eu d'opposition républicaine à l'Empire, et tout au long du XIXe siècle il n'y en aura pas. Il n'est que de voir chez un écrivain comme Stendhal l'union indissoluble du sentiment républicain et de la fidélité bonapartiste. Nous touchons là, avec le principe de la souveraineté commune à la république et à l'empire, à un principe ambivalent qui a fait la grandeur de l'idée républicaine, mais qui a peut-être été en même temps l'obstacle à sa démocratisation.

La seconde leçon concerne le présent. Il faut souligner que les trois grands pans du droit politique républicain élaborés par l'Ancien Régime, le droit de l'État, les droits de l'homme et le droit des peuples, sont hétérogènes, irréductibles et différents. Différents généalogiquement. Si je ne craignais pas les simplifications exagérées, je dirais que les fondements philosophiques du droit des États souverains datent du XVIe siècle, ceux des droits de l'homme du XVIIe, ceux du droit des citoyens du XVIIIe, ceux du droit des peuples du XIXe, et si j'exagérais davantage encore mon propos, j'ajouterais que le droit des États est français, que les droits de l'homme sont anglais, et enfin que le droit des peuples est allemand. Ce n'est donc pas un hasard si le XXe siècle les a opposés. Ce n'est pas par inadvertance que les différents éléments du droit politique républicain sont entrés en conflit. Le droit de l'État souverain, les droits de l'homme, les droits civils et le droit des peuples ont empiriquement plus que rationnellement coexisté ; ils procèdent de philosophies différentes et leur ajustement ne peut s'opérer sans remaniements. On pourrait interpréter la crise républicaine chronique, la fragilité de la république, son caractère incertain, par les contradictions internes à son droit politique. On pourrait aussi proposer aux républicains le projet de résoudre ces contradictions.

Concluons par une remarque anecdotique : il est de bon ton aujourd'hui d'opposer la république à la démocratie. Adversaires de toujours du régime républicain ou ennemis récents mais forcenés de la démocratie communient des bords opposés du spectre politique sur cette même réflexion et sur cette même conviction : la république et la démocratie n'ont rien de commun — et de souligner, pour la haïr ou pour l'applaudir, l'exception française. En vérité, il s'agit là, théoriquement, d'un faux antagonisme. L'idée républicaine n'est nullement opposée à l'idée démocratique car le contenu des deux idées porte, nous l'avons vu avec Aristote, sur des objets sensiblement différents. La république désigne l'objet de la vie en commun : la société politique de l'intérêt général ; la démocratie définit le type de gouvernement : le gouvernement par le grand nombre. Mais cette facilité à opposer la république et la démocratie n'est pas insignifiante sur le plan historique. Les épistémologues (Bachelard) ont souligné que les idées qui nous paraissent simples, évidentes par elles-mêmes, les vérités premières, sont toujours le résultat de l'habitude et de la tradition. C'est parce que la république a été longtemps monarchique et aristocratique qu'il est aujourd'hui si facile, si naturel, de l'opposer à la démocratie. Ne pouvait-elle donc souffrir un gouvernement démocratique ? C'est tout l'opposé, et déjà sous l'Ancien Régime, philosophes et penseurs se sont appliqués à montrer que seul le gouvernement démocratique, le gouvernement du grand nombre, pouvait véritablement instituer la République. C'est là le constat d'un Rousseau et des constituants comme Jean-Paul Rabaut Saint-Étienne qui ont fait voter en août 1789 la Déclaration des droits de l'homme et du citoyen. Pour passer de la république monarchique ou aristocratique à la république démocratique, il fallait — et ce fut le mérite de Jean-Jacques Rousseau — remettre la souveraineté du roi au peuple, ou encore — et ce fut, avant Montesquieu qui en fait davantage un équilibre des classes et un système de gouvernement modéré, la qualité des penseurs républicains anglais — il fallait substituer le principe de la séparation des pouvoirs au principe de la souveraineté de l'État. Mais si la république n'a pas pu accomplir jusqu'au bout une véritable séparation des pouvoirs, qui n'existe pas en France, rappelons que c'est son mérite de l'avoir proclamée, puisque la Déclaration des droits de l'homme dit expressément, dans son article 16, qu'une société qui ne connaît point la séparation des pouvoirs n'a pas de constitution. La Révolution a eu besoin de temps pour que soit instauré le suffrage universel, principe ultime de la démocratie, et c'est encore à la république qu'on le doit.

La tradition républicaine a donc porté, mais elle n'a pas achevé, le mouvement de la démocratisation. Elle l'a porté : dans le sillage de l'idée républicaine se développe tout un courant critique de la hiérarchie sociale et de l'injustice de la société d'ordre d'Ancien Régime. Critique du sentiment aristocratique qui puise souvent son fondement dans l'idée chrétienne de l'égale dignité entre les hommes. Depuis Pascal qui ridiculise les grandeurs d'établissement jusqu'à Beaumarchais qui dénonce les habitudes révoltantes de la féodalité, écrivains et penseurs s'efforcent à dégager un autre ordre social et mènent un combat pour d'autres valeurs... les valeurs précisément de la liberté et de l'égalité. En Angleterre, les puritains organisent dans chaque famille — pour les hommes comme pour les femmes — la lecture quotidienne de la Bible qui alphabétise les classes moyennes, développent l'hygiène et inventent le costume moderne, le fameux complet sombre que les hommes portent encore aujourd'hui au lieu des falbalas et des dentelles —*par qui nous voyons ces Messieurs les galants marcher écarquillés ainsi que des volants*, comme les en raillait Molière — et les puritains décrètent que la vie familiale rangée des familles bourgeoises vaut mieux que les mœurs dissolues des grands. En France, la recherche d'une autre civilité, fondée sur le respect des autres et l'égalité, débouche sur la redécouverte et la fascination — voyez Rousseau, Montesquieu, David et le succès de Gibbon — pour les républiques antiques et le beau titre de citoyen que la République contemporaine mettra en exergue. On ne veut plus être des sujets, on veut être des citoyens. Mais ce mouvement de démocratisation inauguré par l'idée républicaine n'est pas terminé et c'est pourquoi, comme l'a dit très justement Maurice Agulhon, l'adhésion aux grandes valeurs républicaines n'entraîne pas nécessairement de fétichiser tous les épisodes historiques de la tradition républicaine. Conçu sous l'Ancien Régime, le droit politique républicain est un début et non une fin. Il retrouve la grande idée républicaine antique puis l'infléchit et l'élargit. Son long parcours sous les monarchies l'a chargé de sédiments troubles et de souvenirs abusifs, l'a marqué au coin de la contradiction. À la fin du XVIIIe siècle, la Révolution a séparé la république et la monarchie. À la fin du XXe siècle, le naufrage du communisme a dissocié la république de la révolution. Reste à l'associer à la démocratie et à la débarrasser de ses habitudes d'Ancien Régime. Pouvoir, c'est aussi se ressouvenir.

Frances A. Yates et l'histoire politique européenne

Il y a une énigme de la Renaissance européenne que symbolise notre relation ambivalente avec le plus grand des dramaturges. Nous ne disputons pas notre admiration à Shakespeare, mais nous nous l'expliquons mal. Pourquoi sommes-nous si profondément touchés par les fées, les sorciers, la mélancolie, les songes des nuits d'été, alors même que nous doutons de leur réalité ? Est-ce que l'épistémé classique avec la *mathesis* et la *genèse* comme représentation et analyse de l'ordre n'aurait pas définitivement défait les similitudes de la prose du monde, convenance, émulation, analogie, sympathie si bien décrites naguère par Michel Foucault ? Pourquoi demeurons-nous liés à ce théâtre inutilement flamboyant si nous l'avons dépassé ? En vérité, qu'est-ce qui nous reste de la Renaissance dans sa partie occulte, enténébrée, qui nous parle à la fois trop et trop peu ?

Il s'est trouvé un chercheur pour se poser la question et éclairer, par sa réponse, quelques aspects fondamentaux de l'histoire culturelle européenne.

L'érudite anglaise Frances Amelia Yates, spécialiste de l'histoire culturelle de la Renaissance européenne, est morte, âgée de quatre-vingt-deux ans, en 1981. Il serait injuste de prétendre qu'elle fut totalement méconnue. La lectrice en histoire de la Renaissance à l'Institut Warburg de l'université de Londres a été sur le tard, comme sa consœur Agatha Christie pour un autre genre de travaux d'aiguilles, anoblie par la reine. Cinq de ses ouvrages ont été traduits en français[1], ce qui ne serait pas si

1. *L'Art de la mémoire*, Paris, 1975 ; *La Lumière des Rose-Croix*, Paris, 1985 ; *La Philosophie occulte à l'époque élisabéthaine*, Paris, 1987 ; *Giordano Bruno et*

mal si l'on n'observait aussitôt que trois d'entre eux furent publiés ici dans des collections d'occultisme, la série X de la littérature scientifique. Son œuvre importante, parue tout au long d'un demi-siècle, de 1934 à 1984, a mis longtemps à diffuser, à exercer une influence, à convaincre. De toutes les étoiles qui ont travaillé à l'Institut Warburg, d'Aby Warburg à Erwin Panofsky en passant par Fritz Saxl, Miss Yates ne fut pas, loin s'en faut, la plus renommée. Une malédiction pèserait-elle sur l'histoire culturelle européenne ? Arnaldo Momigliano, Ernst Cassirer, Alexandre Koyré ont été aussi longtemps des auteurs pour *happy few* et ils n'ont que très lentement et, pour certains, de façon posthume su rencontrer un public ou seulement trouver la reconnaissance de la communauté savante. Les gens de goût leur préfèrent Krysztof Pomian. Le délai étiré de la réception de l'œuvre de Frances Yates tient-il à ce qu'elle était une femme, ou à la difficulté de maîtriser la matière immense et difficile de l'histoire culturelle de la Renaissance ? Ou encore l'indifférence laquée de résistance à ses travaux ne proviendrait-elle pas des changements considérables qu'elle a entraînés dans l'« état des questions » du double domaine de l'histoire des sciences et de l'histoire politique européenne, du jour où elle a pénétré la cité interdite, le *no man and no woman's land*, le domaine, ô combien réservé ! de la *philosophie occulte*. Eh oui, la très distinguée, la très prudente et la très comme-il-faut Miss Frances Amelia a commis la transgression majeure de peindre sur le motif, et à nu, un sujet qu'on croyait définitivement exorcisé de la recherche universitaire.

Ou bien, ou bien... Ou bien le sérieux de la connaissance, ou bien le sabbat de la sorcière. Ou bien le goût de la magie. l'énigme de Rennes-le-Château, le lourd secret du Golgotha, la malédiction des Templiers, les prédictions de Michel de Nostre-Dame, ou bien le zèle de l'esprit scientifique, l'exercice du laboratoire, les calculs circonspects de la méthode expérimentale, la mise à jour scrupuleuse des rapports nécessaires. Ou bien la chimie, ou bien l'alchimie. Ou bien la mécanique, ou bien la magie. Ou bien la science, ou bien le grand-œuvre. Nous avons tous été sommés de choisir et nous, jeune admiratrice de Bachelard, rationaliste, nous sommes efforcée de devenir... Umberto Eco vient de récapituler, avec l'extraordinaire talent qui est le sien,

---

la tradition hermétique, Paris, 1988 ; *Astrée,* Paris, 1989. Une bibliographie des œuvres complètes de Frances A. Yates se trouve rassemblée au volume III des *Collected Essays,* London, 1984.

la quête éperdue des vertus de l'arbre séphirotique *(Le Pendule de Foucault)* pour montrer, dans un grand rire voltairien qui avait jusque-là manqué à la société italienne, que la manie de la magie n'était qu'un retour obsessionnel vers le passé décomposé, le goût amer des Amériques manquées, que l'essence du mystère se réduisait à beaucoup de bruit pour rien, et que la quête du Graal se terminait sur l'acquisition de verroterie pilée à la place d'un diamant qui n'avait jamais existé ailleurs que dans le regret éperdu et niais de notre cœur d'enfant.

Pourtant, ici, le généreux italien, l'humaniste libre-penseur, le génie lui aussi fasciné par les restes de la culture officielle et les débris intellectuels de l'histoire européenne, aura été, une fois n'est pas coutume, moins profond et moins subtil que cette Miss Marple de la culture européenne, la très anglaise et très célibataire Frances Amelia Yates. Car, certainement, la philosophie occulte n'est pas tout, expliqua Miss Yates. Mais elle n'est pas rien non plus. Elle est quelque chose qui demande à être compris, puisque la science et la politique moderne en proviennent.

Alice au pays de l'occultisme n'est pas non plus demeurée de l'autre côté du miroir, et la volonté de comprendre l'hermétisme ne l'a pas transformée en fée ou en magicienne comme certains anthropologues se croient devenir chamans. À l'égard de la psychopathologie de la vie scientifique, Miss Yates a plutôt fait triompher le principe qui fut celui de Freud lorsqu'il voulut rendre compte des lapsus, des actes manqués, des restes diurnes du rêve, de toute cette masse de phénomènes que ses collègues médecins considéraient comme inutiles, insignifiants ou désiroires. Non plus, *aut... aut*, ou bien... ou bien, mais *et... et*, et... et, ou encore, *wenn schon... denn schon*, si cela est ainsi et bien voilà comment cela est et ce qui s'ensuit.

Frances A. Yates s'est donc proposé d'étudier cet objet étrange : la philosophie occulte européenne à l'époque de la Renaissance. Elle s'y est consacrée sincèrement, tenacement, avec cette obstination qui est un trait proprement féminin, mais aussi avec cette résignation au deuil du narcissisme de l'intellection immédiate, avec cette acceptation de la reconnaissance douloureuse du je sais que je ne sais pas, et de l'installation sans réticence dans une situation masochiste préalable et inévitable qui sont, selon Freud, les marques irrécusables des grands savants. Qu'est-ce qui a donné à cette femme la volonté de comprendre l'incompréhensible et la soif de voir l'invisible ? La singularité des pérégrinations familiales engagées par son père, architecte naval ? Le fait qu'elle ne connut ni des études ni une carrière exactement académiques, elle qui fut nommée tardivement lectrice à l'Institut Warburg, comparable à notre 4e section des Hautes Études, et plus tard professeur à l'université de Londres avant d'être surchargée de distinctions ? Ou encore le goût britannique de la *mystery's story* ? Ou peut-être le décentrement de son île à l'égard du continent européen ? Laissons à ses futurs biographes le soin de répondre à la question et contentons-nous d'observer comment elle a procédé.

Frances Yates en a fait l'aveu, elle s'est avancée à l'aventure plutôt qu'à l'aveuglette, elle a cheminé pas à pas :

> Toutes mes études semblent avoir été liées entre elles ; chaque effort m'a inévitablement menée à l'effort suivant. Je suppose que l'histoire commence lorsque je suis entrée pour la première fois à l'ambassade française de Londres, à l'époque d'Elizabeth Ire, et que j'ai rencontré *John Florio, un Italien dans l'Angleterre shakespearienne*[1] et l'ami de Florio, Giordano Bruno. C'est là que s'est esquissé le problème de savoir quelle était la véritable nature de la mission de Bruno et de comprendre pourquoi il résidait à l'ambassade de France[2]...

Lentement, Miss Yates allait dénouer ce nœud où s'entrelaçaient dans la personne de Giordano Bruno, à la fois héraut de la tradition hermétiste, précurseur de la science moderne et ambassadeur secret du roi de France Henri III auprès de la reine d'Angleterre, les liens inextricablement serrés de la révolution culturelle de la Renaissance et de la grande politique européenne. De Shakespeare à Shakespeare, le parcours britannissime de Frances Amelia ne l'a pas condamnée à faire du surplace mais à rouvrir des portes cadenassées du passé européen. Après un essai prématuré pour comprendre certaines allusions de la pièce de Shakespeare, *Peine d'amours perdues*[3], elle rencontrait les académies françaises du XVIe siècle et *L'Art de la mémoire*[4]. C'est dans ces académies, à l'occasion des fêtes et festivals qu'elles ordonnaient, que se déployait toute une thématique hermétique et néo-platonicienne que Frances Yates suit encore à la trace dans

1. Frances A. Yates, *John Florio, the Life of an Italian in Shakespeare's England*, Cambridge, 1934.

2. Frances A. Yates, *Shakespare's Last Plays; a New Approach*, Londres, 1975, p. 3 et 4.

3. Frances A. Yates, *A Study of Love's Labour's Lost*, Cambridge, 1936.

4. Frances A. Yates, *The French Academies of the Sixteenth Century*, Londres et Chicago, 1947 ; *The Art of Memory*, Londres et Chicago, 1966.

Astrée[1], l'étude de la mythologie impériale élisabéthaine. Elle approfondit sa connaissance frontale de l'hermétisme dans l'œuvre qu'elle consacre à *Giordano Bruno et la tradition hermétique*[2]. Ouvrage puissant, fondamental mais empli de dédales et où notre Ariane demeure prisonnière du Minotaure invaincu qu'est son étrange objet. La solution, plutôt que les énoncés diversifiés de la solution qu'elle recherchait, se livreront à elle dans ses derniers ouvrages : *La Lumière des Rose-Croix*[3] (elle a soixante-treize ans !) et *La Philosophie occulte à l'époque élisabéthaine*[4] (elle a quatre-vingts ans !). L'élucidation si longtemps espérée de la nature de la philosophie occulte s'impose à travers une histoire politique de l'Europe centrale qui a emprunté ses méthodes à l'anthropologie historique, mais selon des raisonnements sensiblement éloignés de ceux de Panofsky, comme en témoigne par exemple son interprétation très originale de la *Mélancolie* de Dürer.

Commençons par l'histoire des sciences. Entendons-nous bien, Frances Yates était et demeura une historienne rationaliste, sincèrement convaincue de l'existence d'une rupture inévitable entre les sciences physiques modernes et la philosophie naturelle de la Renaissance. Elle faisait siennes les observations de Pierre Duhem et de Robert Lenoble. Elle admettait sans discussion que, comme Alexandre Koyré nous l'a si bien montré, la physique moderne avait, en congédiant les présupposés aristotéliciens d'un cosmos fini, hiérarchique, géocentré, caractérisé par la suprématie ontologique du repos sur le mouvement, ouvert une ère épistémologique nouvelle. Elle n'a nullement discuté la portée phénoménale des analyses conduites par les historiens des sciences, elle a simplement et pertinemment remarqué que le *comment* si bien décrit ne rendait pas compte de la totalité de l'avènement de la physique moderne :

> L'histoire des sciences peut expliquer et suivre les étapes conduisant à l'émergence de la science moderne au XVIIe siècle, mais elle ne peut expliquer *pourquoi* elle survient à cette époque

1. Frances A. Yates, *Astree, the Imperial Theme in the Sixteenth Century*, Londres, 1975.
2. Frances A. Yates, *Giordano Bruno and the Hermetic Tradition*, Londres et Chicago, 1964.
3. Frances A. Yates, *The Roseicrucian Enlightenment*, Londres et Boston, 1972.
4. Frances A. Yates, *The Occult Philosophy in the Elisabethan Age*, Londres, 1979.

> et pourquoi la nature de son fonctionnement bénéficiait alors d'un intérêt tout nouveau et prononcé... À ses débuts, la révolution scientifique est bien plus le résultat d'un changement systématique dans l'optique intellectuelle que d'un accroissement d'équipement technique. Le pourquoi d'une telle révolution dans les méthodes de pensée reste obscur[1].

Frances Yates eut l'intuition que le développement des sciences modernes dépendait d'une nouvelle éthique de la connaissance, d'un nouveau rapport de l'individu et du cosmos, de l'irruption d'une volonté de savoir et d'un désir de connaître le monde dont il fallait chercher à situer le cadre et à révéler le contexte. Cela impliquait de revenir en deçà de la science elle-même, avant la coupure épistémologique qu'elle avait pratiquée, à la pensée magique de la Renaissance. Dans cette perspective, son immense mérite est d'avoir distingué à l'intérieur de ce qu'on appelle le néo-platonisme, et qu'on s'accorde généralement à trouver au principe du nouvel esprit scientifique de la Renaissance, deux disciplines qui l'ont alimenté : l'hermétisme et le cabalisme.

Une partie de la philosophie de la Renaissance repose sur la révélation d'Hermès Trismégiste dans lequel elle crut voir un personnage véritable, un prêtre égyptien de la plus haute Antiquité, rédacteur notamment du *Corpus hermeticum* et de l'*Asclepius*. Les Pères de l'Église, Lactance au IIIe siècle, Augustin au IVe siècle, avaient souscrit sans réserve à la légende. Marsile Ficin, en traduisant la première partie du *Corpus hermeticum*, qu'il intitula *Le Pimandre*, ouvrit en 1464 le règne de l'hermétisme de la Renaissance auquel allaient s'adonner nombre de mages, au premier rang desquels Giordano Bruno. Hermès Trismégiste était censé avoir délivré une *prisca sapientia* et une *prisca theologia*, une science et une théologie anciennes relevant de la plus haute Antiquité et de laquelle étaient issus la philosophie grecque, la pensée juive et le christianisme. En 1614, l'érudit protestant Isaac Casaubon, engagé dans la controverse avec les *Annales* de Baronius, mit en évidence, sur la base d'un examen philologique minutieux, que les écrits d'Hermès Trismégiste, qui contenaient des allusions au *Timée*, à la Genèse et à l'Évangile de saint Jean, ne pouvaient nullement être antérieurs aux textes cités. Si un personnage du nom d'Hermès

1. *Giordano Bruno...*, *op. cit.*, p. 520.

Trismégiste avait existé, il ne remontait pas à la haute Antiquité mais à l'Antiquité tardive. Les écrits attribués à Hermès Trismégiste étaient des faux fabriqués entre le Ier et le IIIe siècle. Casaubon est à la science occulte ce que Laurent Valla est à la science religieuse : un philologue dont Nietzsche a dit qu'avec le médecin il constituait l'une des expressions de la santé de l'esprit, et c'est sans doute la raison pour laquelle Umberto Eco a donné le nom de Casaubon à celui de ses héros qui va jusqu'au bout de la démystification de la magie. Casaubon appartient de plein droit à ce courant de l'humanisme moderne qui accorde une même valeur à la rhétorique, aux lettres, au modèle de la *romanitas* tout en se méfiant de la tradition, surtout lorsqu'elle est religieuse et initiatique. L'érudit protestant est déjà du parti des Modernes contre celui des Anciens.

Si l'hermétisme se révéla un beau jour fondé sur un corpus de textes qui constituaient autant de faux, quelle valeur pouvait-il bien avoir telle que la démonstration de Casaubon ne mît pas fin à sa puissance d'irradiation ? C'est en résolvant cette question qu'éclate sans doute le génie de Frances Yates. L'apport de l'hermétisme est, explique-t-elle, d'abord mythologique : l'égyptianisme avec ses sphinx et ses hiéroglyphes, ses initiations et ses mystères, alimente d'images, d'énigmes, d'ésotérisme, la culture occidentale moderne, des *Emblèmes* d'Alciat à *La Flûte enchantée* de Mozart. Mais son intérêt principal est avant tout épistémologique : il se trouve dans le réflexe qui saisit la conscience de la Renaissance pressée de trouver ailleurs que dans la physique aristotélicienne une science de la nature. Ailleurs, c'est-à-dire dans d'autres modèles d'interprétation de la nature tels que la théorie atomistique de Démocrite et de Lucrèce ou la statique d'Archimède. Incapable de poursuivre plus avant la science grecque, le monde de l'Antiquité tardive s'était tourné vers le culte du cosmos et ses magies occultistes. Dans cette fuite de la raison vers l'occulte (selon l'expression de Festugière) s'étaient trouvées emportées et roulées comme des galets toute une série de représentations récessives de la nature : l'héliocentrisme, la mathématisation de l'univers, l'idée d'infini. À partir du moment où les philosophes de la Renaissance voulurent renouveler le rapport de l'homme au monde tel qu'il avait été pensé par la scolastique, leur réflexe fut de revenir en deçà du mauvais embranchement, aux restes et aux marges du monde antique. C'est pourquoi, en faisant disparaître la réalité du personnage d'Hermès Trismégiste, Isaac Casaubon ne détruisit pas du même coup l'idée rectrice de connaître les secrets de la nature pour la domestiquer, et il n'invalida par les idées communes de l'hermétisme et de la cabale. Qu'y avait-il donc de si puissant et de si fondamental pour la science moderne dans la cabale ? Les éléments clés de la réponse sont rassemblés par Frances Yates sous forme d'une cartographie des œuvres et d'une nomenclature des identités, un *who's who*. Comprendre la philosophie occulte *via* le néo-platonisme, c'est d'abord identifier ses artisans, ses animateurs, retrouver ses pasteurs oubliés dans l'explosion de la cabale juive en Espagne avant l'expulsion de 1492, et dans le développement de la cabale chrétienne : le précurseur que fut Raymond Lulle en Espagne, l'initiateur italien Pic de la Mirandole, l'Allemand Johannes Reuchlin, le Vénitien Francesco Giorgi, le mage Heinrich Cornelius Agrippa de Nettesheim, autre Allemand, Dürer le grand dessinateur de la *Melancholia*, et les Anglais John Dee, Spenser, Milton, Shakespeare. C'est découvrir ensuite que le néo-platonisme et le cabalisme ne font qu'un. Ernst Cassirer l'avait soupçonné *(Individu et cosmos)*, Miss Yates le démontre, qui propose de désigner cette philosophie en mouvement sous le nom d'hermétique-cabalistique. Celle-ci a préparé la science moderne en transformant radicalement la conception de l'homme et la conception de Dieu. Elle a bouleversé le rapport de l'homme au monde en exaltant l'œuvre derrière le grand-œuvre, en justifiant l'action de l'homme sur la nature, en imaginant ce que Kant appellera ultérieurement la révolution copernicienne. Dans les restes ésotériques de la *prisca sapientia*, la philosophie occulte retrouvait l'héliocentrisme et le pythagorisme, l'idée que le soleil était au centre de notre monde, lequel était écrit en langage mathématique. La diffusion de la cabale chrétienne a ruiné les bases de l'aristotélisme en substituant à sa conception d'un Dieu, premier principe et premier moteur d'un monde résolument fini et au repos, la vision d'un Dieu infini dont l'univers émane par *complicatio* et *explicatio*, retrait et déploiement. Elle a imposé l'idée d'un Dieu infini et néant, d'un Dieu caché dans les profondeurs de son néant. Pour rendre compte de la création *ex nihilo*, les cabalistes ne définissent pas le néant d'où chaque chose a jailli par une simple négation, ils imaginent ce néant comme un retrait de Dieu qui n'est incompréhensible que pour nous. Toutes les puissances divines forment une succession de plans et sont comme un arbre, lit-on dans *Le Bahir*. Ces dix séphiroths constituent l'expression de la puissance divine des lois cosmiques de l'univers, qui sont les clés pour une topologie mystique du Royaume. L'infini n'est pas seulement la cause cachée des arcanes de la création, il est la sève de l'arbre et la régulation de l'univers. Le monde du Dieu créateur trouve sa réalisation dans l'homme, dont l'intellect est adéquat à l'ordre du monde qu'il peut maîtriser. Frances Yates observe alors que la diffusion de la cabale juive dans le cabalisme chrétien s'accompagnait de la rentrée des Juifs dans le siècle, dont le retour des Juifs en Angleterre et sa préparation par Menasseh Ben Israel, accomplie avec l'aide des puritains durant le gouvernement d'Oliver Cromwell, était le signe tangible. À ce point, nous touchons aux liens de l'histoire culturelle avec l'histoire politique dont la grande érudite n'a pas moins renouvelé les interprétations.

Finissons donc par l'histoire politique. Rien peut-être de plus troublé que l'époque de la Renaissance, de plus incertain, de plus délicat. En suivant le mouvement de navette de plusieurs fils, la mission continentale de John Dee (1583-1589), le grand penseur de la Renaissance élisabéthaine envoyé par sa souveraine à Prague auprès de Rodolphe II, la mission anglaise de Giordano Bruno adressée à Élisabeth par Henri III, Frances Yates a fini par retrouver la trame d'une grande politique européenne dessinée par l'existence d'une sorte de parti des modérés, un équivalent européen du parti français des politiques. À l'opposé des extrémismes, du parti impérial, il tâche de faire prévaloir une mythologie politique renouvelée, celle d'Astrée symbolisant la reine Élisabeth, ou celle de la tapisserie des Valois. Ce grand parti, dont les chefs de file sont, sur le plan intellectuel précisément, les penseurs hermétistes cabalistes, sera indiscutablement vaincu après la défaite de l'électeur palatin, Frédéric de Bohême, à la bataille de la Montagne Blanche. Mais il aura eu le temps d'enraciner un mouvement culturel dont l'expression la plus célèbre est la Rose-Croix, laquelle se trouve à l'origine de la fondation de la Royal Society et, plus lointainement, de la franc-maçonnerie.

L'énigme du théâtre shakespearien se confond alors avec le mystère de la Renaissance européenne : les fées, les songes, la mélancolie sont autant de traces laissées par la philosophie occulte dont le dramaturge élisabéthain fut, selon Frances Yates, une étincelante expression. La sombre humeur d'Hamlet, qui nous tourmente autant qu'elle nous fascine, n'est pas l'humeur d'une nuit satanique, mais la mélancolie d'un prophète dans un monde si éloigné de la loi que l'harmonie universelle y est devenue inaudible ou brisée, comme de mélodieuses cloches qui rendraient des sons fêlés. Elle est l'humeur mélancolique qu'a représentée Dürer, elle est l'humeur du cabaliste. Le secret de la *Mélancolie* est le secret de la cabale. La tragédie du *Roi Lear* illustre à son tour la tragédie du thème impérial de l'époque élisabéthaine chanté par Spenser et nourri par l'œuvre de John Dee, lequel constitue sans doute une figuration vraisemblable du roi abandonné. Plus généralement, Frances Yates interprète les grandes créations de Shakespeare, Hamlet, Lear, Prospero, comme autant de manifestations ultimes de la philosophie occulte de la Renaissance désormais aux prises avec la réaction naissante. Si le moment shakespearien nous hante encore et toujours, c'est parce qu'il s'identifie à cette étape à laquelle l'Europe ne voulut jamais tout à fait se résigner et s'abandonner, et qui est celle où la Renaissance recula devant la réaction de la chasse aux sorcières. « La mélancolie d'Hamlet est hantée par ces dangers. Lear est submergé par eux. Seul Prospero trouve une solution partielle. »

Qu'est-ce que la Renaissance européenne ? Le retour sans doute à la sagesse gréco-latine, mais aussi, avec la philosophie occulte, la redécouverte de la culture alexandrine, la réconciliation, à travers la cabale, de la sagesse juive et de la morale chrétienne. Le dernier legs de Frances Yates à l'histoire culturelle est un élargissement de l'interprétation de la modernité.

À quoi bon, dira-t-on, toutes ces pérégrinations dans les sentiers tortueux et enténébrés de l'histoire des idées et ici, pis que tout, l'histoire des idées occultes au moment même où l'histoire des pratiques de la culture et des mentalités envahit, selon le principe que ce sont les masses qui font l'histoire, les colloques et les institutions... Frances Yates n'a-t-elle pas mérité sa longue invisibilité et fallait-il véritablement qu'elle sortît de l'obscurité du demi-jour ? À cette objection, il y a sa réponse :

> Si je dis peut-être les ténèbres me recouvriront-elles : que ma nuit soit alors transformée en jour.
>
> En vérité, les ténèbres ne sont pas ténèbres avec toi, mais la nuit est aussi claire que le jour : ténèbres et lumières sont presques semblables[1].

1. *La Philosophie occulte...*, *op. cit.*, p. 264.

Prague, le corps glorieux de la culture européenne

L'Europe occidentale, « l'Ouest absolu du monde » (Hegel), oublie volontiers sa dette à l'égard de sa partie orientale, qu'elle traite en cadette ensauvagée et fantasque. Pourtant, elle lui doit peut-être, avec la révolution copernicienne et l'idée de république universelle, son emblème et son blason, les plus hautes marques de ses idéalités logiques et politiques. *Révolution copernicienne*, ce mot qui apparaît dans les premières pages de la préface de la *Critique de la raison pure* sous la plume du plus grand des philosophes européens, le prussien Kant qui résidait dans l'ancienne Koenigsberg, laquelle n'appartient plus aujourd'hui ni à l'Europe de l'Est ni à l'Allemagne, mais aux marges de la Russie, pour qualifier la plus importante révolution de la pensée effectuée depuis l'apparition de la mathématique grecque, nous rappelle, en nous invitant à la modestie, ce que la mécanique de Galilée, de Descartes et de Newton doit d'abord à un Polonais, Nicolas Copernic. L'Est n'est pas cette terre de barbarie que d'aucuns imaginent, mais le pays peuplé d'églises et de couvents voisin de la Prusse et de l'espace des chevauchées teutoniques où est né, a grandi, un très classique chanoine. Par la méditation kantienne nous sont revenues, comme un boomerang, de la culture de ces rivages éloignés de la Baltique, les idées les plus fondamentales de ce que nous nommons orgueilleusement la culture européenne, et qui s'appellent la théorie héliocentriste, la philosophie critique, l'idée de république. Autrement dit, le cœur de notre cœur, le socle de notre culture vient de l'élan de respiration décentrée que nous a fournie la marche du pays européen. Poursuivons : Roman Jakobson, le père de la linguistique structurale qui s'est répandue, à mesure de son exil et de ses pérégrinations à la suite de l'errance des intellectuels de l'Est européen au XXe siècle, de Moscou à Prague, puis de Prague à New York, remarquait dans un célèbre article que Kazan, l'université la plus à l'est du règne européen, où ont été formés Tolstoï et Lénine, est aussi le lieu de naissance de la géométrie non euclidienne avec Lobatchevsky, de la linguistique structurale avec le philosophe polonais Baudouin de Courtenay, descendant des croisés champenois. Qu'elle soit russe, polonaise, hongroise, l'intellectualité est-européenne affirme sa manière singulière, qui est l'orientation vers le décentrement et l'abstraction. Après Lavoisier, la chimie moderne franchit une étape fondamentale avec le *Tableau des éléments* de Mendéleiev. C'est encore en Russie que seront jetées les bases de l'économétrie dans les années vingt, avec Léonid Kantorowicz, Vassili Léontiev, lesquelles fleuriront dans la politique du *new deal* américain. La logique formelle est née à Lvov avec Tarski. Et n'oublions pas l'œuvre géniale du mathématicien hongrois Bolyai. Les mathématiques modernes, la chimie, la linguistique structurale illustrent toutes cette même aptitude à la spéculation pure face aux conditions d'un réel décevant et dont les implications se feront toujours attendre ou s'incarneront à l'Ouest.

Cette puissance quasi infinie de la pensée, peut-on en trouver (il faut toujours le chercher) le récit des origines ? On le rencontrera à Prague, capitale spirituelle de tous les peuples européens de l'Est. Le royaume de Jean de Bohême, le roi-chevalier blessé mortellement à la bataille de Crécy, voit se rejoindre les deux fleuves de la culture européenne. Celui, occidental, de la Renaissance, par l'appartenance de la Bohême au Saint-Empire dès après l'an mil. Celui, oriental, avec l'afflux des Slaves dans la belle capitale. Ces deux fleuves vont se rencontrer dans la personne de Jan Hus, refondateur de toute la nation tchèque sur des bases spirituelles nouvelles. Jean-Baptiste de la Réforme, il annonce, un siècle et demi avant que Luther n'avoue sa dette à son endroit, la véritable fondation du mouvement de la Réforme en reformulant les principes d'une foi évangélique libérée des entraves ecclésiologiques du Moyen Âge. Malgré l'écrasement des hussites, Jan Hus apparaît, à la différence des patarins, des bogomiles, des vaudois, des cathares, de toutes les hérésies médiévales dont l'Église pontificale a eu finalement raison, comme le premier champion de la *devotio moderna*, avec son exigence de vérité qu'il lance au moment où s'embrase son bûcher à la face de ses accusateurs, comme la devise que les Tchèques lègueront au monde moderne : « La vérité vaincra ». Mais en même temps Jan Hus est aussi un Oriental, un Européen de l'Est dont la culture religieuse est demeurée sous l'empreinte de l'Église orthodoxe, qui n'admet pas la supériorité du pape sur le concile, et qui a gardé ce rêve de la démocratie et de l'assemblée primitive qui fait toute sa grandeur en donnant au concile des évêques le poids de l'affirmation du peuple chrétien. On a ainsi, chez Jan Hus, un esprit œcuménique qui manque absolument à l'Occident lorsqu'il tourne définitivement le dos à Constantinople et à une foi livrée au joug ottoman.

C'est encore à Prague qu'explose, après la Réforme, après la Renaissance italienne des arts et des lettres, la Renaissance est-européenne des sciences. Dans la Prague d'or de Rodolphe II, point de mire du monde slave, rêve des Russes, des Ukrainiens, des Polonais, s'affirme le mouvement le plus avancé de la pensée moderne à l'aube du XVIIe siècle. La Prague de Rodolphe II, avec ses machines mécaniques extraordinaires, connaît l'affluence de tous les savoirs, physiques, chimiques, philosophiques, théologiques, et le concours de tous les savants, Johannes Kepler, Tycho Brahé, Michel Maïer, John Dee, Heinrich Cornelius Agrippa, le Rabbi Loew, l'illustre Maharal de Prague. Elle est — le *Corps glorieux* — cet instant de vie, conservé après l'Apocalypse au Paradis reconstitué de la mémoire, de la culture est-européenne et donc de la culture européenne tout entière. Et voilà pourquoi Prague est si belle... Rodolphe II ou le Habsbourg dissident qui s'éloigne asymptotiquement du projet impérial, comme plus tard un Louis II de Bavière fera le trajet inverse pour rejoindre l'Empire par le mythe et par la musique, se tient à distance de son héritage familial pour se vouloir moins le paladin de la foi catholique et impériale dans toute l'Europe, selon le projet de Charles Quint et de son cousin Philippe II qui tournera au splendide et flamboyant désastre, que le hérault d'une politique nouvelle illustrée par sa volonté de soustraire les terres impériales aux guerres de religion qui endeuillent l'Europe et provoqueront, à peine vingt ans après lui, la déflagration définitive de la guerre de Trente Ans. Lui, Rodolphe II, appliquant la Lettre de majesté, donne non seulement aux protestants mais aussi aux utraquistes qui communient des deux mains et représentent la majorité de la chevalerie de Bohême, sa version de l'Édit de tolérance. L'empereur manifeste ainsi à sa manière l'expression en Europe de l'Est de ce qu'a pu être le parti des politiques à l'Ouest, c'est-à-dire la volonté de placer l'État au-dessus des querelles, des factions religieuses et de l'enlever à ce *djihad* retourné que ses cousins d'Espagne mènent en combattant comme des prêtres catholiques la religion des réformés. Il fait ainsi de Prague un havre de toutes les libertés et de toutes les découvertes, un lieu de toutes les rencontres et de toutes les discussions en transférant sa capitale de l'austère Vienne trop exposée aux razzias des Turcs vers le centre de la Bohême, translation qui est en même temps celle des objectifs de la politique impériale vers le nouveau projet de l'État moderne.

Car Prague, en ce moment européen, connaît les conséquences de la secousse sismique qui a suivi l'expulsion des Juifs d'Espagne en 1492, laquelle se prolonge dans la menace d'une expulsion générale des Juifs d'Europe, que rythment l'expulsion, en 1520, à Naples, la ghettoïsation en Italie, la fin des grands centres d'imprimerie de Venise et de Ferrare, la fermeture, les unes après les autres, de toutes les villes allemandes. Prague accueille, comme en une grande étape obligée, une partie des Juifs déportés vers les terres du sultan. Prague est à cette époque l'une des plus grandes villes juives européennes, comme l'avaient été Venise et Lisbonne, comme le seront Varsovie et New York. Autour de la « vieille nouvelle » synagogue, Prague représente pour les Juifs ashkénazes ce que sera, soixante ans plus tard, Amsterdam pour les Juifs sépharades. C'est là que vit le Rabbi Yehuda Loew, le Maharal de Prague, le plus grand penseur juif de son temps et le précurseur de Spinoza. Cabaliste, visionnaire, le Maharal a l'intuition géniale de la figure monstrueuse du Golem sur lequel est inscrit : « Dieu est mort ». Ce sera la maxime brandie par Nietzsche et par les nazis alors que la devise biblique est « Dieu est vérité ». En hébreu, de la vérité à la mort il n'y a que l'élision d'une voyelle, car la vérité se dit *emeth* et la mort s'énonce *meth*.

Rodolphe II voulut rencontrer le Maharal, auteur du *Puits de l'exil*, méditation sur la place de l'homme dans la totalité et l'infini et anticipation du Livre Cinq de l'*Éthique* de Spinoza. De l'issue de ce mystérieux et célèbre entretien on ne connaît que la décision du haut rabbin de se réfugier à Poznan pour se mettre à l'abri des propositions impériales, ainsi qu'une lettre à son gendre où il expliquait que le peuple juif était entré dans une troisième phase de son histoire, celle où désormais les autres peuples coopéreront à la rédemption. Faut-il considérer la Rose-Croix qui se forme là-bas, à Prague, avec le rassemblement des chefs de file protestants, des savants mathématiciens et alchimistes déjà nommés, Giordano Bruno, John Dee,

Michel Maïer (Frances Yates a montré dans *La Lumière des Rose-Croix* qu'il s'agissait, sous des casquettes différentes, des mêmes individus) ? Faut-il penser donc que la Rose-Croix, qui est l'antithèse de la compagnie de Jésus et qui sera la véritable antichambre de la Royal Society et la préfiguration de la franc-maçonnerie, représente une esquisse d'un tel rassemblement ? La réponse n'est pas à notre portée...

Du moins a-t-elle préfiguré, là-bas, la révolte de la pensée contre la progression inexorable des *tercios* espagnols. Mais en attendant que vînt cette émancipation souhaitée par le Rabbi, quelques années après la mort de Rodolphe II s'abattit sur l'Europe de l'Est la catastrophe de la guerre de Trente Ans, qui l'a laissée sous la cendre pendant deux cents ans. Celle-ci a entraîné le rétablissement des empires et du régime féodal, avec l'apparition, au XVIIe siècle, du second servage, tandis que l'irrigation des courants commerciaux venus de l'Ouest jouait non plus sous une forme émancipatrice mais colonisatrice, par la puissance de la nouvelle économie-monde de l'Ouest occidental qui imposait sa domination à l'Est, réveillant un mouvement anticapitaliste et anti-européen. Les traités de Westphalie ont consacré une scission entre l'Europe de l'Ouest et l'Europe de l'Est qui a perduré presque jusqu'à nos jours, sauvant l'Europe de l'Ouest du régime impérial, y plongeant l'Europe de l'Est avec ses propriétaires de serfs et ses nouveaux conquérants. La division n'a peut-être été que politique, car ce que l'histoire a fait, l'histoire a commencé à le défaire dans la réintégration d'une partie de l'Europe vers les idées émancipatrices nées à Prague. Entre-temps, Kant, le penseur de la révolution copernicienne, de la philosophie critique et de la république dont l'Europe de l'Ouest a fait son représentant, avait déjà posé un jalon pour que s'ajustent enfin, sous la poussée des vents d'Est, de Prague à Koenigsberg, la pensée et la politique. Le soleil — la pensée — de l'Ouest absolu se lève toujours à l'Est.

La genèse de la laïcité

Si l'on s'accorde généralement pour définir la laïcité comme la constitution d'un espace public, libéré ou neutre vis-à-vis de la dimension religieuse, on se partage volontiers sur sa généalogie.

Les uns datent la laïcité très loin dans le temps. Et pour reprendre les termes de l'historien belge Georges de Lagarde, ils la situent au moment de l'essor de l'esprit laïc au déclin du Moyen Âge. Cadeau de la querelle occidentale du sacerdoce et de l'Empire, la laïcité serait née, en rupture avec l'augustinisme politique, de l'affirmation gibeline nourrie de thomisme selon laquelle il existe une légitimité de la cité terrestre, et d'un effort de la pensée qui se déploie de Marsile de Padoue jusqu'à Machiavel pour revaloriser et légitimer la politique. D'autres, et c'est une chronologie différente, datent la laïcité, très près de nous, de la séparation de l'Église et de l'État obtenue sous la IIIe République, des combats menés pour combattre le cléricalisme et instaurer véritablement une civilité laïque. On accepte souvent, dans cette seconde présentation, d'inclure, en quelque sorte rétrospectivement, sa source philosophique, la philosophie des Lumières, et les combats menés par Voltaire et Condorcet.

Je décevrai peut-être si je dis qu'à mon sens ces deux généalogies sont également approximatives et trompeuses. La genèse de la laïcité ne date ni du Moyen Âge ni de la philosophie des Lumières qu'accomplira le positivisme républicain.

La première généalogie est trop longue. Je ne nie pas, à l'évidence, que la querelle du sacerdoce et de l'Empire, qui a laissé les deux grandes forces politiques médiévales s'épuiser réciproquement, a permis l'essor des républiques italiennes, la montée des monarchies d'Extrême-Occident, lesquelles affirment toutes la revitalisation du monde séculier. Mais aucune force politique de l'époque ne développe l'idée d'un véritable pouvoir laïque, neutre à l'égard de la religion. Ni les légistes impérialistes qui, pour résister à la plénitude de la puissance pontificale, lui opposent la théorie du César-Christ, ni les idéologues paganisant du parti gibelin en Italie, qui se ressourcent dans la romanité, ni les monarchies qui commencent leur longue marche vers l'affirmation de religions plus nationales, l'anglicanisme ou le gallicanisme, ne construisent véritablement l'idée d'une politique qui ne soit pas tirée de l'Écriture sainte.

La seconde généalogie est trop courte. Car si l'on enracine à juste titre les combats de la laïcité du XIXe siècle dans les débats du café Procope sur Monsieur de l'Être et dans l'étincelante affirmation de Voltaire sur la tolérance, il ne faudrait pas y voir une utopie prospective mais le retour à un passé qui avait déjà existé, celui précisément de la promulgation de l'édit de Nantes, dit Édit de tolérance, de 1598, sous Henri IV.

C'est, à mon sens, de la Renaissance et, chez nous, du XVIe siècle, qu'il faut dater la véritable émergence moderne de la revendication laïque. Sans doute la division proprement occidentale et médiévale de l'Église et de l'État a-t-elle préparé les conditions de l'émergence d'un espace civil religieusement neutre. Mais pour reprendre les termes de la phénoménologie hégélienne, il a fallu que cette décision, après s'être affirmée en soi, se manifeste et se réalise pour soi, afin que s'effectue sa nécessité. Et cette réalisation pour soi est liée à la division de la religion elle-même, je veux nommer la lutte de la Réforme et de la Contre-Réforme. C'est bien entendu la redéfinition du rapport de l'homme à Dieu, la redéfinition du rapport de la règle et de la vie dans le siècle, provoquées par les luttes religieuses, qui ont permis l'essor de l'esprit laïque. Si le premier acte commence avec la Réforme qui dévalorise les Églises au service de l'affirmation de la foi singulière et de la grâce toute-puissante, la Contre-Réforme transforme aussi la catholicité médiévale. Ici, l'école française de spiritualité, théocentrique, finaliste, bientôt janséniste, participe aussi de la *devotio moderna*. Surtout, et c'est là le point important, l'affrontement entre catholiques et protestants produit l'extraordinaire courant du parti des politiques sous le règne d'Henri III, parti dont Michel de L'Hospital, Jean Bodin et Michel de Montaigne sont les figures de proue ministérielles et intellectuelles. À Michel de L'Hospital, on doit l'initiative qui promeut le droit public de l'État moderne engagé déjà dans une définition laïque. Contre les légistes impérialistes et le *mos italicus*, Michel de L'Hospital fonde en France, à Bourges, le *mos gallicus*, dont l'intention est de créer un droit nouveau qu'élaborent Jacques Cujas, Hugues Doneau, François Le Douaren et d'autres juristes. À Jean Bodin nous sommes redevables du concept de souveraineté et d'une première expression des droits de l'homme ; à Montaigne, de cet esprit de tolérance qui a profondément marqué la culture française dans ce qui deviendra son esprit laïque. Du parti des politiques provient enfin l'orientation d'Henri IV et de Sully, qui veulent affirmer une autorité de l'État distincte de la religion et garante de la liberté de conscience. Cela signifie évidemment tolérer les versions opposées du christianisme et reconnaître à la minorité une part de pouvoir. La grande érudite anglaise Frances A. Yates a montré dans son ouvrage, *La Lumière des Rose-Croix*, qu'il existe une dimension européenne de ce parti des politiques. Elle s'est déployée à travers l'ambassade de Giordano Bruno, délégué par Henri III auprès de la cour d'Elizabeth d'Angleterre, grâce aux ramifications en Europe centrale autour de la cour de Rodolphe II, puis des électeurs palatins, Frédéric, roi d'un hiver de la Bohême, tissées par des hommes comme John Dee, Michel Maïer, Heinrich Cornelius Agrippa installés un temps auprès d'Elizabeth. C'est le rassemblement, a-t-elle montré, de la Rose-Croix, antichambre de l'Invisible Société et de la Royal Society (Académie anglaise des sciences), qui a constitué la véritable anticipation de la franc-maçonnerie européenne. Le parti des politiques, qui a affirmé la liberté de conscience et la dignité de la politique (son nom même l'*atteste*), sera bien entendu battu, défait sous le poignard jésuite qui, à la veille de la guerre projetée contre l'Espagne, fait s'écrouler Henri IV et prépare la grande revanche des impériaux dans l'explosion, une décennie plus tard, de la guerre de Trente Ans. On pourrait ajouter, si l'on est optimiste, avec Georges Pagès et Geoffrey Parker, que les monarchies d'Europe de l'Ouest tireront leur épingle du jeu, seulement « à moitié battues ».

C'est cependant dans la seule Hollande, la république des Provinces-Unies, que, cinquante ans plus tard, en 1670, dans le *Traité théologico-politique*, Spinoza pourra défendre à nouveau, contre tous les intégrismes associés, y compris celui des rabbins excommunicateurs, l'esprit laïque fondé sur la liberté de conscience. Liberté de conscience qui inspire encore la Glorieuse Révolution et chemine souterrainement, à la fin du XVIIIe siècle, dans les sociétés de pensée.

À moitié victorieux grâce à Richelieu, mais aussi à moitié

vaincu. Entre-temps, une autre genèse de la laïcité va se mettre en place. Sa philosophie, son soleil d'été, sont bien sûr les lumières françaises dont Kant a dit mieux que personne le pas qu'elles avaient fait franchir à l'humanité.

> L'officier dit : « Ne raisonnez pas, exécutez ! » ; le financier dit : « Ne raisonnez pas, payez ! » ; le prêtre : « Ne raisonnez pas, croyez ! » ; seul le maître vous dit : « Vous êtes libres de raisonner autant que vous voudrez... ayez le courage de savoir ; soyez majeurs, soyez responsables ! »[1].

Il faut néanmoins, je crois, remonter en deçà des Lumières. La seconde genèse de la laïcité, qui aboutira à la rédaction de la Constitution civile du clergé par les prêtres jansénistes, trouve sa source dans l'idée gallicane transformée d'une religion établie et nationale. Elle s'établit sur la base de la révocation de l'édit de Nantes en 1695 et prend son allure de croisière sous la monarchie absolue. Bien que Louis XIV ait combattu les jansénistes, il est aussi l'auteur de la déclaration des Quatre Articles et l'initiateur de l'affaire de la Régale. Le gallicanisme français a déployé son programme, qui était d'arracher la religion à Rome et aux jésuites (l'expulsion des jésuites, que Louis XV réalisera) dans le même temps qu'il a fourni une synthèse éclectique de la Contre-Réforme destinée à réunifier spirituellement le peuple français derrière les constitutions de l'Église gallicane. Y concourent les courants différents de l'école française de spiritualité qu'on trouve chez les oratoriens (Bérulle, Malebranche), les mauristes (Mabillon), les jansénistes (Arnauld, Nicole). Cette idée d'une religion nationale d'État profile l'idée d'un espace public, cette fois légèrement en délicatesse avec la liberté de conscience, et donne les bases d'une morale civile, d'un esprit national dominant que nous retrouverons à l'œuvre chez les clercs jureurs et chez l'abbé Grégoire. C'est dans ce développement gallican, version affirmée d'une Église soumise au pouvoir politique, d'une religion nationale qui a aboli l'opposition entre catholiques et protestants par ostracisme et persécution de ces derniers, qu'il faut trouver l'origine de ce qui, un siècle plus tard, produira la Constitution civile du clergé portée par les ecclésiastiques jansénistes. Rappelons que la Constitution civile du clergé a été approuvée par la majorité des ecclésiastiques (52 % des prêtres lui ont prêté serment).

1. *Was ist Aufklärung ? La Philosophie de l'histoire*, traduction et introduction de Stéphane Piobette, Paris, Aubier, 1947, p. 85 *sq.*

Il va de soi que cette Constitution civile, fondée sur l'idée d'une religion établie et dominante, la religion de la majorité des Français, affronte perpendiculairement le principe de la liberté de conscience. J'ai étudié ailleurs comment, dans le débat de la Constituante sur la rédaction de l'article X, c'est l'intervention gallicane qui a permis que soit rejetée la proposition du pasteur protestant, Jean-Paul Rabaut Saint-Étienne, la liberté des droits de l'homme et du citoyen, pour lui substituer l'expression très restrictive de cette liberté qu'énonce l'article X de la Déclaration :

> Nul ne peut être inquiété pour ses opinions, même religieuses, pourvu qu'elles ne troublent pas l'ordre établi par la loi[1].

À mon sens, cette genèse gallicane permet de comprendre comment la laïcité a pu devenir dans son histoire sous la IIIe République une sorte de religion nationale à travers la mission laïque de l'instruction publique et civique. Mais pour en arriver là, il faut maintenant évoquer la philosophie des Lumières, qui ne procède du gallicanisme que par retournement, ruptures, solution de continuité. Car la philosophie des Lumières promeut certes l'abolition des Églises (écrasons l'infâme), combat pour la tolérance, exalte l'idée d'une vie civile laïque et même d'une morale civile débarrassée de la dimension théologique (Pierre Bayle). Mais la philosophie des Lumières françaises (celle de Voltaire, de Condorcet, de d'Alembert) a aussi légué à l'esprit laïque un problème insistant, un problème qui n'a cessé de susciter des difficultés et des insurrections. Il dépend de son anthropologie et de la réponse à la question : Qu'est-ce que l'homme ?

Voltaire et Condorcet tiennent qu'un homme ne devient véritablement homme que s'il cultive en lui les lumières de la raison. Seule la civilisation fondée sur les sciences, les lettres, les arts et les mœurs forme l'humanité. En dehors d'elle, il n'y a que des barbares. « Le vulgaire en tout pays est féroce », disait Voltaire. C'est pourquoi l'instruction, l'éducation de la compétence sont fondamentales. Cette idée de la civilisation fondée sur la nécessaire discipline de l'entendement, dans lequel il faut contraindre d'entrer les barbares (le fameux *compelle intrare* — « force-les d'entrer » — transposé des hérétiques aux ignorants), a abouti à deux institutions qui n'ont cessé de susciter à la fois le progrès et la réaction, le développement et la révolte. La place donnée au

1. Voir, ci-après, page 191.

développement de la raison dans la philosophie française des Lumières explique pourquoi l'éducation est venue peu à peu prendre la place de la religion. C'est le même homme, Jules Ferry, qui a imaginé la réforme de l'instruction publique et entrepris l'expédition au Tonkin. La conquête impériale et le collège, institutions républicaines à n'en pas douter, et qui pourtant vont retrouver l'héritage de la mission jésuite (pensons aux jésuites du Paraguay et à leurs fameux collèges) ; institutions qui reposent sur l'idée que l'homme est un animal qui a besoin d'un maître et aboutissent au despotisme éclairé ou au système disciplinaire. Pour signaler les insurrections récurrentes qu'elles ont provoquées, rappelons seulement, proches de nous, la révolte des surréalistes et celle des écrivains au moment de la guerre de 1914, le *Voyage au Congo* de Gide ou le *Zéro de conduite* de Jean Vigo.

Doit-on forcer les hommes à entrer dans la civilisation ? Doit-on les contraindre à apprendre ? Doit-on leur donner un maître ? Ces questions adressées à la philosophie des Lumières, rappelons-le, ont été immédiatement soulevées et réfléchies, sinon définitivement résolues, par Jean-Jacques Rousseau et par Emmanuel Kant. À Voltaire, le Rousseau du *Discours sur les arts et les sciences* (1754) réplique immédiatement : « Vous dites que l'homme c'est l'instruction et la compétence. Cela signifie que les ignorants, les pauvres en esprit ne sont pas des hommes. » « Mille pardons », rétorque Jean-Jacques, qui ajoute : « Ils sont aussi des hommes parce qu'ils ont une conscience et que la conscience est plus haute que la compétence. »

Kant ne dira rien d'autre.

On comprend mal la fameuse profession de foi de la *Critique de la raison pratique* : « J'ai dû abolir le savoir pour laisser une place à la croyance », lorsqu'on l'interprète comme une simple tentative de restauration de la religion. Elle signifie tout autre chose, que Kant a su expliquer à travers la présentation de son itinéraire personnel. Il avait d'abord été par goût un chercheur, un homme des Lumières qui, lui aussi, ne croyait qu'à l'entendement, qu'au savoir et, ajoutait-il : « Je méprisais le peuple qui est ignorant de tout. C'est Rousseau qui m'a désabusé ; j'ai appris à croire en l'homme et je trouverais mon travail de recherche parfaitement inutile si je ne sais que sa fin est de défendre le droit de l'humanité. »

À mon sens, la critique rousseauiste et kantienne de la philosophie des Lumières a gardé sa valeur et elle est importante pour une réflexion sur la laïcité. Elle apporte en effet un correctif qui permet de surmonter victorieusement les objections naturalistes que la philosophie de l'absolu et le romantisme politique proposeront à l'idée de l'homme abstrait et intellectualiste des Lumières. Le correctif rousseauiste et kantien n'est en effet nullement un correctif irrationaliste, antilaïque ou clérical; les deux philosophes ont seulement remarqué qu'en l'homme, la raison est plus décisive que la compétence. Ils ont seulement exposé que la raison et la loi naturelle sont législatives. Cela signifie qu'il faut établir l'espace public laïque, non seulement sur l'instruction, sur le degré de savoir (argument à partir duquel on a longtemps refusé le suffrage universel aux ignorants), mais sur la conscience. Et c'est tout le sens de l'apologue kantien que je viens d'évoquer.

Il y a donc, et je voudrais maintenant revenir sur ce point, un conflit entre deux laïcités qui forment le socle de la laïcité moderne. En apparence, la première, issue du parti des politiques, celle de la tolérance de religions différentes, paraît prêter le flanc à la critique selon laquelle est conservée l'omniprésence de religions différentes, moins combattues que réunies. Ainsi ajuste-t-on cette critique à l'exemple américain parce qu'il n'y a pas de statut des athées dans l'espace public laïque de nos amis d'outre-Atlantique. La seconde laïcité, issue du gallicanisme des Lumières, qui trouve au XIXe siècle sa philosophie dans le positivisme, paraît plus militante, plus combattante, plus radicale et plus intransigeante à l'égard de la religion dont elle voudrait débarrasser totalement le lien civil. C'est à elle que l'on doit l'esprit rationaliste, qui a magnifié et développé la science de tous les obscurantismes. Elle a sa face lumineuse : le développement de l'âge positif (les sciences) dans le domaine de la culture et l'institution de l'école dans celui de la politique. Mais elle a aussi sa face sombre : à l'étranger, il y a un devenir despotique du positivisme au Brésil à la fin du XIXe siècle. En France même, et j'utilise ici une observation de Bertrand Renouvin à propos de Charles Maurras, rappelons que ce dernier a lui aussi été positiviste et qu'il n'a jamais renié sa filiation à l'égard d'Auguste Comte. Il y a un fondement commun au maurrassisme et au comtisme, qu'il n'est pas difficile de comprendre parce qu'il a accompagné le dérapage de la république que nous avons connu. Charles Maurras, en effet, ne s'est nullement inspiré du romantisme qui en Allemagne alimentait la révolution conservatrice, ni même du vitalisme bergsonien dont il était le contemporain. À Comte, il a emprunté l'idée maîtresse d'une nouvelle hiérarchisation de la société, à la fois romaniste et scientifique, qui débouchait à terme sur la restauration monarchique. Il a lu, en quelque sorte, la philosophie du régime républicain, telle qu'elle avait été élaborée par le positivisme, à l'envers. Car, de l'exaltation des sciences et des compétences, il a tiré le principe du rétablissement d'une aristocratie qu'avait démantelée l'usage démocratique de la liberté de conscience. Maurras semble dire à Jules Ferry: « Vous avez trahi la vérité positive en réalisant les noces honteuses de l'âge scientifique et de la démocratie », car la démocratie c'est toujours — il est vrai — le règne de l'opinion, de la *doxa* et, comme dit l'autre, de la défaite de la pensée. Maurras doit nous faire réfléchir car, en un sens, il avait raison. La laïcité, dès lors qu'elle est démocratique, ne peut pas être fondée sur la science. Sans doute la démocratie donne-t-elle des conditions inespérées au développement des sciences, puisqu'elle permet, par l'instruction de tous et la libre compétition du XXe siècle, à un obscur employé du Bureau des brevets à Berne (Albert Einstein), qui ne détenait aucun titre prestigieux, de publier ses réflexions sur la relativité ou, au XVe siècle, à un fils de boucher et à un fils de tanneur de devenir Paolo Uccello ou Botticelli. Mais la démocratie n'est pas fondée sur la science ; elle n'est pas le gouvernement des meilleurs. Elle n'est établie que sur la conscience et sur la liberté de conscience.

Aussi le conflit entre les deux conceptions de la laïcité se poursuit-il aujourd'hui, comme l'affaire du voile l'a récemment montré. À mon sens, c'est ce qui est le plus ancien, c'est l'esprit laïque du parti des politiques qui est le plus nécessaire. Il ne suffit pas de fonder la laïcité sur l'athéisme et sur un espace public débarrassé de toute dimension religieuse ; cet espace public lui-même, dans sa laïcité démocratique, doit accepter la religion dans les limites de la simple raison (Kant), parce qu'il doit faire de la religion, comme le demandait déjà Spinoza, une simple affaire de droit privé. Il ne s'agit pas d'instituer une religion du lien civil combattant d'autres religions, mais de respecter la liberté de conscience qui assure le fondement en chaque homme, et non en la puissance publique, de la laïcité.

Permettez-moi donc de prendre ici nettement parti en estimant que la laïcité véritable signifie l'assomption de toutes les doctrines religieuses par un phénomène qui les comprend et les dépasse, qui leur est supérieur, c'est-à-dire par l'espace laïque public, démocratique, où chaque individu doit disposer de la sûreté de ses convictions, car chaque conscience compte également.

Vous comprenez que je veux dire par là que la laïcité démocratique doit reprendre l'intégralité de sa formation républicaine.

Le complot janséniste dans la congrégation de Saint-Maur

Comme tant d'ordres et de congrégations religieuses, les bénédictins furent victimes de la Révolution. Saint-Germain-des-Prés, le haut lieu des études bénédictines, fut fermé ; les moines furent dispersés et il fallu attendre le 1er mai 1809 pour que les cendres de Mabillon et celles de Montfaucon rejoignent leur dernière demeure, l'église, où elles sont encore. Pour quelles raisons la papauté refusa-t-elle obstinément de recréer la congrégation et préféra-t-elle fonder, en 1837, une nouvelle famille bénédictine, la congrégation de l'ordre de Saint-Benoît ? À cette question, le *Dictionnaire de théologie catholique*, malgré sa prudence habituelle, ne craint pas de répondre que Saint-Maur souffrait de jansénisme. A-t-il existé un complot janséniste à Saint-Maur ? De quelle nature était-il ? Quelles étaient ses ramifications ? Qui étaient ses agents ? Telles sont quelques-unes des questions qu'un examen aussi vaste que celui d'aujourd'hui sur les complots à l'Âge classique peut donner l'occasion de poser.

D'abord un mot sur le complot, la conjuration. Ceux-ci, souligne Montesquieu dans les *Lettres persanes*, sont inséparables du gouvernement despotique. Il s'agit moins de la rébellion contre le despote, des modalités de l'opposition politique, que de l'usage normal de la politique par le despotisme lui-même. C'est parce que le despote complote, trame dans le secret un dessein qu'il ne veut avouer à quiconque, que ses adversaires sont contraints d'opposer la crainte à la crainte, la clandestinité au cachot, le complot à la conjuration. Selon le jugement rétrospectif que Montesquieu porte sur l'absolutisme, le complot est la liberté du despotisme, la respiration au-delà de l'asphyxie, le mouvement au-delà de la pétrification, l'humanité d'une politique inhumaine, la vie d'une politique mortifère. Du complot, l'abbé de Saint-Réal, dans la *Conjuration des Espagnols contre Venise* (Paris, 1674), a donné la description la plus saisissante et la plus paradigmatique en définissant le complot comme l'âme par excellence de la politique espagnole et jésuite :

> De toutes les entreprises des hommes il n'y en a eu point de si grande que la conjuration : le courage, la prudence et la fidélité qui sont également requis dans tous ceux qui y ont part, sont des qualités de leur nature ; il est plus rare de les trouver toutes dans une même personne... Et si la malice n'est jamais plus haïssable que lorsqu'elle abuse des choses les plus excellentes, on en concevra sans doute beaucoup d'horreur, comme on verra dans cette histoire de très grandes qualités employées pour une fin détestable[1]...

L'abbé de Saint-Réal insinue que le complot est d'essence espagnole. Corrigeons en disant qu'il appartient à tout système où la contestation de l'autorité établie est interdite ou délicate, qu'il s'agisse de la monarchie ou de l'Église. Il y a alors deux questions préalables : les jansénistes luttent-ils avec les jésuites ? Et Saint-Maur était-il janséniste ? Pour y répondre il faut évidemment présenter rapidement le mouvement janséniste, analyser le contenu du jansénisme de Saint-Maur et comprendre les buts de la congrégation.

Le mouvement janséniste

Il est traditionnel de distinguer deux étapes dans l'extension du jansénisme[2]. La première court de 1640 à 1669, la seconde couvre la période qui s'étend de 1671 à la Révolution. Brossons rapidement le premier acte de la seconde sur laquelle interviendra Saint-Maur. La préface ou la dédicace se joue d'abord hors de France.

1. Saint-Réal, *Conjuration des Espagnols contre Venise* (1618), Châtenay-Malabry, éd. de Kerdraon, 1987, p. 11-14.

2. Sur le jansénisme, citons dans une bibliothèque immense : Henri Brémont, *Histoire du sentiment religieux*, 1916-1928, t. IV, rééd. Paris, 1967. Jean Laporte, *La Doctrine de Port-Royal*, 2 vol., Paris, 1923. Jean Orcibal, *Les Origines du jansénisme*, 5 vol., Louvain, Paris, 1947-1962. Montchrestien, *Les Jansénistes au* XVIII*e siècle et la Constitution civile du clergé*, Paris, 1929. Sainte-Beuve, *Port-Royal*, 1840-1859, éd. Maurice Leroy, Paris, Gallimard, La Pléiade, 3 vol., 1953. Lucien Goldman, *Le Dieu caché...*, Paris, 1955. Paul Bénichou, *Morale du grand siècle*, Paris, 1948. René Taveneaux, *Le Jansénisme en Lor-*

La doctrine janséniste a été fondée sur les écrits antipélagiens de saint Augustin commentés par Baius (1513-1589) et par Jansenius (1585-1638). L'évêque d'Ypres affirmait que, depuis le péché originel, la volonté de l'homme sans le secours divin est incapable du mal. Seule la grâce efficace peut lui faire préférer la délectation céleste à la délectation terrestre. La doctrine de la grâce efficace s'opposait à celle du jésuite Luis Molina (1536-1600), qui avait affirmé qu'une grâce suffisante apporte en toutes circonstances le concours divin nécessaire pour faire le bien et que chacun est libre ou non de l'utiliser. La crise janséniste proprement française s'ouvre, en août 1743, avec la publication du *Traité de la fréquente communion* d'Antoine Arnauld, qui popularise les trois *in folio* illisibles et posthumes de Jansenius[1], selon la plaisante formule de Jean Delumeau. La thèse de l'*Augustinus* était semblable à celle qu'avait, de son côté, développée l'enseignement de Duvergier de Hauranne, abbé de Saint-Cyran, qui avait résisté à Richelieu. Rappelons quelques faits connus quoique ambivalents.

D'abord, le rôle joué par Port-Royal. Arnauld fut le principal propagateur du jansénisme en France et Port-Royal, le couvent où résidaient six membres de la famille Arnauld, devint le centre de l'extrémisme augustinien.

Ensuite, la contradiction entre la thématique janséniste et le double anathème formulé par le Concile de Trente : le salut par les œuvres sans la grâce est hérétique et l'idée d'une perte totale du libre arbitre, depuis le péché adamique, est également hérétique. À l'opposé, le jansénisme souligne que l'homme ne peut pas se perdre s'il a reçu la grâce, qu'il ne peut se sauver s'il ne l'a reçue, qu'il n'y a aucune liberté humaine conformément au christocentrisme et au théocentrisme qu'avait pour sa part défendus l'école française de spiritualité. La vie humaine est en Dieu. Le jansénisme prosterne l'homme devant Dieu et le Messie, il remonte à saint Paul et saint Augustin, il nie avec une énergie totale la liberté qu'avait affirmée si fortement la doctrine jésuite. Il trace une voie parallèle à celle qu'avaient suivie

---

raine, 1640-1789, Paris, 1960. E. Appolis, *Entre jansénisme et zelanti, le tiers-parti catholique au XVIIIe siècle*, Paris, 1966. Pierre Chaunu, « Jansénisme et frontières de catholicité (XVIIe et XVIIIe siècles) », *Revue historique*, 1962, p. 227. Dale van Kley, *The Jansenism and the Expulsion of the Jesuits from France, 1707-1765*, New Haven et Londres, 1975.

1. *L'Augustinus ou doctrine de saint Augustin sur le salut, la maladie et la médecine de l'âme*, Louvain, 1640, Paris, 1641.

Luther et Calvin. D'où les condamnations qui s'ensuivent. Les cinq propositions contenues, selon Nicolas Cornet, dans l'*Augustinus*, sont récusées par la bulle *Cum Occasionne* en 1653. La condamnation est renouvelée trois ans plus tard, qui frappe d'anathème les cinq propositions tirées de l'*Augustinus*. En 1656, Arnauld est exclu de la Sorbonne. L'effort des jansénistes visait alors à prétendre que l'*Augustinus* ne contenait pas les cinq propositions incriminées ; c'est la célèbre distinction du droit et du fait. Mais en 1665, par une bulle, Alexandre VII prescrivit la signature par les clercs d'un formulaire condamnant l'*Augustinus*. On assiste alors à l'extension du débat à l'opinion publique avec l'entrée en littérature du jansénisme lors de la parution, de janvier 1656 à mars 1657, des *Provinciales* de Pascal, qui reçoivent d'emblée un immense retentissement. *Les Provinciales* tiennent à la fois du complot et du manifeste. Du complot, puisqu'elles ont été rédigées par Pascal alors que celui-ci avait comme directeur de conscience l'évêque d'Alet, Nicolas Pavillon. Du manifeste, parce que l'ouvrage brise les efforts d'acculturation moderne du christianisme tentés par les jésuites avec la casuistique. Retour au Dieu d'Abraham, d'Isaac et de Jacob. Doctrine de la grâce, rigueur contre la nature corrompue, dureté à toutes les faiblesses humaines et rébellion contre toutes les hiérarchies, y compris celle de l'Église, indifférence à l'égard des sacrements du baptême et de l'ordination, appel au pape mieux informé, recours à Jésus lui-même ; tous ces thèmes orchestrés et portés à leur point culminant par Pascal débordent largement le célèbre monastère de la vallée de Chevreuse pour proposer à toute une opinion, éprise de moralité et d'austérité, une vie chrétienne exigeante et exemplaire. La seconde *Provinciale* met les rieurs de son côté, le plus grand parti en France, en dénonçant la grâce suffisante insuffisante à assurer le salut.

Enfin la coloration politique. Le premier jansénisme contracte une nuance politique plus délicate à explorer avec la rencontre de Saint-Cyran et de Bérulle, le premier devenant disciple du second, puis avec la publication en 1635 de *Mars gallicus*, véhément pamphlet de Jansenius qui, en pleine guerre de Trente Ans, reproche à Richelieu de trahir l'Europe catholique de la Contre-Réforme. Saint-Cyran fut interné en 1638 et ne sortit de prison qu'à la mort du cardinal. Mazarin, de son côté, aura le temps de souffler à Louis XIV, avant d'expirer, de ne pas supporter la secte des jansénistes. Retenons ici le croisement du jansénisme avec le parti dévot de Bérulle, de Nicolas Pavillon, sans oublier une autre connexion du même parti dévot avec Saint-Maur, puisque Vincent de Paul est aussi l'ami et le compagnon de Grégoire Tarisse, le provincial fondateur de la congrégation de Saint-Maur. À ce stade, on observe que la crise janséniste déborde déjà largement l'espace du complot et qu'elle est entrée résolument en contact avec le débat public. La première étape du jansénisme se termine avec la paix de Clément IX en 1669, « la paix de l'Église » dans laquelle Nicolas Pavillon (encore lui) joue un rôle décisif, et où Rome reconnaissait tacitement la distinction proposée par Arnauld. Mais cette période n'est qu'un intermède qui donne dix années de répit.

La crise janséniste à Saint-Maur

C'est dans le cadre du second jansénisme, inauguré par la publication des *Réflexions morales sur le Nouveau Testament* de Pasquier Quesnel, en 1671, qu'il faut situer l'offensive de Saint-Maur, et conséquemment l'accusation dont la congrégation fut l'objet. Bossuet et Noailles, qui devient archevêque de Paris, avaient approuvé l'ouvrage de Pasquier Quesnel. Il sera condamné par Rome en 1705 par la bulle *Vineam Domini*. Dans cet entre-deux se situent les poursuites engagées contre le complot janséniste à Saint-Maur par les jésuites d'abord, la monarchie ensuite, la papauté enfin. Le pivot en est l'édition des *Œuvres de saint Augustin*. La congrégation de Saint-Maur était-elle contaminée par le jansénisme ? Tel fut l'examen de conscience auquel elle dut se soumettre sous la double pression de la signature, par tous les clercs, du formulaire condamnant l'*Augustinus*, et de l'accusation de jansénisme brandie contre Saint-Maur par les jésuites au moment de la publication des *Œuvres de saint Augustin*, publication réalisée par dom Blampin, dom Coustand, dom Guesnie, dom Vaillant, dom Du Frische et préfacée par Mabillon (1679-1700)[1].

1. L'histoire de l'édition des *Œuvres de saint Augustin* a été faite par dom Vincent Thuillier, *Histoire de la nouvelle édition des Œuvres de saint Augustin donnée par les frères bénédictins de la congrégation de Saint-Maur*, 1736 ; par dom Tassin, *Histoire littéraire de la congrégation de Saint-Maur*, Bruxelles, 1770 ; par A. R. P. Ingold, *Histoire de l'édition bénédictine de saint Augustin avec le journal inédit de dom Ruinard*, Paris, 1902. On peut la compléter avec les notices contenues dans dom Ursmer Berliere, *Nouveau Supplément à l'histoire littéraire de la congrégation de Saint-Maur*, Paris, 1931, 3 vol.

La congrégation s'insurgeait-elle contre le trône de France et l'Église de Rome ? Fomentait-elle un complot ? Alors reviennent nos questions, dont la première : Qui ? Il est indiscutable que l'édition des *Œuvres de saint Augustin* confiée aux mauristes fut encouragée par les docteurs jansénistes, qu'Antoine Arnauld (Port-Royal) puis dom Gerberon (Saint-Maur) jouèrent un rôle non négligeable dans l'initiative et la mise en chantier du travail, et que la direction fut confiée à dom Claude Martin, dont les tendances mystiques étaient connues. Il est également vrai que l'un des animateurs de l'entreprise, dom Thomas Blampin, ne manqua pas de se permettre quelques privautés qui devaient coûter cher à la congrégation, comme d'introduire à la tête du livre ou dans certains exemplaires l'œuvre d'Antoine Arnauld, *De correptione et gratia*, imprimée en 1674, qu'il fallut retirer précipitamment. Un complot, mais de quelle nature ? Il est impossible de ne pas interpréter la publication des *Œuvres de saint Augustin* comme une machine de guerre antimoliniste parfaitement inscrite dans la logique antijésuite et dans le concert de publications jansénistes qui s'épanouissaient alors. Il s'agissait de mettre en valeur la doctrine de saint Augustin dans onze tomes *in-folio* publiés de 1679 à 1700, et de montrer que *les thèses attribuées à l'*Augustinus *étaient parfaitement augustiniennes*. Mabillon fut chargé de rédiger la préface. On ne peut résister au plaisir de citer le résumé qu'en fit Vincent Thuillier parce qu'on y lit à l'œil nu l'engagement janséniste :

> Il [Mabillon] passe de là à la confession de foi : il déclare au nom de son corps, que l'on y condamne, que l'on y a toujours condamné les cinq fameuses propositions, prises au sens qui se présente d'abord comme le Pape et toute l'Église les ont condamnées ; on y déteste toutes sortes de partis, et par conséquent celui du prétendu janséniste, soit qu'il y en ait eu jamais, soit qu'il en reste encore, ce qui reste à examiner aux évêques ; qu'à l'exemple de ses maîtres, il n'est attaché dans sa Congrégation à la doctrine de Saint Augustin que parce que le Pape et toute l'Église ont recommandé aux fidèles de s'y attacher. Car pour parler de Saint Augustin comme il parle lui-même de l'Évangile nous ne croirions pas, dit-il, à ce docteur si l'autorité de l'Église ne nous y obligeait. Mabillon explique ensuite quel a été le but que s'est proposé Saint Augustin dans les ouvrages composés sur la grâce, surtout depuis la naissance de l'hérésie pélagienne. Il dit que ce Saint Évêque a toujours en vue de réfuter les opinions de cette nouvelle secte et

> de fortifier les esprits des fidèles contre les occasions de chute qui en pouvaient naître, que c'est pour cette raison que l'erreur des pélagiens consistant principalement à n'accorder presque rien à la grâce et de donner tout au libre arbitre, Saint Augustin avait toujours pris une route toute contraire et défendu l'intérêt de la grâce tant par rapport à son efficacité que par rapport à la prédestination gratuite assurant que depuis la chute du premier homme le libre arbitre n'avait pas une égale force pour le bien et pour le mal [...] qu'il avait cru cette grâce nécessaire pour toutes sortes de bonnes œuvres et que lorsqu'il a traité de la prédestination, il a soutenu qu'elle ne venait point de la prévision des mérites mais de la volonté toute gratuite de Dieu ; entièrement opposée à l'erreur des pélagiens qui élevaient le libre arbitre au préjudice de la grâce que les saints docteurs appelaient communément et par excellence cette grâce très efficace, sans exclure d'autres grâces qu'on peut appeler suffisantes au sens des thomistes, quoique ce nom ne paraisse nullement dans Saint Augustin[1].

Cet exposé est remarquable en ce qu'il défend l'intégralité de la position janséniste fondée sur la distinction du droit et du fait. Les cinq propositions ne sont pas nouvelles, elles ont toujours été condamnées, dit-on. La formule la plus éclairante concerne

> les prétendus jansénistes, soit qu'il y en ait eu jamais, soit qu'il y en eût encore, ce qu'on laisse à examiner aux évêques.

En vérité, l'habileté de Mabillon consiste à retourner l'accusation en incriminant les molinistes de pélagianisme et à défendre de fait la grâce efficace contre la grâce suffisante qu'on ne trouve pas chez saint Augustin. L'édition fut attaquée par une pluie de libelles. Le complot répondait au complot. Le premier, paru en 1698 et situé à Cologne, fut la *Lettre de l'abbé de... au R.P.P. bénédictin, de la Congrégation de Saint-Maur, sur le dernier tome de leur édition de Saint Augustin*, et a été depuis attribué à Jean-Baptiste Langlois. L'auteur soulignait :

> J'ai deux vérités à avancer contre vous mes Pères, vous n'avez rien fait dans cette édition de ce qu'auraient fait dans ces circonstances des catholiques qui sont convaincus que la condamnation

1. Dom Vincent Thuillier, *op. cit.*, p. 16 *sq.*

> de Jansenius est juste, que ses sectateurs sont de vrais hérétiques et que Saint Augustin n'a jamais enseigné leurs erreurs. Vous avez fait au contraire tout ce qu'auraient pu faire des esprits artificieux résolus d'appuyer le Jansénisme sans le dire ouvertement : on a tort de condamner Jansenius et on ne devrait pas le regarder comme un auteur qui s'est éloigné des principes et de la doctrine de Saint Augustin[1].

En même temps avaient été répandus deux libelles contre l'archevêque de Reims, Le Tellier, protecteur des bénédictins, et contre l'archevêque de Paris, Noailles, protecteur des jansénistes : *Lettre d'un abbé commandataire au R.P.P. bénédictin, de la Congrégation de Saint-Maur* et *Lettre d'un bénédictin non réformé au R.P.P. bénédictin de la Congrégation de Saint-Maur*, datés tous deux de 1699. Qui riposta ? Qui s'engagea ? Les grandes plumes de la congrégation, dom François Lamy, dom Denis de Sainte-Marthe, l'auteur de la *Gallia christiana*, Bernard de Montfaucon, l'auteur de la *Paléographie grecque*, se mobilisèrent pour répondre hautement et clairement aux côtés de Mabillon. François Lamy et Denis de Sainte-Marthe avaient déjà été engagés dans la bataille avec Rancé ; Bernard de Montfaucon et Mabillon étaient les deux plus grands savants de la congrégation. C'est à l'irruption de telles stars que l'on mesure l'importance de la bataille[2].

Dans le *Journal* de Thierry Ruinard, on suit, jour après jour, la destination de la préface de Mabillon remise à l'archevêque Le Tellier, à Monsieur de Noailles, au chancelier de France Pontchartrain (tous suspects de sympathie janséniste[3]). La bataille des libelles continuant à faire rage, on fit changer plusieurs fois sa préface à Mabillon, qui dut la réécrire à deux reprises après qu'elle avait été communiquée également à Bossuet. Malgré les adoucissements et les précautions dont elle se

1. *Lettre de l'abbé de ... aux R.P.P. Benedictus de la Congrégation de Saint-Maur, sur le dernier tome de leur édition de saint Augustin*, Cologne, s.d.

2. Dom François Lamy écrivit une *Lettre d'un théologien à l'un de ses amis sur un libelle qui a pour titre Lettre de l'abbé... au R.P.P. bénédictin de la congrégation de Saint-Maur sur le dernier tome de leur édition de Saint Augustin*, Paris, 1699. Denis de Sainte-Marthe, *Réflexions sur la lettre d'un abbé d'Allemagne au R.P.P. bénédictin de la congrégation de Saint-Maur sur le dernier tome de leur dernière édition de saint Augustin. À Monsieur l'Evesque de ...*, s.l., 1690. Dom Martène, *Histoire de la congrégation de Saint-Maur, op. cit.*, p. 179-180. Dom Tassin, *Histoire littéraire, op. cit.*, p. 302.

3. Voir Blandine Barret-Kriegel, *Jean Mabillon*, Paris, PUF, 1988.

chargeait, sur le thème de la grâce, entre la position de Pascal dans la seconde *Provinciale* et celle de Mabillon, il n'y avait pas la différence d'épaisseur d'une feuille de papier de soie.

Pourtant, on mesurera l'influence de la congrégation de Saint-Maur à l'hésitation de la monarchie et du pontificat à condamner l'édition. La tactique de repli de l'*Augustinus* vers saint Augustin était d'autant plus payante que le pape avait clairement voulu les séparer et que le monarque était l'obligé de Mabillon. Aussi, malgré les plaintes des jésuites, l'affaire s'arrêta parce que le roi, protecteur du grand mauriste depuis la publication de la *Diplomatique* et des *Voyages* de Mabillon[1], ordonna d'arrêter la publication des libelles tant bénédictins que mauristes[2]. De la même façon, par les soins de dom Claude Estiennot à Rome, le pape fit interdire l'impression de tous les écrits antibénédictins contre l'impression de saint Augustin (décret du 7 juin 1700[3]). Le pape manifesta aussi sa protection vis-à-vis de la congrégation en envoyant, en 1706, une réponse à la nouvelle édition des *Œuvres de Grégoire le Grand* par Denis de Sainte-Marthe particulièrement chaleureuse, et un bref accompagné de médailles d'or et d'argent dont l'une était destinée à Mabillon. Mais les choses n'allaient pas en rester là. Si la congrégation était en quelque sorte couverte, protégée par la personnalité de Mabillon et les fils qu'il avait tissés entre la monarchie et la papauté par le biais de ses missions (Michel Le Tellier, puis Colbert, enfin le roi lui-même l'avaient envoyé copier des titres et des actes pour le compte de la monarchie dans des monastères de Bourgogne, d'Autriche, d'Italie[4]), cette protection disparaîtra à sa mort en 1707. Auparavant, on n'avait pas évité tous les écueils ; ainsi dom Blampin, malgré la protection que lui donnait sa condition de cellerier à Saint-Germain-des-Prés, fut expédié loin de Paris et on le fit prieur à l'abbaye Saint-Nicaise de Reims[5]. Le plus grave avait été la fuite puis l'arrestation de dom Gerberon. La lutte engagée par les jésuites dans les années 1670-1680 marque des points. Le Père La Chaise avait croisé le fer avec le procureur général de la congrégation, dom Durban, et obtenu son rappel. Le prieuré de

1. Dom Tassin, *Histoire littéraire de la congrégation de Saint-Maur, op. cit.*, p. 305-306.
2. *Idem*, p. 309.
3. *Idem*, p. 459.
4. Voir B. Barret-Kriegel, *Jean Mabillon, op. cit.*
5. Dom Tassin, *Histoire littéraire de la congrégation de Saint-Maur, op. cit.*, p. 289-290.

Madiran, le prieuré d'Angoulême, le prieuré de Saint-Germain-de-la-Rey, qui dépendaient des mauristes, sont rattachés à la compagnie de Jésus[1]. Le récit contourné et amusé que fait dom Tassin de la lutte montre à quel point la hiérarchie mauriste était solidaire du jansénisme persécuté. Réfugié à Corbie en 1682, dom Gerberon est prévenu par le prieur de l'abbaye qu'un exempt du roi va l'arrêter, ce qui lui permet de s'enfuir. Le ministre Seignelay avait pris très mal la chose et une accusation anonyme ayant été portée sur le mauvais esprit de la congrégation contre le gouvernement, une enquête générale sur les richesses de Saint-Maur est ordonnée par la monarchie. Elle se termine à l'avantage des mauristes, mais l'épisode a incontestablement infesté les rapports qu'ils entretiennent avec l'administration royale. Aussi, dans la dernière étape, lorsque par la bulle *Unigenitus* du 8 septembre 1713 Clément XI aura condamné cent et une propositions extraites des *Réflexions morales* de Pasquier Quesnel, la congrégation de Saint-Maur va réellement entrer en dissidence ouverte. Cette fois, le régalisme gallican est soutenu par l'oratorien avec les convictions des légistes et des magistrats gardiens de l'indépendance de l'État, et avec l'orientation des études mauristes engagées sur l'histoire de France. En contestant l'autonomie du pouvoir temporel et en menaçant indirectement les libertés de l'Église gallicane, la bulle *Unigenitus* soulevait, avec celle des parlementaires, l'opposition d'une partie du clergé français. S'esquisse alors un mouvement de bascule et de déploiement. Si Saint-Maur comptait des jansénistes affirmés, il faut reconnaître que l'engagement de la congrégation de Saint-Maur a d'abord été marqué par une réserve certaine à l'égard de l'extrémisme janséniste. Le chapitre général de 1651 avait défendu à tous les supérieurs et religieux de la congrégation de lire sans une permission expresse et par écrit du révérend père général le livre de Jansenius[2]. Les supérieurs généraux étaient intervenus, tel dom Jean Harel, qui avait fait cesser les disputes sur la grâce, dom Bernard Audebert, qui avait fait envoyer à tous les monastères des copies de la bulle d'Innocent X contre les cinq propositions. La dernière étape, en revanche, se caractérise par la jonction

1. Voir dom Paul Denis, « La correspondance de dom Antoine Durban », *Revue Mabillon*, t. VI, 1910 ; et dom H. Leclercq, *Dom Mabillon*, Paris, 1953, 2 vol., t. I, p. 260.

2. Dom E. Martène, *Histoire de la Congrégation de Saint-Maur*, t. III, Paris, 1929, p. 177.

ouverte de nombre des membres de la congrégation au camp des Appelants qui, évêques, moines, prêtres ou simples laïcs, en appellent au pape mal informé, fulminateur de la bulle au Concile. 1713 sera une date charnière et un tournant : c'est à ce moment, sous le généralat de dom de L'Hostellerie, suspecté de jansénisme et vu d'un mauvais œil dans l'entourage du pape, que le père Timothée de La Flèche remet à Louis XIV un mémoire où, lui annonçant la prochaine constitution *Unigenitus*, il ajoute que le meilleur moyen de la faire recevoir en France est de commencer par faire supprimer la congrégation de Saint-Maur[1]. À ce stade, les rapports de la congrégation avec la monarchie sont donc empoisonnés. Ils vont aussi se détériorer avec Rome. Clément XI, Innocent XIII, Benoît XIII multiplient les avertissements mais les mauristes, avec Saint-Germain-des-Prés à leur tête, ne se soumettent pas et, malgré la présence du cardinal Bissy, abbé commandataire depuis 1695, constitutionnaire des plus résolus, la congrégation fait front et tient tête. En 1717-1718, une majorité se déclare ouvertement pour les Appelants en s'engageant par trois fois :

> Trois appels contre la bulle ont successivement réuni, dans un effort commun de résistance, la presque totalité des membres de la Congrégation. Le 22 avril 1717, trente religieux sur quarante-quatre envoient leur adhésion aux évêques de Mirepoix, de Montpellier, de Boulogne et de Sens ; le 27 décembre 1718, en séance capitulaire, trente-six moines, le prieur, le sous-prieur en tête, renouvellent solennellement leur appel au Concile Général et, le 9 octobre suivant, jugent à propos de manifester de nouveau en adhérant à la déclaration du cardinal de Noailles et de onze autres évêques contre le Concile d'Embrun[2].

C'est alors que les choses se gâtent définitivement. Dom Jean Varoqueaux, des Blancs-Manteaux, est arrêté et embastillé. Dom Georges Poulet prend la fuite vers les Pays-Bas et le Canada. La bataille fait rage avec les jésuites. En 1706 paraît de nouveau, et malgré les interdictions, un libelle anonyme contre l'édition de saint Augustin. Dom Paul Denis plaide l'orthodoxie de la congrégation et soutient que les mauristes sont en état de

1. Voir article « Mauriste », *Dictionnaire de théologie catholique*, p. 414.
2. Dom Denis, « Les bénédictins de Saint-Germain-des-Prés et la cour de Rome en 1735 », 1908, nº 15 ; *Archives de la France monastique*, nº 4, p. 324-325.

légitime défense. La lutte ne s'épuise pas pour autant : le 9 octobre 1718, profitant des sympathies jansénistes du cardinal de Noailles, archevêque de Paris, l'assemblée capitulaire de la congrégation signe à la majorité deux appels qui font cause commune avec la résistance du cardinal. Denis de Sainte-Marthe, nommé supérieur général de 1720 à 1725, est suspect à Rome. Dans la deuxième moitié du XVIIIe siècle, les bénédictins se trouveront mis à l'écart[1]. L'alerte sera très chaude : le pape menacera de dissoudre la congrégation qui comptait tant d'Appelants. En 1735, ceux-ci signeront finalement, grâce à l'activité du cardinal Bissy, une lettre de soumission au Saint-Siège. Il faut reconnaître que la congrégation a été entraînée très loin dans la dissidence.

Au terme de ce rapide examen, il faut bien convenir que « Saint-Maur souffrait de jansénisme ». Il y avait des jansénistes à Saint-Maur, et s'ils étaient peu nombreux au départ, leur troupe avait grossi. Il faut aussi reconnaître qu'ils étaient en lutte avec les jésuites et que, sur la pomme même de la discorde, la théorie de la grâce, leur position rejoignait celle de Port-Royal. Ajoutons qu'à un moment crucial, l'édition des *Œuvres de saint Augustin* avait apporté un réconfort décisif au mouvement janséniste et que dans la reprise des attaques du second jansénisme, les mauristes ont joué un jeu non négligeable. L'illustration de l'orthodoxie augustiniste venait à point nommé pour défendre les thèses d'Arnauld ; mais surtout la jonction avec les acteurs du jansénisme comme le grand Arnauld lui-même, ou avec des prélats favorables comme le cardinal de Noailles ou des administrateurs peu suspects d'hostilité comme Pontchartrain, fait apparaître le rôle incontestable joué par Saint-Maur dans la diffusion des idées jansénistes. Pourtant, ces observations ne sont pas discriminantes et ne suffisent pas à accréditer la place tenue par Saint-Maur dans un complot, car les moines ont témoigné et nié avec la dernière énergie avoir été membres d'une conjuration. Aussi, pour cerner la nature de l'offensive mauriste, c'est-à-dire comprendre les buts de la congrégation, il faut maintenant analyser le contenu du jansénisme de Saint-Maur.

1. *Dictionnaire de théologie catholique, op. cit.*, p. 416.

Le jansénisme mauriste

Au-delà du décalage chronologique qui diffère sa période de virulence, si on le compare à Port-Royal, le jansénisme des mauristes est différent dans son contenu des autres avenues du jansénisme français. Différent doctrinalement. Cette divergence, analysée naguère par Marc Fumaroli[1], a été décrite comme celle du mouvement érudit vers une tradition originaire. Il faut peut-être ajouter à cette observation juste que le jansénisme mauriste est également différent théologiquement et politiquement. Différent théologiquement : des deux thèses jansénistes, le théocentrisme et la corruption par le péché, les mauristes se trouvent beaucoup plus proches de la première. « La vie en Dieu », cette eschatologie fondamentale qui s'est trouvée exprimée dans l'école française de spiritualité sous la doctrine du Verbe Incarné, laquelle implique que l'homme ne se réalise qu'en s'unissant à Dieu dans l'adoration de l'amour, est pleinement présente dans la conception mauriste. L'existence humaine en est profondément revalorisée et non dévalorisée, à condition qu'elle soit pensée en Dieu.

> Si la personne du Verbe est unie en cette humanité, l'essence du Verbe et la substance y sont unies [...] car le Verbe est Dieu, Dieu est homme et l'homme est Dieu selon les notions les plus familières et communes de la foi ; et le Verbe est Dieu par cette essence divine et Dieu est homme par cette humanité[2].

À l'opposé de l'augustinisme extrémiste défendu par Port-Royal, la contemplation du Verbe Incarné conduit les mauristes à la conception d'une humanité déifiée. C'est cette représentation du Christ total, de l'humanité en Dieu, qui conduira l'école française de spiritualité à l'idée d'une incarnation continuée et ascendante, à l'idée de rédemption universelle niée par Pasquier Quesnel mais que l'on retrouve dans l'idée de progrès

1. « Pour l'humanisme gallican, le retour érudit à l'Antiquité chrétienne et en particulier à celle de l'Église des Gaules se trouvait lié à une régénération moderne de la foi, de la discipline ecclésiastique et des mœurs dont la France chrétienne était appelée à donner l'exemple à l'Église universelle. C'est sur ce terrain gallican que l'augustinisme janséniste va pousser au XVIIe siècle ses plus profondes racines » (Marc Fumaroli, « Temps de croissance et temps de conception, les deux Antiquités dans l'érudition jésuite française au XVIIe siècle », *XVIIe siècle*, avril-juin 1981, n° 133).

2. Bérulle, *Discours de l'état et des grandeurs de Jésus*, Paris, 1723.

propre à l'érudition mauriste. La philosophie de l'histoire mauriste emprunte en effet à l'idée du Christ total et du Dieu vivant la révocation en doute de l'idée aristotélicienne de la hiérarchie des essences qui, appliquée à la chronologie, conférait à certains monuments ou individus une existence supérieure aux autres, et le rejet de l'idée d'un temps historique se déployant selon une dialectique descendante conforme au modèle platonicien du *Timée*. La théologie de l'école française est, au rebours, une revalorisation de toute la durée. Tout le passé est sanctifié, tous les monuments ont un sens parce que le Verbe s'est fait chair, non à telle époque particulière, ni dans telle civilisation exemplaire, mais à chaque moment. Cette conception permettra la formidable réévaluation des œuvres et la signification primordiale apportée à l'Histoire comme transmission, qui sera recueillie par l'érudition mauriste. L'école française de spiritualité s'opposait perpendiculairement à l'idée d'une religion éternelle qui aurait été contenue en germe dans la sagesse antique, elle lui objectait la conception historique d'une piété révélée qui se construisait d'une manière approchée dans l'histoire ; elle s'affrontait aussi aux *boni auctores*, aux autorités, puisque chacun devait accomplir, pour soi et en Dieu, sa conversion. Jean Mabillon et Luc d'Achery ont été les continuateurs et les héritiers en esprit de Grégoire Tarisse et ils se sont insérés dans cette tradition de l'école française de spiritualité. Une autre différence sépare les mauristes du jansénisme de Port-Royal : elle concerne la loi naturelle. L'auteur des *Pensées* avait condamné l'irrationalité de la politique, qu'il comparait à un hôpital de fous, et il estimait que si l'on devait respecter la hiérarchie sociale, c'est en considération des grandeurs d'établissement indépendantes des grandeurs naturelles et que si l'on devait appliquer la justice, c'est en raison des habitudes acquises et des coutumes suivies, bien éloignées de la justice universelle. Selon le grand savant, en histoire et en politique, il était impossible de se réclamer de la loi naturelle :

> Il y a sans doute des lois naturelles mais cette belle raison a tout corrompu.

À l'opposé, dom Gerberon, l'un des auteurs jansénistes de la congrégation, estime que la loi naturelle et la raison ont de si grands rapports avec la conscience qu'il est difficile de ne pas les confondre. Dom Gerberon limite l'obéissance par la liberté de conscience et ancre la loi positive dans la loi naturelle[1]. Il n'y a pas d'opposition chez Gerberon entre la loi naturelle et les lumières naturelles, aucun hiatus entre la nature et la raison, pas de césure entre la loi divine et la règle d'action positive, pas de rupture entre la loi éternelle et la justice humaine mais, à la place, une volonté de trouver une légitimité à l'action et à la politique.

Différent politiquement: la divergence la plus fondamentale, soulignée d'ailleurs par tous les commentateurs, est politique et elle concerne le gallicanisme. On l'a vu, Jansenius et Saint-Cyran, adversaires de Richelieu, étaient antigallicans; le jansénisme de la dernière période, et en particulier dans la lutte contre la bulle *Unigenitus*, va à l'opposé s'investir totalement dans la lutte gallicane. Le poids propre à Saint-Maur a influencé lourdement le tournant gallican bien connu des franciscains. Érudit, christocentrique, historiciste et enfin gallican, le jansénisme de Saint-Maur est donc original; il est l'une des nombreuses composantes de ce mouvement d'ensemble dont on a justement observé les strates et les glissements, les évolutions progressives et les dénivellations successives. À la liste déjà dressée par René Taveneaux, les thèses de l'*Augustinus* de l'évêque d'Ypres, la nuance tragique du dieu caché de Port-Royal, la nuance régaliste et gallicane de Pasquier Quesnel, la nuance presque démocratique d'Edmond Richet, la nuance libérale de l'abbé Barral, la nuance réformatrice révolutionnaire si l'on suit Michelet, Louis Blanc et Henri Martin, qui ont vu une filiation entre le jansénisme de la veille de la Révolution et la Constitution civile du clergé, on pourrait ajouter la nuance historique et gallicane de Saint-Maur. À ce point, il faut reconnaître que l'engagement janséniste de Saint-Maur laisse subsister un certain nombre d'énigmes et qu'il nous faut faire le partage entre ce qui est raisonnablement connu et ce qui reste indéchiffré. Ce qui est raisonnablement connu, c'est l'arborescence et les différents tournants connus du jansénisme, le développement d'une ecclésiologie gallicane, le déploiement de la liberté de conscience, l'essor, comme Appolis l'a montré pour le XVIIIe siècle, d'un tiers parti international qui, sans se rallier tout à fait aux Appelants et aux Constitutionnaires, constitue une grande force, antimoliniste et hostile à la morale relâchée. Pour la congrégation, la difficulté est de trouver la bonne mesure

1. Dom Gerberon, *La Règle des mœurs contre les fausses maximes de la morale*, Paris, 1688.

entre une lutte qui prend des allures de conspiration parce qu'elle s'avance masquée, et une accusation qui prend des allures de projection paranoïaque parce qu'elle déplace un débat doctrinal sur un enjeu d'autorité. Saint-Maur complote, si l'on entend par là que la congrégation s'est engagée dans la dispute sur la grâce et dans la défense de l'*Augustinus*. Mais Saint-Maur ne complote pas si l'on veut dire par une telle accusation que la congrégation voulait prendre le pouvoir dans l'Église ou affaiblir la monarchie.

C'est que le mystère se situe peut-être cette fois non pas en aval mais en amont. Comment expliquer le passage du parti dévot espagnoliste au parti gallican anti-ultramontain ? Comment rendre compte des fils tissés entre le parti dévot et le parti janséniste ? Comment expliquer les liens de Bérulle et de Saint-Cyran, de saint Vincent de Paul et de Grégoire Tarisse, et surtout l'activité omniprésente de Nicolas Pavillon, le directeur de conscience de Pascal, dans l'obtention de la paix de l'Église en 1669 ? À mon sens, il est difficile de rendre compte de l'engagement de Saint-Maur dans le « complot janséniste » si on n'éclaircit pas, à la fin des fins, le mystère encore inentamé du parti dévot, de la fameuse cabale des dévots chère à Molière, si l'on ne retrouve pas le complot dans le complot.

Le parti dévot constitue un étrange milieu et les hommes y ont des biographies lacunaires: saint Vincent de Paul (Qu'allait-il faire dans cette galère ?) ; des moyens d'action étonnants: Nicolas Pavillon (Comment a-t-il obtenu la paix de l'Église) ; des ramifications inattendues (Comment expliquer les liens de saint Vincent de Paul et de Grégoire Tarisse ?) ; des protagonistes célèbres et inaperçus ; Nicolas Poussin *(« et in Arcadia ego »)*. Bref, un milieu qui n'a pas fait l'objet jusqu'ici des éclaircissements qu'il mériterait. Il me semble que l'on comprendrait mieux le complot janséniste, mais surtout que l'on aurait une chance d'expliquer le mystère du passage du jansénisme ultramontain espagnoliste au jansénisme gallican, si l'on voulait bien s'engager dans une meilleure connaissance de la cabale des dévots, c'est-à-dire de la cabale chrétienne. Si cette piste n'était pas inutile, cela signifierait que, une fois encore, comme pour tant de complots du XVIIe siècle, la clé se trouve cachée dans le premier XVIIe siècle.

L'évolution du jansénisme espagnoliste vers un jansénisme gallican n'est peut-être pas en effet de pure circonstance et de plein accident. Elle posséderait sa logique si le parti dévot avait eu la conviction d'être la chrétienté catholique. C'est seulement sa défaite devant la compagnie de Jésus qui l'oblige à se recentrer dans les limites plus étroites de la France. C'est la défaite de « la réforme dans la Contre-Réforme » qui conduit le jansénisme au gallicanisme. Cette défaite elle-même s'enracine peut-être dans une difficulté doctrinale propre au courant de la cabale chrétienne : contradiction entre la doctrine du Dieu tout-puissant et la doctrine de la nature corrompue (contradiction que se partagent d'ailleurs le jansénisme catholique et le protestantisme, car les discussions entre arminiens, sociniens et remontrants ont le même fondement). C'est parce que le jansénisme partait d'un présupposé doctrinal instable que son « complot » ne pouvait réussir. Mais aussi, et c'est là sans doute le plus important, c'est parce que le jansénisme avait, à l'opposé de la Compagnie, formé le projet de conquérir non l'État ou l'Église mais la société et les consciences chrétiennes, que sa vicariance le conduisit à devenir un courant majoritaire. Par quoi sa défaite en France fut celle du catholicisme établi mais aussi la défaite du complot comme politique par d'autres moyens.

Si toute histoire digne de ce nom doit être, selon Hegel, une histoire réfléchie, c'est-à-dire capable de déterminer l'esprit qui agit, alors vous me permettrez peut-être de conclure paradoxalement que l'esprit du « complot » janséniste (que nous mettons maintenant entre guillemets), lequel ne visait que l'union de la piété et de la vérité (Mabillon), était celui de la liberté et que les mauristes qui manifestaient étaient dans leur bon droit en refusant d'être assimilés à des comploteurs. Même si lorsque, dans un État despotique, la conjuration devient manifestation, lorsque le complot devient renversement d'opinion, on n'est pas loin de la Révolution...

La querelle Newton-Fréret

> En Allemagne et en Italie, l'historiographie (scholarship) est acceptée comme un champ normal de l'enquête historique et pratiquée par d'éminents historiens intellectuels. Mais en Angleterre et aux États-Unis, les historiens et les spécialistes d'histoire littéraire ont tendance à considérer de telles études comme relevant de l'activité des antiquaires.
>
> La vieille historiographie est pour eux la philologie morte. Attiser les cendres des disputes de la philologie disparue leur semble vain et sans profit. Il est vrai que les problèmes techniques des études classiques ne sont pas d'un grand intérêt pour beaucoup de gens et même pour beaucoup d'intellectuels qui considèrent que l'histoire des études classiques est a priori moins intéressante. Ce n'est pas mon propos de chercher à comprendre les raisons profondes de cette situation ni d'enquêter pour savoir pourquoi ce qui paraît à l'École des Hautes Études est étudié avec avidité par tant de ceux qui ne prêtent pas la moindre attention à ce qui se passe à l'École nationale supérieure de Pise [...] mais mon intention est néanmoins de vous exposer schématiquement les principales questions que je me suis posées[1].

Fréret chronologiste ? Je dois l'avouer d'emblée : je ne suis pas chronologiste. Je n'ai nullement, comme notre collègue américain Grafton, approfondi l'œuvre de Joseph Scaliger et son effort de réconciliation des calendriers antiques et modernes. Je n'ai pas l'intention de me livrer ici à un travail sérieux de chronologiste. Ne comptez pas sur moi pour vous livrer la clé du mystère des indictions (révolutions de quinze ans), des épactes (différences des cycles solaires et lunaires) ou

1. Anthony Grafton, *Joseph Scaliger...*, New York, 1983.

même des calculs complexes par lesquels Joseph Scaliger a inventé ce calendrier absolu qu'est la période julienne, en hommage à son père. Je ne vous révélerai pas non plus les mystères du lever héliaque de Sirius, de l'année babylonienne, arménienne, cappadocienne, etc., j'ai seulement, comme tout historiographe, rencontré la chronologie, l'une des sciences auxiliaires de l'histoire qui se déploie à la Renaissance, se fixe au XVIIe siècle, et connaît ses derniers débats brillants, publics et heurtés au XVIIIe siècle. Davantage, m'intéressant à l'œuvre et à la personnalité du grand Nicolas Fréret, j'ai inévitablement buté sur les polémiques engagées par l'antiquaire à propos de la chronologie avec ses collègues de l'Académie des inscriptions, et notamment sur la plus célèbre d'entre elles, la polémique avec Isaac Newton. Car, en vérité, Fréret chronologiste, c'est peut-être presque tout Fréret : l'historien a osé tenter une synthèse de *toutes* les chronologies existantes et il s'est consacré à l'étude de *tous* les calendriers. Effort énorme qui l'a conduit à examiner successivement et ensemble les années des grandes civilisations antiques, l'année égyptienne, l'année grecque, l'année babylonienne, l'année perse, l'année arménienne, l'année vague cappadocienne, le calendrier chinois, etc. On ne s'étonnera pas dès lors que la chronologie ait absorbé l'essentiel de ses efforts : sur les vingt tomes de ses œuvres complètes, celle-ci occupe les tomes II à XIV.

Sans intention d'exhaustivité, j'aborderai l'activité chronologiste de Fréret à partir de la dispute qu'il eut avec Isaac Newton. C'est cette querelle que je souhaiterais retracer qui me paraît intéressante à plusieurs égards. Elle recèle un triple enjeu public, critique et biblique. Un enjeu public d'abord pour la personnalité des adversaires, suffisamment imposante pour intéresser le public. La stature éminente du physicien anglais assura le succès du scandale du débat, peut-être l'un des derniers, avant le déchiffrement des hiéroglyphes par Champollion, qui ait agité l'opinion sur une question savante à l'époque classique, un débat qui fit assez de bruit pour que l'*Encyclopédie* en donne un commentaire somme toute mesuré et que je ne peux m'empêcher d'évoquer :

> La chronologie n'est pas proprement l'histoire des temps [...] Parmi les auteurs qui ont écrit sur la chronologie, il en est un dont nous parlerons un peu plus souvent ; non que son système soit des plus sûrs, mais à cause du nom de l'auteur, de la singularité des

> preuves sur lesquelles ce système est appuyé, et enfin de la nature de ces preuves, qui, étant astronomiques et mathématiques, rentrent dans la partie dont nous sommes chargés.
>
> Selon Monsieur Newton [...] Ce système, il faut l'avouer, n'a pas fait grande fortune, il a été attaqué par Monsieur Fréret et le Père Souciet[1].

Histoire de manuscrits confiés et retenus, de publication précoce et non approuvée comme il en est tant au XVIIe siècle et comme il en subsiste encore beaucoup au XVIIIe. Car Newton avait confié son *Abrégé* à l'abbé Conti, mais il en réprouva la traduction par Fréret et l'assortit d'observations critiques du même auteur. La publication de l'*Abrégé*[2], par lequel se répandra dans le public la position du célèbre physicien, s'accompagna d'une brouille définitive de ce dernier avec l'abbé Conti.

> L'Abbé Conti était en Angleterre, il y a encore sept ans [...] il me demanda une copie de ce que j'avois écrit sur la chronologie, je répondis que ce que j'avois sur cette matière étoit confuse et imparfaite [...]. Il savoit que ce manuscrit devoit être secret [...]. Mais lorsque il est dehors, il en disperse des copies en France ; il se trouve un antiquaire pour le traduire en français et pour le réfuter[3]...

Une longue suite de prises de position s'ensuivit, qui rendent la querelle piquante parce qu'on y voit mêlées, informées par l'abbé Conti, des personnalités comme Leibniz, Nicole, Fontenelle, Terrasson, le comte de Caylus, les ducs de Villeroi, La Rochefoucauld, de Sully, le cardinal de Polignac, Bolingbrocke, *et alii*. La discussion durera tout le siècle en engageant de grands noms comme celui de l'astronome Halley ou de moins grands comme celui du jésuite Souciet ou de l'académicien La Nauze. Un combat *ad hominem*. La dispute mettait aussi aux prises deux hommes, l'un célèbre, l'autre notoire, mais gardant tous deux une part de mystère et d'ombre. L'intérêt pour Sir Isaac n'a cessé de grandir à la mesure de la reconnaissance que lui donneront ses compatriotes. (Et Voltaire de remarquer,

1. *Dictionnaire des arts et des sciences*, article « Chronologie ».
2. Isaac Newton, *Abrégé de la chronologie*, publié dans l'*Histoire des Juifs et des Peuples Voizins* par Monsieur Prideau, Amsterdam, 1725.
3. Isaac Newton, *Réponse aux observations sur la chronologie de Monsieur Newton avec une lettre de l'abbé Conti au sujet de ladite réforme*, Paris, 1726.

dans des comparaisons dont il a le secret, l'inégalité de traitements que l'Angleterre et la France réservent à leurs grands hommes.) Mais l'attrait pour Fréret ? Reconnaissons que la cohorte que nous formons ne fait encore que peu d'adeptes. Fréret a été en partie oublié et la redécouverte de son œuvre chemine avec la reprise de l'historiographie.

Qu'est-ce qui opposait les deux hommes ? Il ne s'agit pas d'une simple question de statut ni même d'une question de spécialité : un savant d'un côté, un littéraire de l'autre ; car la division au XVIIIe siècle entre la philosophie naturelle et l'érudition, malgré les distinctions établies par Fontenelle, ne reproduit pas exactement le savoir des uns et des autres. Newton astronome connaît son histoire antique et cultive l'exégèse biblique. Fréret historien est versé en astronomie et ne néglige point les mathématiques. Non, la différence, s'il en est une, est d'abord et avant tout une différence de tradition culturelle, une différence d'histoire et d'enracinement. L'auteur des *Principia mathematica*, l'inventeur du calcul infinitésimal, est, comme son rival Leibniz, un homme qui n'est pas coupé des lumières de la Renaissance. Newton, on le sait maintenant grâce aux récents travaux de ses biographes, était alchimiste, cabaliste, biblíciste. Le cartésianisme n'est jamais passé par l'Angleterre. Il en va tout autrement de Nicolas Fréret. Quand bien même l'on rejetterait totalement l'attribution au savant antiquaire de la *Lettre de Thrasybule à Leucippe* ou *L'Examen critique des apologistes de la religion chrétienne*, il n'en resterait pas moins que le jeune Fréret aurait été un assidu du cercle Boulainvilliers, cercle libre penseur et spinoziste tout entier tendu vers une redéfinition de l'histoire qui n'emprunte pas à l'autorité religieuse, comme l'a très bien montré Paul Vernière. C'est peut-être là l'un des intérêts de cette dispute. Elle oppose les Lumières anglaises aux Lumières françaises, le XVIIe siècle anglais au XVIIIe siècle français, qui a cessé d'être gallican pour devenir libre penseur et irréligieux. Malgré la contemporanéité des deux adversaires, Newton appartient à l'époque de la Glorieuse Révolution et à un monde religieux qui n'a pas refusé la Bible, tandis que Fréret travaille dans une société qui se réunit au café Procope et déclame sur Monsieur de l'Être, une société qui, à sa manière, prépare la Révolution de 1789. C'est surtout la faute à Rousseau et la faute à Voltaire. Entre Newton et Nicolas Fréret, se produit le choc où s'affrontent deux mouvements différents de la modernité européenne.

Enfin, l'enjeu critique. La dispute entre Nicolas Fréret et Isaac Newton sur la chronologie antique avait aussi un enjeu critique dont on peut rapidement résumer les points de fixation en évoquant des connaissances déjà acquises et quelques données chronologiques indispensables, que nous tenterons d'établir.

Généralités sur la chronologie

Si la chronologie, la méthode pour mesurer le temps, est aussi vieille que l'histoire des civilisations, la chronologie historique, elle, est une conquête de l'historiographie de la Renaissance. C'est au XVIe siècle que l'on se préoccupa de débrouiller la chronologie jusque-là confuse et, ici, la grande tentative qui fit date est l'ouvrage de Joseph Scaliger, le *De emendatione temporum*, publié en 1583 et qui a constitué la base de la chronologie moderne. Scaliger s'est occupé de trouver un système de traduction des différents calendriers adoptés par les civilisations du monde méditerranéen. La multiplicité des systèmes chronologiques constituait une première difficulté. Presque universellement, on avait adopté l'année pour mesurer le temps. Mais celle-ci ne commençait pas aux mêmes dates. De surcroît, elle était calculée tantôt selon le cours de la lune (le système le plus répandu), tantôt sur celui du soleil (le système qui ne s'imposa vraiment qu'avec la réforme julienne), tantôt sur une combinaison de l'année lunaire et de l'année solaire. Ajoutons que les calculs n'étaient pas toujours exacts et que les chronologistes anciens ne laissaient pas d'avoir commis quelques erreurs. Au XVIIe siècle, le père Denis Petau publia, sous le titre *De doctrina temporum* (1627), un nouveau travail important de chronologie qui contredisait sur plusieurs points l'œuvre de Scaliger. Au XVIIIe siècle, les bénédictins dom Maur d'Antine, dom Charles Clément et dom Ursin Durand publièrent, de 1750 à 1770, un *Art de vérifier les dates* qui résumait l'essentiel des travaux chronologiques de leur époque. C'est de cette époque des XVIe, XVIIe et XVIIIe siècles que provient l'essentiel des connaissances que nous possédons aujourd'hui, et notamment les cadres majeurs de la chronologie universelle, en particulier la distinction entre les temps préhistoriques (ou protohistoriques), héroïques, et les temps historiques. La chronologie des temps historiques est assurée pour la Rome antique, la Grèce, la

Syrie et l'Égypte, le peuple juif, mais il est plus difficile de l'établir pour les temps héroïques où la chronologie égyptienne sert de base de référence à la chronologie romaine[1] et en partie à la chronologie babylonienne[2].

La chronologie romaine

Le principe de la chronologie est très simple. Les Romains utilisent une chronologie qui est ordonnée par les tables consulaires, depuis la chute de la monarchie. D'où la bonne connaissance que nous avons des dates de l'époque romaine, en particulier à partir des guerres samnites, où nous disposons d'une très bonne chronologie.

La chronologie babylonienne

La chronologie babylonienne est très précise car elle est liée à des observations astronomiques dont certaines sont contemporaines d'événements historiques. Ainsi la bataille de la rivière Halys en Asie mineure peut être datée de façon certaine grâce à une éclipse observée. À partir de points fixes, la chronologie assyro-babylonienne dispose donc de repères absolus, d'autant qu'une partie des règnes assyriens sont contemporains de l'histoire juive. Ainsi, dans les tablettes de Ninive, on voit stipuler le nom des rois Assurbanipal, Assurnazirpal, qui apparaissent dans les récits de la Bible dans l'épisode de la guerre de Judée et dans le Livre des Rois. Cette sûreté de la chronologie assyrienne donne des repères absolus pour les dates de l'histoire biblique. La chronologie babylonienne est assurée à partir du canon de Ptolémée. Il s'agit d'une liste de rois de Babylone après l'accession de Nabonassar en 747 avant J.-C. Le canon de Ptolémée (le célèbre astronome résidant en Égypte) s'est avéré fondamentalement correct lorsqu'on eut découvert les

1. Isaac Newton, *Abrégé de la chronologie, op. cit.*

2. Newton ne voulut pas se mêler de l'impression et adressa une note à Nicolas Fréret : « Mon intention n'est point de me mêler de l'impression de celui qui [il s'agissait de son manuscrit] vous a été donné sous mon nom ou de vous donner aucun consentement pour le publier » (Newton, lettre du 17 mai 1725, publiée dans *Histoire des Juifs et des Peuples Voizins* par Monsieur Prideau, *op. cit.*, t. VII).

anciennes tablettes cunéiformes de Mésopotamie, qui incluaient des références à des événements astronomiques, principalement à des éclipses lunaires. La liste s'étend de 747 à 539 avant J.-C., c'est-à-dire pendant la période perse et séleucide de l'histoire mésopotamienne jusqu'à la conquête persane qui marque la fin de l'histoire babylonienne. Par suite de découvertes archéologiques anglaises et allemandes, on a retrouvé une chronologie des rois assyriens qui remonte jusqu'à 1700 avant J.-C. De la même façon, les découvertes archéologiques en Babylonie (en particulier à Tel el-Amarna) donnent des dates à peu près fiables jusqu'à 1595 avant J.-C. Il est plus difficile de remonter jusqu'au second millénaire.

La chronologie égyptienne

La chronologie la plus fascinante et celle qui a fait couler le plus d'encre, bien qu'on ne parvienne pas à des appréciations absolument précises, est, sans conteste, la chronologie égyptienne. Les Égyptiens, comme beaucoup d'autres peuples anciens, dataient les événements non par ères mais par les règnes de leurs rois. La plus complète et la plus ancienne des listes dynastiques compilée à partir de sources plus anciennes par l'historien-prêtre Manéthon, au IIIe siècle avant J.-C., pour une histoire perdue de l'Égypte qu'il avait écrite en grec pour Ptolémée Ier Sôter, ne nous a été conservée que par fragments : on les trouve dans les textes du chronologiste Jules l'Africain (IIIe siècle avant J.-C.), dans l'*Histoire de l'Église* d'Eusèbe de Césarée, et dans l'édition d'une chronique byzantine de Georges le Syncelle dans son *Épitomé de l'histoire ancienne*. La redécouverte et l'intérêt pour les textes de Manéthon datent de la Renaissance, qui manifesta un extrême intérêt pour son œuvre, jusqu'à faire circuler la plume d'Annius de Viterbe une fausse histoire de l'ancienne Égypte. Les listes dynastiques de Manéthon offrent de nombreux avantages. Le principal d'entre eux est la division qu'il institue entre l'Ancien Empire, le Moyen Empire, le Nouvel Empire. Mais sa chronologie n'est pas sans avoir quelques inconvénients : le nom des pharaons ne correspond pas toujours aux découvertes archéologiques des rois identifiés (à travers plusieurs noms) dans les cartouches. Par ailleurs, il est établi maintenant que Manéthon ne savait plus lire les hiéroglyphes et la réception de la chronologie établie par lui est elle-même antérieure au déchiffrement des hiéroglyphes. Malgré cela, la chronologie égyptienne servit de référence au XIXe siècle à toute la chronologie antique pour les temps héroïques, en particulier parce qu'on retrouva beaucoup de tablettes égyptiennes dans les sites de la civilisation « égéenne » : Cnossos, Mycènes, Tyrinthe. L'Ancien Empire date du troisième millénaire avant J.-C., 2800 avant J.-C. On situe traditionnellement la fin de l'Ancien Empire vers 2240, avec une période intermédiaire qui dure jusqu'en 2065. Le Moyen Empire commençait en 2050 jusqu'en 1570. Et enfin le Nouvel Empire daterait de 1552 jusqu'en 1090.

La chronologie juive

Base de toute la chronologie dans le monde chrétien, la chronologie de la Bible avait été largement secouée par l'examen philologique. En dehors de la date de la création du monde, que bon nombre d'esprits s'accordaient à trouver trop rapprochée, les différentes versions de la Bible ne donnaient pas les mêmes dates. Ainsi, entre la création et la naissance d'Abraham, le texte hébreu comptait 3646 années, le texte samaritain 2247 années et les Septante 3412 années. De même, la période de la captivité était censée avoir duré 400 ans. Du coup, la chronologie biblique ne pouvait plus figurer comme la référence absolue.

La chronologie grecque

La chronologie grecque a toujours été très importante dans le cadre de la culture chrétienne. Car la formule de concorde entre Athènes et Jérusalem mise au point par la patristique impliquait que fussent connues également l'histoire grecque et l'histoire du peuple élu. Le peuple d'Israël, centre et enjeu de l'histoire universelle, se situait entre les puissances orientales, l'Égypte et la Mésopotamie, comme un espace-temps excentrique par rapport à celui d'Athènes et de Rome. Les chronologistes chrétiens s'étaient employés à rétablir la suite des âges et des pensées au sein de la période confuse qui précédait l'histoire classique, mais d'opérer également des raccords entre l'histoire juive et l'histoire grecque, et des ajustements avec l'histoire égyptienne et l'histoire d'Asie mineure. Les débats de la Grèce montraient ses origines orientales. La captivité du peuple juif en Égypte était un lien avec l'histoire égyptienne. Dans le cadre du néo-platonisme, caractéristique de la Renaissance, la fascination exercée par l'hermétisme reconduisit les nombreux lettrés au rendez-vous égyptien: Samuel Bochard, Huet, et beaucoup d'autres, qui défendaient pourtant la prééminence du christianisme, s'accordaient pour trouver à celui-ci un berceau commun en Égypte. Avant même le déchiffrement des hiéroglyphes par Champollion (1822), l'histoire égyptienne jouera donc un très grand rôle dans l'établissement de la chronologie des temps héroïques de l'histoire grecque.

L'histoire grecque ne souffre d'aucune incertitude chronologique à partir de 776 avant J.-C., date de la première Olympiade. Auparavant, la chronologie grecque est fondée sur les listes des rois spartiates (Hérodote) et sur les listes des archontes athéniens dont se sert Thucydide. Par ailleurs, les fouilles archéologiques qui ont révélé l'existence de civilisations appelées minoennes ou égéennes en Crète (Cnossos) et dans les villes comme Mycènes et Tyrinthe reportent beaucoup plus haut dans le temps la civilisation grecque archaïque. D'abord nettement individualisée par les travaux de Sir Arthur Evans, la civilisation minoenne a été rattachée, depuis le déchiffrement du linéaire B, à la civilisation grecque. D'une manière approximative, le début de la civilisation minoenne en Crète est daté de 2600 ou 2200 avant J.-C. La période des seconds palais commencerait en Crète vers 1700 avant J.-C., la civilisation minoenne connaissant son apogée entre 1570 et 1400 avant J.-C. avec les palais de Cnossos, Phaistos, Mallia et Zakro. Une catastrophe les aurait renversés vers 1350 (date approximative).

Une autre date importante concerne le moment de la chute de Troie. Hérodote avait donné comme date 1250 avant J.-C. et Ératosthènes 1192 avant J.-C. La chute de Troie aurait été suivie par les grandes migrations, traditionnellement appelées le retour des Héraclides, ainsi que par un long vide d'événements avant la parution des poèmes homériques, quelques centaines d'années plus tard. Pour toutes les raisons qui ont été esquissées, les temps héroïques font donc figure, pour la majorité des historiens, d'*époques obscures (dark ages)*. Qui se reporterait aux tables chronologiques données par les manuels ou les livres de référence verrait qu'elles sont toujours accompagnées de l'indice approximatif ou incertain. La chronologie des temps historiques et des temps héroïques a été fixée à l'époque classique. Si, à l'issue des recherches érudites de ce temps, on n'eut plus aucune incertitude en ce qui concerne les temps historiques, en revanche les recherches sur les temps héroïques, loin de déboucher sur un accord général, n'aboutirent qu'à une victoire « aux points », une conclusion conjecturale de Fréret contre Newton. En vérité, la discussion chronologique n'a pas tellement avancé depuis le XVIIIe siècle, et c'est pourquoi il est intéressant et utile de se reporter aux détails qui furent les siens.

La position d'Isaac Newton

Je n'ai pu reconsulter la *Chronologie des anciens royaumes* par Isaac Newton, actuellement en recollement à la Bibliothèque nationale, mais je crois que l'*Abrégé de la chronologie de Monsieur le Chevalier Isaac Newton*, rédigé par lui-même et traduit sur le manuscrit anglais par Nicolas Fréret en 1725, constitue un assez bon exposé des thèses du physicien. Isaac Newton soulignait en effet que ni la chronologie grecque, ni la chronologie romaine, ni la chronologie assyrienne, ni la chronologie égyptienne des *époques obscures* n'étaient assurées.

> Avant l'usage de l'écriture, on ne pouvait guère conserver la mémoire d'un nom et des actions d'un prince au-delà de 80 ou 100 ans après sa mort. Par cette raison, je n'admets la chronologie des anciens rois de la Grèce, qu'à commencer 81 ans avant que Cadmus y ait porté l'écriture[1]...

Les séries chronologiques étaient établies sur des suites dynastiques par lesquelles on comptait trente-six ans en moyenne par génération, ce qui lui paraît invraisemblable :

> Nous savons qu'Ératosthènes et Apollodore comptoient les temps par les règnes des rois de Sparte, ils mettoient 17 générations entre le retour des Héraclides et la bataille des Thermopyles et comptaient 620 ans entre ces deux événements ; ce qui montre qu'ils donnaient 36 ans et demi de durée à chaque règne ou génération ; mais on ne trouve aucun exemple dans l'histoire véritable et comme avec certitude de 27 rois consécutifs ayant régné chacun le temps de 36 ans. Ainsi, en donnant seulement 18 ans de règne, l'un portant l'autre à ces 17 rois, j'ai déterminé le temps du retour des Héraclides[2].

1. *Ibid.*
2. *Ibid.*, p. 8.

Une seconde observation était tirée de l'astronomie ; il s'agissait de la précession des équinoxes. Les points équinoxiaux ont un mouvement rétrograde à peu près uniforme d'un degré en soixante-douze ans. En comparant les observations de Chiron qu'on trouve recueillies dans *Clément d'Alexandrie* et celles de Méton un an avant la guerre du Péloponnèse, Newton concluait qu'il fallait placer l'expédition des Argonautes en 909 avant J.-C. et non en 1400 comme on le croyait. Ce qui faisait perdre cinq siècles à l'histoire grecque. De là, concluait le chevalier :

> Par ce moyen, j'ai dressé la chronologie suivante, que j'ay rendu conforme à l'ordre de la nature, à l'astronomie, à l'histoire sacrée, et que j'ai consilié avec elle-même, la débarrassant de toutes ses contradictions dont se plaignait Plutarque ; je ne prétends cependant pas être si exact, que je ne puisse me tromper. Il peut y avoir des erreurs de cinq, de dix et même quelques fois de vingt ans mais je ne crois pas que cela aille plus loin[1].

On pourrait résumer sur un tableau chronologique les principaux redressements opérés par Newton dans l'histoire antique.

1120 avant J.-C.	Unification de la Haute-Égypte sous Méphregmathosis, diaspora des peuples pastoraux en Europe et en Grèce.
1070	Saül, roi d'Israël.
1041	Influence des Phéniciens en Grèce, qui apportent l'écriture.
1019	Règne de Salomon.
1015	Règne de Minos en Crète.
1012	Règne de Crécops dans l'Attique.
988	Du règne de Minos aux Athéniens.
979	Règne de Jéroboam sur les dix tribus d'Israël.
964	Mort de Minos en Crète. Arrivée de Danaos en Grèce. Naissance d'Hercule.
960	Amphiction rapporte d'Égypte dans la Grèce le culte des douze dieux.
944	Ruine de la Basse-Égypte.

1. *Ibid.*, p. 9.

937	Expédition des Argonautes. Observation de Chiron.
928	Règne de Priam. Guerre des Sept ou Thèbes.
919	Règne d'Agamemnon. Seconde Guerre de Troie.
904	Prise de Troie.
912	Ménès bâtit Memphis.
884	Ulysse abandonne Calypso.
870	Temps d'Hésiode.
834	Règne de Khéops en Égypte.
824	Règne de Khéphren en Égypte.
776	Jeux Olympiques. 1re Olympiade.
708	Règne de Lycurgue à Sparte.
635	Les Scythes envahissent le palais des Mèdes et des Assyriens.
617	Fondation de Rome.
600	Naissance de Darius le Mède.
588	Le temple de Salomon est incendié par Nabuchodonosor.
565	Solon, archonte d'Athènes.
332	Conquête de la Perse par Alexandre le Grand.

La conséquence de la chonologie de Newton a été admirablement résumée par Jean-Pierre de Bougainville, introducteur de l'œuvre de Nicolas Fréret à titre posthume.

D'abord en ce qui concerne l'histoire grecque :

> […] Une prodigieuse réduction de l'histoire grecque, dont le commencement se trouvait par là moins longue de cinq cents ans qu'on ne l'avait cru. La réforme s'étendait aux Égyptiens, aux Chaldéens, aux autres nations de l'Europe et de l'Asie : toutes perdaient cette antiquité sur laquelle les systèmes les plus opposés d'ailleurs s'étaient réunis jusqu'alors[1].

Ensuite sur l'histoire égyptienne :

> […] Un nouveau système au sujet des antiquités égyptiennes. L'identité de Sésostris d'une part, avec Sésac, contemporain de

1. Jean-Pierre de Bougainville, *Introduction aux Œuvres de Nicolas Fréret*, *Œuvres complètes*, Paris, Moutardier, t. VII, p. 9.

> Roboam suivant l'Écriture, et de l'autre avec Osiris, l'une des principales divinités de l'Égypte. Cette double identité prétendue par Monsieur Newton indiquait à la fois qu'il retranchait bien des siècles de l'histoire de ce peuple fameux, et qu'il avait une opinion peu différente de celle d'Évhémère sur l'origine de l'idolâtrie[1].

À la suite de l'*Abrégé public* répandu par les soins de l'abbé Conti, Nicolas Fréret ajouta ses observations critiques. Il maintenait le calcul par génération de trente ans au moins. À l'égard des preuves astronomiques avancées par Newton, il objecta que la position des étoiles et des points équinoxiaux n'était nullement exacte dans les écrits des auteurs anciens.

> Monsieur Newton attaque l'évaluation des générations suivie par les Anciens qui comptoient trois générations pour cent ans [...]. Monsieur Newton évalue les générations à dix-huit ou vingt ans [...]. Je ne crois pas cette évaluation suffisante [...] dans notre histoire de France par exemple de la naissance de Hugues Capet en 940 à celle de Louis XV en 1710, il y a 24 générations par la branche des Bourbons sortie de Robert de Clermont, fils de Saint Louis ; ces 24 générations divisaient ces 670 ans qui font entrer les deux termes d'Hugues et de Louis XV on aura 32 ans de durée pour chaque génération[2].

Puis Fréret se lançait dans une démonstration compliquée, dont je passe ici les détails, pour montrer que les observations des Anciens se rattachaient davantage à la consultation de leur calendrier qu'à celle de l'étude du ciel.

Sir Isaac prit les choses de très haut. Après avoir observé que le manuscrit avait été publié par l'abbé Conti sans son agrément et qu'il s'était « trouvé un Antiquaire *[sic]* pour le traduire en françois et pour le réfuter », il passa à la contre-attaque. Répondant sur une erreur de détail imaginée par Fréret dans son calcul astronomique mais non sur l'argumentation majeure selon laquelle les Anciens calculaient à partir de leur calendrier et non du ciel, argumentation qu'avait

1. *Ibid.*, p. 14.
2. Nicolas Fréret, *Observations sur la chronologie de Monsieur Newton*, publié dans *Histoire des Juifs et des Peuples Voizins* par Monsieur Prideau, *op. cit.*, p. 52.

développée l'antiquaire, il rectifiait aisément la confusion faite par Fréret entre le calcul des règnes et celui des générations.

> À l'égard des générations, il dit que je les estime l'une portant l'autre, sur le pied de 18 ou 20 ans chacune, ce qui est une autre méprise. Je m'accorde avec les Anciens à compter trois générations pour cent ans ; mais je n'égale pas les règnes des rois aux générations comme l'ont fait les anciens Grecs et les Égyptiens : j'évalue le règne de roi à 18 ou 20 ans l'un portant l'autre[1].

À cet égard, Newton marquait incontestablement un point. Enfin, troisième et dernier élément, Newton reprenait et approfondissait sa chronologie de l'Histoire ancienne dans une présentation qui n'était pas dénuée de bon sens.

> L'observateur dit que je suppose que vers l'an 900 avant l'ère chrétienne, les Égyptiens avoient commencé à former leur religion et qu'ils avoient défié les hommes qui, ayant vécu parmi eux, avoient été reconnus pour les inventeurs des arts, quoiqu'il paroisse dans les Livres de Moyse que leur idolâtrie et leurs arts étoient de la même ancienneté que les œuvres de Moïse et de Jacob. Mais il se trompe encore, je ne nie pas que le royaume de la Basse-Égypte, appelé Mizraït, n'eut une religion propre, jusqu'à ce que il ait été envahi et subjugué par les pasteurs qui étoient d'une autre religion ; mais je dis que quand les Thébains eurent chassé les pasteurs, ils établirent le culte de leurs rois et de leurs princes ; je dis aussi que les Arts avaient été apportés en Europe, principalement par les Phéniciens... du temps de Cadmos et de David environ 1041 ans avant J.-C., et ne nie pas qu'ils n'eussent été établis dans la Phénicie, l'Égypte, et l'Idumée avant que d'être apportés en Europe[2].

Si l'on veut suivre alors la suite de la discussion, il ne suffit plus de se reporter aux *Nouvelles Observations sur le système chronologique de Monsieur Newton*[3], où Fréret reprend et approfondit ses arguments, mais, en vérité, à une vie entière de recherches consacrées à l'examen des problèmes chronologiques

1. Isaac Newton, *Réponse aux observations sur la chronologie de Monsieur Newton avec une lettre de l'abbé Conti au sujet de ladite réforme*, *op. cit.*
2. *Ibid.*, p. 21.
3. N. Fréret, *Œuvres complètes*, Paris, Moutardier, t. VII.

et à toute la suite des études qu'il a publiées[1]. L'antiquaire injustement méprisé par Newton ne s'est pas intéressé à la seule chronologie grecque, mais aussi à l'égyptienne, qui formait l'essentiel de l'argumentation de son contradicteur. Il s'est engagé dans un énorme effort de synthèse pour mettre en parallèle toutes les chronologies existantes. Entreprise gigantesque qui l'a conduit à étudier successivement, tout en gardant un point de vue d'ensemble, les années et les calendriers de toutes les grandes civilisations antiques. Ses efforts ont porté sur la chronologie de l'Écriture à laquelle il a consacré, dans le tome XIV des *Mémoires de l'Académie*, un essai général. La documentation retrouvée par Fréret est impressionnante, car il comparait des données historiographiques recueillies des historiens anciens, et notamment des historiens grecs et égyptiens ou assyriens (Hérodote, Manéthon, Théon d'Alexandrie, Bérose), mais aussi des données astronomiques (dates des éclipses de lune, situations des points équinoxiaux), ou encore tous les renseignements qu'on pouvait avoir sur les calendriers établis par les anciens peuples.

1. Dans les *Œuvres complètes* de Fréret, lire notamment, dans les t. II à XIV:

Tome II: «Sur la date de la bataille des Marathons», «Sur l'expédition de Trajan dans les Indes», «Essai sur l'histoire et la chronologie des Assyriens de Ninive».

Tome III: «Recherche historique sur les anciens peuples de l'Asie», «Abrégé chronologique de l'histoire de la Syrie», «Recherche sur la chronologie de l'histoire de Lydie», «Canon chronologique des événements historiques déterminés sur la dissertation précédente».

Tome V: «Observations sur la Cyropédie de Xénophon».

Tome VII: «Chronologie de Newton», «Première observation sur la chronologie de Monsieur Newton», «Nouvelles observations sur le système chronologique de Monsieur Newton».

Tome VIII: «Suite».

Tome IX: «Suite».

Tome X: «Suite».

Tome XI: *Chronologie des Chinois*, t. I, «Sur la durée des générations dans les familles», «Sur quelques points de technique de la chronologie grecque considérée en général», «Observations sur plusieurs époques de la chronique de Paros», «Éclaircissements sur la nature des années employées par l'auteur de la chronique de Paros», «Observations sur l'époque d'une ancienne inscription grecque apportée de Tripoli, d'Afrique en Provence et placée dans le cabinet de M. Lebret», «Suppléments aux observations de l'époque des anciennes inscriptions de Tripoli de l'ère des Grecs de Syrie nommée plus ordinairement l'ère des Séleucides», «Réflexion sur l'opinion dans laquelle on prétend que Jules César, lors de la réformation de l'année courante, n'a fait autre chose que d'adapter à cette année la forme de celle employée depuis 1 280 ans dans le langage civil par les Grecs d'Alexandrie».

Rendons donc à César ce qui est à César et à Fréret ce qui est à Fréret. Et commençons par saluer ses remarquables résultats. Fréret est incontestablement celui qui a opéré le décentrement de la chronologie, traditionnellement axée sur le bassin méditerranéen, pour l'étendre au monde entier, élargissant par là considérablement la densité de l'histoire humaine. Sur la chronologie de Newton, il a aussi marqué quelques avantages incontestables : celui d'avoir accepté, tout en la resserrant quelque peu, l'antiquité de la Chine. Sur la période historique, les dates de concordance établies par Fréret entre les différents calendriers perses, assyriens et grecs à partir de l'examen de la chronique de Paros, sont encore les nôtres. Pourtant, avec les temps héroïques de la Grèce et le choix du référent ultime, une difficulté a subsisté qui n'a pas été entièrement réduite. À cet égard, je ne suis pas certaine que Nicolas Fréret ait eu finalement le dernier mot. Le tableau chronologique établi par Fréret contraste singulièrement en effet avec celui de Newton. Évoquons-le brièvement :

1590	Conquête de l'Asie mineure par Sésostris, roi d'Égypte.
1590	Cadmos s'établit à Thèbes.
1582	Arrivée de Danaos en Grèce.
1505	Règne de Minos en Crète.
1474	Établissement du culte de Jupiter par Hercule.
1469	Expédition des Argonautes.
1425	Fondation de Troie.
1385	Naissance d'Hercule.
1335	Travaux d'Hercule, considérés comme historiques.
1282	Prise de Troie.
776	Début des Olympiades.

Tome XII : « Observations sur les années employées à Babylone avant et depuis la conquête de cette ville par Alexandre (notamment l'année babylonienne, perse, arménienne, année cappadoccienne).

Tome XIII : « Sur la forme de l'année employée par les Bithyniens », « Recherche sur le canon astronomique qui se trouve dans les manuscrits de Théon d'Alexandrie et dans lequel la fuite des rois de Babylone, de Perse et d'Égypte et celle des rois romains sont marquées par les années égyptiennes du Livre de Nabossar », « Recherche sur les traditions religieuses philosophiques des Indiens pour servir de préliminaire à l'examen de la chronologie », « La chronologie chinoise ».

Tome XIV : « Examen général sur la chronologie des Écritures ».

Je voudrais attirer maintenant l'attention sur le principal des enjeux critiques du débat chronologique avec Newton. La question première porte sur la manière de situer les cinq cents ans retirés par Newton, c'est-à-dire sur la datation des temps héroïques. Une telle datation commande à l'évidence tant la fixation de la chute de Troie que celle de la naissance de Rome. Fréret niait que cela eût une grande importance, même s'il définissait très bien les bouleversements introduits par Newton dans la chronologie.

> Pour trouver cette utilité dans un système chronologique, il suffit que les événements soient liés les uns aux autres d'une manière probable. Il est au fond assez peu important quel intervalle on met entre ces événements et ceux des temps historiques connus avec plus de certitude. Cette distance dépend de la durée plus ou moins longue, que l'on assigne à l'intervalle depuis le retour des Héraclides jusqu'au siècle de Sirus. Le retour des Héraclides nous donne l'époque de la fin des temps historiques et de la conquête du Péloponnèse par Persée et Danaüs, venus d'Égypte, sur les successeurs d'Agamemnon et des autres princes issus de Pélops, originaires d'Asie mineure [...]. Le siècle de Sirus donne le temps de Solon et de Pisistrate, c'est-à-dire la naissance des lettres dans la Grèce occidentale.

Fréret ajoutait, sans se rendre compte apparemment de l'importance de la phrase proférée: « L'intervalle qui sépare ces deux époques est presque entièrement vide d'événements. À peine l'histoire nous a-t-elle conservé les noms des princes et la suite des générations[1]. »

Si l'on me permet de donner un instant mon propre sentiment, il me paraît que les réflexions de Newton, en ce qui concerne la datation de l'histoire grecque, ne laissent pas d'être marquées d'un certain bon sens. S'il faut peut-être accepter la contre-argumentation de Nicolas Fréret selon laquelle les observations astronomiques des Anciens ne rapportaient pas précisément la position des étoiles dans le ciel, qui révoquerait l'argumentation astronomique du physicien, en revanche la durée des règnes proposée par Newton, dix-huit à vingt ans en moyenne, paraît plus vraisemblable que celle retenue par Fréret, qui équi-

1. N. Fréret, *Nouvelles observations sur le système de chronologie de Monsieur Newton*, *Œuvres complètes, op. cit.*, t. VII, p. 72.

vaut la durée d'un règne à une génération. Non seulement parce que les listes des rois spartiates ne sont pas absolument fiables et qu'il faut admettre certains changements de dynastie, mais parce qu'il faut tenir compte de la longévité de la vie à cette époque, beaucoup plus courte sans doute qu'au XVIIe siècle. À notre sens, l'argument le plus puissant de Newton concerne l'absence totale de traces historiques qui n'a connu aucun événement ni aucun vestige entre le moment présumé de la chute de Troie et la rédaction des poèmes homériques. Le second enjeu critique concernait la chronologie de l'histoire égyptienne. Newton y fait peu de cas de la place des historiens anciens et souligne les contradictions des témoignages d'Hérodote, de Plutarque, mais surtout récuse les témoignages de Bérose et de Manéthon.

Nicolas Fréret, parfaitement conscient, ne se fait pas faute de le souligner :

> Je sais que M. Newton fait peu de cas du témoignage de Manéthon et des autres anciens écrivains de l'histoire de l'Égypte, quoique plusieurs d'entre eux aient écrit sur les mémoires et les titres tirés des archives des temples[1].

Les conséquences de la chronologie newtonienne sur l'histoire de l'Égypte étaient en effet doubles : d'une part, Newton révisait considérablement la durée de la civilisation égyptienne. D'autre part, il mettait directement en cause l'autorité des historiens anciens. Fréret le reconnaissait :

> Il adopte encore l'opinion de Monsieur Prideaux pour l'identité de Sésostris et d'Osiris, il est obligé de soutenir que la grande et la première divinité des Égyptiens était un roi mort en 1965 avant J.-C. [...]. Le système de Monsieur Newton n'est pas tolérable, les Égyptiens formoient de l'aveu de toutes les nations, le plus ancien peuple, la plus ancienne religion de l'univers. Personne n'osoit leur contester leur antiquité[2].

Dans ce domaine, il est incontestable que Fréret était plus proche de la vérité que Newton. Newton avait raccourci à l'excès la durée de la civilisation égyptienne. Mais le second problème restait pendant : le fait que le canon égyptien constituât le référent ultime, alors même que les textes de Manéthon pou-

1. *Ibid.*, p. 54.
2. *Ibid.*, p. 3.

vaient être sujets à suspicion. Fréret ne se faisait aucune illusion sur le calendrier égyptien, tout en reconnaissant que les astronomes égyptiens avaient parfaitement connu l'année solaire de 365 jours un quart. Il observait qu'il n'avait pas élaboré le calendrier de Jules César et que la réforme julienne était bien une véritable réforme[1]. En revanche, Fréret ne marchandait pas sa confiance aux historiens anciens et en particulier à Manéthon, dont il écrivait :

> Manéthon, il étoit une très grande exactitude dans la chronologie antique. On peut en juger par le long fragment rapporté par Joseph[2].

J'ai montré ailleurs[3] que pour remédier au caractère morcelé et éparpillé de l'histoire ancienne, Fréret avait proposé une action pratique liée à une réflexion épistémologique. L'action pratique consistait à « rapprocher et réunir les passages épars » en comblant les vides par des conjectures et des hypothèses. La réflexion épistémologique consistait à rétablir le prestige des historiens anciens et à appeler les érudits à renouer avec les « savants critiques de l'antiquité[4] ». Et Fréret d'accorder un *satisfecit* à Ératosthènes, Apollodore, Caton, Varron, Denys d'Halicarnasse, Hésiode, Hérodote, Thucydide, Manéthon, Bérose, Théon d'Alexandrie. Le critère à partir duquel Fréret fondait son adhésion à la certitude du témoignage des historiens anciens, l'*ultima ratio*, reposait sur leur appartenance à une société civilisée :

> Suppose-t-on que des nations aussi sages et aussi éclairées que les Grecs des siècles postérieurs à Alexandre et les Romains du temps de Cicéron aient adopté des ouvrages remplis de fables et les ayant pris pour de véritables histoires. Les siècles dont il s'agit estoient savants et éclairés : la philosophie, la géométrie, la dialectique, la morale, la jurisprudence, la politique estoient cultivées avec tant de succès, que nous puisons encore aujourdhuy dans les écrits qui forment les premiers principes de ces sciences ; est-il vraysemblable que les plus grands critiques de l'Antiquité ayant

1. N. Fréret, *Œuvres complètes, op. cit.*, t. XI.
2. N. Fréret, *Nouvelles observations, op. cit.*, p. 61.
3. Dans notre ouvrage, *Les Académies de l'histoire*, Paris, PUF, 1988.
4. N. Fréret, *Réflexions sur l'étude des anciennes histoires*, mai VI.

> espéré se faire considérer de l'Art contemporain, en autorisant des contes populaires pour leurs suffrages[1] ? [La confiance que Fréret donne ici aux historiens anciens sur l'identité de leur civilisation avec la nôtre...] Ces siècles éclairés, ajoute-t-il, estoient semblables aux nôtres[2].

Qu'il y ait eu là un point de fuite de l'histoire savante, je l'ai déjà souligné : car l'unité et la belle totalité de ces civilisations ne pouvaient être conférées que par le témoignage le plus irréfutable, celui des témoins privilégiés : *boni auctores*, œuvre pour l'éternité, *monumentum aere perennius*, dans le domaine des Antiquités l'épistémologie du fait cédait le pas devant l'autorité des *boni auctores*. Une telle épistémologie ne fondait-elle pas le culte « *boni auctores* » d'une civilisation fondatrice dont l'origine se déplacera à l'infini dans la suite synchronique des nouvelles civilisations elles-mêmes considérées comme classiques, qui ouvre le chemin à la reconstitution de l'Inde védique ou à celle de la Chine confucéenne, ou encore à la naissance du mythe maçonnique égyptien comme fondement infondé ultime et principe pseudodiachronique d'une science universelle unique et anhistorique ?

L'enjeu biblique

Mais ici nous anticipons... Car en vérité, à l'époque de la querelle de Newton et de Fréret, l'enjeu critique est encore surdéterminé par l'enjeu biblique. Et cela des deux côtés. La dispute est traversée par des positions préalables à l'égard de la Bible. Pour décrire le climat intellectuel dans lequel a évolué le jeune Fréret, certains ont évoqué les positions d'œuvres qui lui ont été attribuées comme *La Moysade*, *L'Examen critique des apologistes du Nouveau Testament*, ou la *Lettre de Thrasybule à Leucippe*. Nous trouvons en effet une mise en cause de l'autorité du texte biblique :

> J'ai parcouru toutes les contrées de l'univers, j'ai examiné les mœurs, les usages, les coutumes de tous les pays qui les compo-

1. Art. cit., p. 17.
2. *Ibidem*.

> sent et partout, j'ai vu la superstition, l'intérêt, le préjugé, l'orgueil même tenir lieu de toute religion. J'ai rencontré l'homme partout et n'ai trouvé Dieu nulle part[1].

> Si les historiens de Jésus-Christ avaient été meilleurs logiciens, les raisonnements qu'ils lui ont fait faire paraîtraient plus suivis et plus concluants. Dans les premiers chapitres qui composent les Évangiles [...] ces hommes simples possédés de l'amour du merveilleux n'ont songé qu'à remplir leurs histoires[2].

L'auteur du texte attribué à Fréret brandit l'histoire chinoise contre l'histoire biblique :

> L'histoire de la Chine contredit nettement celle des Juifs. Je ne prétends pas parler de ces calculs immenses que les Chinois adoptent dans leurs livres d'historiques. Je m'en tiens à ce qui ne peut être contesté [...]. Il est certain, comme l'avoue Monsieur l'abbé Renaudot, que cette antiquité a des conséquences funestes, puisqu'elle donne atteinte à l'université du déluge et à l'authenticité du texte hébreu suivant lequel la terre n'était habitée que par les enfants de Noé en 1255 avant J.-C.[3].

Mais les textes apocryphes eux-mêmes ne sont pas indispensables pour comprendre l'état d'esprit de Nicolas Fréret. Il suffit de rappeler brièvement les progrès de l'exégèse biblique et d'évoquer sa propre position. Depuis le XVIIe siècle, le paradigme d'autorité et d'antériorité de la Bible avait été déjà profondément entamé. L'exégèse biblique critique avait pris ses marques avec Isaac de La Peyrère, Cappel, Spinoza, Richard Simon[4]. Le paradigme d'antériorité avait été disloqué par les développements de la mythologie comparée avec les œuvres de Daniel Huet et de Samuel Bochard. On avait d'abord respecté l'idée d'une prééminence de la religion chrétienne. Mais dans le *De religione gentilium*, Herbert de Cherbury (1663) avait mis à mal le principe d'une prééminence de la religion chrétienne sur les autres religions de l'humanité, tandis que les œuvres de Fon-

1. *La Moysade*, œuvre apocryphe, in *Œuvres*, Londres, 1785.
2. *Examen des apologistes du Nouveau Testament*, œuvre apocryphe, *op. cit.*, t. III, p. 137.
3. *Op. cit.*, t. II, p. 23.
4. Dans notre ouvrage *La Défaite de l'érudition*, Paris, PUF, 1988, voir « La querelle du spinozisme », *passim*.

tenelle, *L'Histoire des oracles et l'origine des fables*, au début des années 1720, avaient irrésistiblement popularisé la double idée du caractère fabulateur des représentations religieuses et de l'unité du système de pensée de la fable. L'idée s'était imposée que la mythologie correspondait à un stade primitif du développement de la pensée humaine, qu'il y avait eu une enfance de l'humanité qui était son enfance religieuse. Cette conception a préparé le sentiment de la consistance de la mythologie et aidé les premiers pas de la mythologie comparée. Pour revenir à Nicolas Fréret, elle explique que, malgré la censure et les difficultés suscitées à des positions hétérodoxes, celui-ci dut affirmer sans ambages que la Bible n'était pas une autorité certaine en matière de chronologie :

> Les dates du commencement et de la mort de Cyrus sont de la plus grande importance pour la chronologie générale de l'histoire. Les historiens sont venus à bout de lier cette partie de l'histoire profane. La date du règne de Cyrus à Babylone et celle de sa mort fixée par le canon astronomique sur le point duquel dépend toute la chronologie de l'écriture, en remontant de la fin de la captivité jusqu'au temps de l'exode et de la vocation d'Abraham. Ces deux dates seroient détruites par les conséquences nécessaires des deux époques 45 et 50 du marbre de Paros et si on les adoptait, il faudrait former un système de chronologie tout nouveau dont presque toutes les parties seroient absolument conjecturales[1].

Autrement dit, Nicolas Fréret proposait de critiquer la chronologie biblique en se fondant sur la chronologie grecque. Et il inscrit résolument l'enjeu biblique dans une tenaille qui est marquée par une double dévalorisation de la religion et des textes sacrés. Dévalorisation de la religion juive et chrétienne mise discrètement sur le même plan que les religions païennes. Dévalorisation des textes sacrés considérés comme humains, interpolés, voire invraisemblables. Dans son *Essai sur la chronologie générale de l'Écriture*[2], Fréret commence par expliquer que celle-ci n'était pas fiable :

> Je crois que la chronologie générale de l'écriture sacrée soit un des principaux objets qui, depuis le second siècle du christianisme,

1. N. Fréret, *Œuvres complètes, op. cit.*, t. XI, p. 171.
2. *Op. cit.*, t. XIV, p. 168.

> ont occupé les critiques juifs et chrétiens. Elle n'est pas à beaucoup près éclaircie comme elle méritait au vroi de l'être ; et on ne s'accorde pas encore sur les dates et les événements les plus considérables. Tels sont le commencement et la fin de la captivité de Babylone, la fondation du temple par Salomon, l'exode ou la sortie d'Égypte, la vocation d'Abraham et le déluge. Ces époques importantes ont été sujettes à des controverses entre les chronologistes qui ont du réfléchir sur le sujet[1].

À l'inverse, les manuscrits non publiés de Newton consultés par Frank Manuel[2] montrent que les préoccupations biblicistes n'étaient nullement absentes du système chronologique de Newton.

Mais revenons-en maintenant à nos conclusions. Si le système de Newton l'avait emporté, il aurait conduit à une présentation de l'histoire ancienne de l'Égypte et de la Grèce très éloignée de celle qui a été peu à peu reçue. D'abord, la chronologie égyptienne n'aurait pu constituer le cadre de référence de la chronologie des époques obscures de l'Antiquité. Par voie de conséquence, puisque les objets égyptiens trouvés au XIXe siècle dans les villes de civilisation égéenne ont conduit à une datation centrée sur l'Égypte, c'est toute l'histoire de cette civilisation qui aurait été transformée. Le dernier pharaon de la XVIIIe dynastie aurait été un contemporain des deux royaumes d'Israël et de Judas. Alors que, de l'abondance des objets égéens appartenant à des pharaons, on a déduit une chronologie égéenne et grecque parallèle à celle de l'Égypte ancienne, qui a conduit à placer la fin des royaumes achéens et la guerre de Troie ainsi que l'expédition des Argonautes vers 1250-1200, à concevoir l'existence d'un très long Moyen Âge grec de cinq siècles dépourvu de vestiges archéologiques et d'événements, et à soupçonner l'existence d'une conquête catastrophique par les Doriens, préalable au miracle grec vers 800 avant J.-C., la chronologie newtonienne aurait supprimé la période de latence de plusieurs siècles pour la diffusion de l'alphabet phénicien en Grèce, donnant un caractère positif et non mythologique auvoyage des Argonautes situé au Xe siècle, et enfin en supprimant la vision des chants homériques élaborés pendant quatre siècles après la guerre de Troie par dix généra-

1. *Idem.*
2. F. Manuel, *Newton historien*, Londres, 1963.

tions d'aèdes, en réduisant finalement son temps de création à environ quatre-vingts ans. La chronologie newtonienne aurait retrouvé la chronologie grecque elle-même en faisant remonter la guerre de Troie (-900 environ, l'époque de David et de Salomon) et l'expédition des Argonautes à la génération précédente, le centaure Chiron étant le maître d'Achille et l'initiateur de l'expédition. La chronologie newtonienne aurait transformé, si elle avait été reçue, le rapport chronologique qui a triomphé. Elle aurait inversé la place des civilisations les unes par rapport aux autres et la diffusion des aspects les plus avancés de chacune d'elles. On aurait placé Mycènes par rapport à la guerre de Troie et à l'expédition des Argonautes, Cnossos par rapport à Mycènes et les différents pharaons par rapport à Cnossos. L'hypothèse donc de l'ordre des influences aurait été dérangée en faisant de la guerre de Troie et d'Homère des épisodes contemporains des Psaumes du roi David et de la Sagesse de Salomon. Finalement, on serait revenu à une mythologie comparée plus proche de celle de ses fondateurs. En revanche, la chronologie de Fréret a définitivement assis le paradigme d'antériorité de l'Égypte sur la Bible, définitivement fragilisé son paradigme d'autorité. Mais elle a aussi, et c'est finalement le principal reproche qu'on peut lui adresser, substitué une autorité à une autre, l'autorité des historiens anciens conçus comme des référents ultimes sur la foi d'une identité de leur système culturel avec celui des érudits antiquaires du XVIIIe siècle.

Fréret chronologiste ? De cet énorme effort, nous ne retiendrons pas la leçon qu'il n'aura servi à rien. Ce n'était pas rien en effet de pouvoir situer, par l'antiquité de plusieurs civilisations, toute l'histoire humaine. Ce n'était pas rien que de marquer définitivement les certitudes de la chronologie grecque (-776), de la chronologie chaldéenne (-1787 avant J.-C.), et de la chronologie romaine, même si nous n'avons pas eu le temps d'examiner ici ce sujet. Ce n'était pas rien que d'avoir attesté, même s'il la raccourcissait quelque peu, l'antiquité de la civilisation chinoise et celle de la civilisation égyptienne. Ce n'était pas rien encore que de faire contre mauvaise fortune bon cœur et de montrer que, sans le secours et le témoignage des historiens anciens, l'histoire ancienne n'était plus possible. Mais ici s'arrête peut-être la contribution de Nicolas Fréret. Car force est de reconnaître enfin que la chronologie des époques obscures garde un caractère éminemment conjectural et que, entre Newton et Fréret, la querelle n'est pas aujourd'hui définitivement vidée. La chronologie des temps héroïques et protohistoriques reste indexée sur la chronologie égyptienne. Dans ce domaine, l'archéologie du XIXe siècle a inséré ses découvertes dans le canon chronologique avancé par Nicolas Fréret. Mais la chronologie égyptienne, qui conduit à rectifier la chronologie biblique, la chronologie romaine, et à trancher entre les historiens grecs, n'est pas elle-même définitive. Il n'est donc nullement certain que la chronologie de Fréret soit consacrée pour les siècles des siècles : elle est conjecturale et, conjecturalement, on peut prévoir qu'on pourrait revenir un jour, si d'autres preuves étaient apportées, à la chronologie de Newton. Les historiens de l'Antiquité ont dû plusieurs fois refaire leur histoire et leurs comptes : c'était trop leur accorder hier que d'admettre sans réserve aucune l'existence d'une civilisation grecque, le déchiffrement du linéaire B l'a montré. Ce serait trop leur accorder aujourd'hui que d'admettre que la chronologie empruntée à Fréret et qui règne sur la majorité d'entre eux est la bonne, définitivement. Elle ne conserve qu'un caractère probable.

Mais aussi, grâce à l'effort même de Nicolas Fréret chronologiste, nous devons reconnaître que la datation de l'Antiquité ne dispose que d'une certitude hypothétique et que si la chronologie des époques obscures est falsifiable, c'est que l'historiographie continue[1].

1. J'aurais dû arrêter là ma recherche, mais celle-ci avait à peine fini d'être dactylographiée que mon mari me signalait un article du *New York Herald Magazine* (16 octobre 1992). Je ne résiste pas au plaisir de vous le résumer. Il s'agit de la recension d'un ouvrage collectif, *Les Siècles obscurs* (*Centuries of darkness*, chez Jonathan), publié par des historiens de Cambridge (Peter James, Robert Markot, John Franklin et Nikos Hokkins) que Colin Renfrew, le directeur du centre archéologique de Cambridge, n'hésite pas à qualifier de révolution dans la chronologie antique. Or, tout simplement, James et ses collègues demandent que soit reconsidérée la chronologie des temps obscurs et qu'on réduise trois cents années à l'espace d'une génération. Leur calendrier rejoint tout simplement celui de Newton en ce qui concerne la chronologie grecque et la chronologie biblique. Oui, véritablement, la chronologie continue.

Histoire et droit à la fin de l'Ancien Régime

Soyons modestes et admettons les mises en garde des sociologues allemands Dilthey, Simmel, Rickert, relayés ici par Raymond Aron, et approuvons l'existence d'une attitude compréhensive de l'histoire qui anticipe toute explication ; acceptons l'idée d'une équation propre à l'historien comme à l'astronome. Mais alors soyons également précis. Quelle est cette autre scène ? Quel est ce texte soufflé à l'annonce d'une tragi-comédie déjà préparée ou écrite ? Nous reconnaîtrons que les décors se succèdent et que les *scenarii* se suivent et ne se ressemblent pas. À la fin du XVIIIe, au XIXe et jusqu'au milieu du XXe siècle, ils traitent de la civilisation, de l'économie, de la société. *La civilisation*, de Voltaire à Spengler :

> Vous ne cherchez dans cette immensité que ce qui mérite d'être connu de vous, l'esprit, les mœurs, les usages des nations principalement appuyés des faits qu'il n'est pas permis d'ignorer[1].

Ou encore :

> L'histoire n'est rien d'autre que l'histoire de la lutte de classes[2].

La société, d'Augustin Thierry à Fustel de Coulanges, qu'elle soit qualifiée à partir des classes ou à partir des nations, sert sans doute de thème à l'histoire sociale, à l'histoire nationale. Société, civilisation, nation, telles sont peut-être l'âme et la

1. Voltaire, *Essai sur les mœurs*, 1740, Paris, 1763, présenté par René Pomeau, Paris, Garnier, 1964, t. I, p. 181.
2. Marx, *Le Manifeste du parti communiste*, 1848.

trame que se disputent Fustel et Mommsen, que s'arrachent Jellinek et Boutmy, que se contestent Marx et Guizot, ou pour laquelle s'entredéchirent encore Jacques Flach et Hermann Fitting.

Cependant, le dix-septiémiste, le moderniste, si fortement intimidé qu'il soit par les générations des contemporanéistes, ne peut se départir du soupçon fortement souligné par Roland Mousnier quant à la désignation de l'autre scène ou du discours latent d'où émerge ou essaie de ressusciter sa propre recherche :

> Des classes véritablement ? Hélas ? je ne vois que des Ordres et une telle réalité a précisément un tout autre sens...

Quelles que soient ses confessions, ses convictions, ses préjugés ou ses préalables, l'historiographe de l'époque classique, s'il est tout simplement sincère, positif, si sa naïveté personnelle ou sa recherche de la vérité l'ancre dans la conviction kantienne que la connaissance est d'un ordre différent de la pensée parce qu'elle suppose l'appréhension d'un phénomène toujours donné et toujours résistant — « comme l'air, disait Kant, résiste au vol de la colombe » —, est inévitablement reconduit à la suspicion de l'historien des offices et des institutions de l'État classique. Aux XVIIe, XVIIIe siècles, au premier XVIIIe siècle, l'autre scène de l'histoire, ce n'est pas la civilisation des mœurs, ce n'est pas l'économie des sociétés, c'est d'abord et avant tout la constitution de la diplomatique et de la diplomatie, le développement des droits et des dignités, la collation et la réformation des codes, bref l'état de droit et l'État de droit. Comme tout savoir empirique, l'histoire n'est pas seulement une discipline hypothético-déductive, elle doit rendre compte des traces foisonnantes qui résistent et s'exposent à son interprétation : les sources documentaires. À l'époque classique, ces sources manifestent un lien déconcertant, réitératif et touffu de l'histoire et du droit. Nous ne pourrons pas être ici exhaustive et nous ne tenterons de rendre compte que de trois manifestations importantes qu'il faudrait éclairer :

1. La création au sommet de l'école de Bourges, le *mos gallicus*, qui a fait dire à l'historiographe Fueter que l'histoire est devenue une science à la faculté de droit.

2. Les multiples missions juridiques confiées aux érudits. La création à la fin de l'Ancien Régime d'une institution étonnante qui symbolise cette association de l'histoire et du droit : le Cabinet des chartes, lequel a mis en œuvre une double réforme de

recherche historique et de réformation des codes. Je voudrais essayer de retracer brièvement ces trois lieux de rencontres entre l'historiographie et l'histoire du droit, pour tenter d'éclairer en retour comment cette association étonnante et inattendue pour un historien peut nous aider à éclairer et à comprendre de manière irréversible à la fois la nature de l'historiographie et la nature politique de la monarchie.

Le mos gallicus

Le rôle de l'école de Bourges, du *mos gallicus*, dans la formation de l'histoire savante moderne, a été parfaitement souligné par Donald Kelley[1].

L'école de Bourges est une création au sommet de la hiérarchie, organisée sous les auspices de la duchesse Marguerite de France et du chancelier Michel de L'Hospital. Il n'est pas indifférent que la haute figure du « tiers parti », que le chef de file des « politiques » incarne ici le rôle que joue l'institution de la chancellerie, pièce essentielle de la justice. Michel de L'Hospital a défendu les légistes sous la monarchie, l'intégrité de l'État et de l'intérêt national contre les factions et les privilèges et il a représenté un moment particulièrement dense de l'activité législative de la royauté. C'est à lui qu'on doit nombre d'édits et d'ordonnances, notamment la grande ordonnance de Moulins sur la réformation de la justice. Et c'est lui qui fait venir à Bourges le milanais André Alciat, qui enseignera de 1527 à 1532, et qui crée les chaires où siégeront Le Douaren (1509-1559), François Beaudouin (1520-1573), François Hotman (1524-1589), Hugues Doneau (1527-1595) et le plus fameux de tous, Jacques Cujas (1522-1590). L'école de Bourges est à la fois une école de droit, bien entendu, et une école d'histoire. Les travaux accomplis par ses professeurs, ses enseignants, ses chercheurs, ont une triple portée historique, politique et juridique. D'abord, une portée historique qu'on peut résumer par la volonté essentielle de restituer le droit romain républicain contre le droit romain impérial. Pour ce qui est de la philologie classique, les professeurs de Bourges utilisent leur savoir en grec et en latin pour réinterpréter les lois romaines à partir de leur connaissance des écrivains de l'Antiquité (Cicéron, Plaute,

1. D. Kelley, *Foundation of Modern Historical Scholarship*, New York et Londres, 1970.

Térence). Ils cherchent à identifier les divers sédiments et les couches d'âge dans la généalogie inexplorée du droit romain, dans le but d'exhumer avec toute sa vigueur première la juridiction classique qui avait été diffamée par les compilations tardives ou altérée par des gloses intéressées. Rabelais, avec sa verve coutumière, a dégagé la double nouveauté de l'école de Bourges : premièrement, la critique des précédentes réceptions du droit romain, deuxièmement, l'introduction de la perspective philologique :

> Ainsi vint à Bourges, ou estudia bien longtemps et profita beaucoup en la faculté des loix et disoit aulcunes fois que les livres des loix lui sembloyent une belle robe d'or, triumphante et précieuse à merveille qui feust bordée de merde, car — disait-il — au monde, n'y a livres tant beaulx, tant aornés, tant élégans, come sur les textes des Pandectes mais la bordure d'iceulx, c'est à savoir la glose de Accurse est tant salle, tant infâme et punaisêz que ce n'est que ordure et villenie[1].

L'école historique du droit, l'histoire du droit qui a essentiellement pour cible les glossateurs et les post-glossateurs. Là encore Rabelais nous éclaire parfaitement :

> [...] au cas que leur controverse estoit patente et facile à juger, vous l'avez obscurcie par sottes et desraisonnables raisons et ineptes opinions de Accurse, Balde, Bartole... et autres vieulx mastins qui jamais n'entendirent la moindre loy des pandectes et n'estoyent que des gros veaulx de disme, ignorans de tout ce qui est nécessaire à l'intelligence des loix. Car ils n'avoyent congnoissance de langue ni Grecque ni latine, mais seulement de Gothique et de barbare ; et toustefoys, les lois sont premièrement prinses des Grecz comme vous avez le tesmoignage d'Ulpian... et toutes les lois sont pleines de sentences et motz grecz ; et secondement, sont rédigées en latin le plus élégant et aorné qui soit en toute langue latine... comment doncques eussent pu entendre ces vieulx resveurs le texte des loix, qui jamais ne virent un bon livre de langue latine[2].

Le précepte de Rabelais est très clair. Pour interpréter correctement le sens des textes juridiques latins, il faut avoir de la

1. *Œuvres de François Rabelais*, édition critique de Abel Lefranc, Paris, 1927, t. III, p. 58-59.
2. *Ibid.*, p. 129-130.

philologie et le « stille de ramoneurs… ou de marmitteux » qui était celui des romanistes médiévaux le leur interdit. Rabelais nous montre parfaitement que les juristes humanistes de l'école de Bourges sont en guerre contre la glose médiévale. Le mouvement d'érudition critique conduit en effet à la restitution des grands textes de droit romain qui constitue le parallèle dans le domaine du droit des œuvres réalisées par les humanistes du Quattrocento dans le domaine des lettres latines. Cette œuvre consiste d'abord à restituer un certain nombre de textes, notamment le code théodosien, et deuxièmement à retrouver, au-delà du *Corpus Juris Civilis*, les œuvres de la jurisprudence républicaine. L'école de Bourges mène une critique du droit impérial avec la volonté de dégager une romanistique proprement classique. Son fil conducteur, l'antitribonianisme, c'est-à-dire la critique du juriste Tribonien à qui l'on doit la compilation du *Corpus Juris Civilis*, vise à déconsidérer le rôle prééminent du grand texte des glossateurs. En effet, les *Institutes*, le *Digeste* avaient été utilisés par les glossateurs et les post-glossateurs pour justifier les prétentions les plus audacieuses du droit public du Saint-Empire. Les juristes romanistes français contribuent ainsi à défaire ce que les légistes impériaux et curialistes avaient fait. Dans ses *Observations et corrections du livre XXVIII* et dans ses *Commentaires sur Papinien*, qui forment la partie la plus fameuse de son œuvre, Jacques Cujas[1] utilise les techniques de la philologie pour détruire les prétentions du droit impérial.

L'œuvre historique très importante des juristes de l'école de Bourges anticipe très largement l'érudition de l'historiographie allemande au XIXe siècle. Elle a évidemment une portée sur le plan proprement juridique que j'évoquerai rapidement. On peut dire qu'elle contribue à trois innovations fondamentales. D'abord, par un travail de reprise, d'assouplissement et de remaniement des concepts traditionnels du droit romain, l'œuvre du *mos gallicus* permet de formuler des conceptions plus modernes. Ensuite, elle entraîne la modification de l'économie même des grandes masses des codes anciens pour ouvrir des avenues à l'organisation des textes modernes. Enfin, elle est, d'une manière plus indirecte cette fois, à l'origine des codifications coutumières. Cette troisième conséquence lui donne une portée proprement politique. Pour s'en tenir à l'apport pro-

1. J. Cujas, *Opera omnia*, Naples, 1758, 11 vol. *in-folio*.

prement juridique, il n'est pas négligeable de noter que les juristes de l'école de Bourges vont contribuer à énoncer des concepts entièrement nouveaux, et c'est notamment le cas du concept de souveraineté dont André Alciat jette les bases dans ses *Paradoxa* (*Paradoxa*, Livre II, chapitres VI, VII, VIII). Jean Bodin, sur ce point son héritier et, en quelque sorte, docteur *honoris causa* de l'école de Bourges, où il aurait voulu enseigner, le développe à son tour dans *Les Six Livres de la République*[1]. Cette théorie de la souveraineté est élaborée à partir d'une intense réflexion et inflexion sur le concept de *merum imperium* et elle conduit à verser du vin nouveau dans des outres anciennes, c'est-à-dire à transformer fondamentalement la vieille doctrine de l'*imperium.*

La rénovation de la romanistique aboutit aussi à la réformation de nouveaux systèmes juridiques. C'est ainsi que, dans son *Commentaire sur le droit civil*, Hugues Doneau[2] ne reprend pas le plan du *Digeste*, mais lui substitue un livre préliminaire sur le droit général et trois livres consacrés aux personnes, aux biens et aux différentes manières de les acquérir, qui anticipent les grandes masses que l'on trouvera dans le code civil français selon la remarque de André Jean Arnaud[3]. On trouve également chez Doneau une formulation intégrale du droit à la sûreté qui sera proclamée par les légistes classiques et qui était introuvable dans le droit romain, une théorie de la personnalité juridique qui fait de lui le précurseur du code du droit naturel moderne, et la singularisation du droit subjectif qui creuse une séparation véritable du droit public et du droit privé.

La conclusion paradoxale de cette tentative juridique est que, dans son immense effort pour substituer un droit romain pur, classique, à la romanistique hybride de la glose médiévale, l'humanisme juridique n'est cependant pas parvenu à préserver le droit romain lui-même. Si les juristes de l'école de Bourges inaugurent un enseignement durable, la romanistique, elle, ne fera pas école. Car les entreprises des juristes du *mos gallicus* culminent et s'achèvent en effet avec la retentissante publication en 1567 du livre de François Hotman, *L'Anti-Tribonien élaboré par l'avis de Michel de L'Hospital.* Le livre de Hotman est à lui seul tout un programme : *Antitribonien ou discours d'un grand et renommé jurisconsulte de notre temps sur l'étude des*

1. B. Barret-Kriegel, *La Défaite de l'érudition*, *op. cit.*
2. H. Doneau, *Commentarii de jure civili*, Nuremberg, 1801.
3. A. J. Arnaud, *Les Origines doctrinales du droit civil*, Paris, 1969, p. 246.

lois faites par l'avis de Monsieur de L'Hospital, chancellier de l'Isle de France en l'an 1567[1], et constitue un cinglant billet de congé au droit romain.

Hotman, en effet, après avoir tracé une différence essentielle entre le droit civil des Romains et le droit de l'empereur romain Justinien, s'attache à démontrer que, tant en ce qui concerne le droit public que le droit privé, le droit romain est inapplicable en France et il conclut à la nécessité de substituer la loi mosaïque à la loi naturelle des Romains et un droit civil proprement français au droit romain.

Comme l'a dit Donald Kelley :

> Il y a un point qu'on n'a pas suffisamment souligné : la chose la plus frappante en ce qui concerne les légistes du XVIe siècle n'était pas l'usage qu'ils faisaient du droit romain, comme on l'a trop souvent dit, mais l'insistance qu'ils mettaient sur la primauté des traditions originaires[2].

Il faut remarquer que l'œuvre accomplie par le *mos gallicus* ne conduit pas à une réception du droit romain, à son enracinement dans le sol de la conscience, comme ce fut le cas en Allemagne dans l'inlassable activité des glossateurs et des post-glossateurs, mais en revanche à sa relégation, à sa mise à l'écart, à sa ségrégation. Les conséquences de l'effort juridique ici accompli sont en effet directement politiques. La politique de la romanistique médiévale a facilité l'essor des rénovateurs de la royauté et a exercé une action essentiellement modernisatrice du droit public en mettant à jour de nouveaux concepts et également en accordant un très grand regain d'intérêt au droit français, autorisant ainsi la fixation des dispositions féodales qui jouaient un rôle conservateur du droit privé. Après la création au sommet d'une romanistique proprement française, la fermeture également au sommet a balisé la place de la fondation des codes français et de la rédaction du droit coutumier. La génération juridique qui a succédé immédiatement à celle de l'école de Bourges et dont elle a été l'élève — les Du Faur de Saint-Jouy, Pierre Ayrauld, Pithou, Loisel et Loyseau, qui ont suivi les leçons de Cujas et les préceptes de Beaudouin, les ont appliqués

1. F. Hotman, *Antitribonien ou discours d'un grand et renommé jurisconsulte de notre temps sur l'étude des lois faites par l'avis de Monsieur de L'Hospital, chancellier de l'Isle de France en l'an 1567*, Paris, 1603.

2. D. Kelley, *op. cit.*, p. 198-199.

aux coutumes, cherchant l'histoire du droit national dans les institutions et dans les travaux de nos propres juristes — a ainsi aggravé la mise à l'écart du droit romain. Selon une attitude résumée par Charles Dumoulin :

> ne recourir au droit romain qu'en dernier lieu et non pas à titre de loi commune, *non ratione imperii sed rationis imperio.*

De la même façon, Bertrand d'Argentrez et Guy Coquille préconiseront de donner au droit romain l'autorité morale et doctrinale mais non celle d'une loi écrite comme en Allemagne :

> Nos coutumes sont nostre droit civil, de mesme force et vigueur comme estoit à Rome le droit civil des Romains et selon mon avis, c'est erreur de comparer nos coustumes aux styles dont parlent tant les docteurs italiens, car en Italie, le droict commun est le droict civil romain… mais en France coutumière, le droict civil romain n'est pas le droit commun, il n'a pas force de lois, ains sert seulement pour la raison et nos coustumes sont nostre vray droit civil[1].

La génération qui suit celle de l'école de Bourges avec Charles Dumoulin, commentateur de la coutume de Paris, Bertrand d'Argentrez, rédacteur de la coutume de Bretagne, Guy Coquille, rédacteur de la coutume de Nivernais, montre que l'humanisme juridique a ainsi aplani les obstacles qui avaient longtemps différé le moment de rédaction officielle des coutumes. Concluons brièvement en ce qui concerne l'école de Bourges. Dans un ouvrage devenu classique, *L'Idée de l'histoire parfaite*[2], l'historien américain George Huppert a montré que la dernière mais non la moindre conséquence du *mos gallicus* a été la naissance des études d'une histoire médiévale. Car dénoncer l'insuffisance ou l'incapacité du droit romain inclinait à prêter attention aux coutumes féodales, à distinguer leur originalité par rapport au droit antique, mais aussi à s'interroger sur la civilisation qui les avait vus naître. Et telle est l'orientation de Loys le Roy, François Hotman, Jean Du Tillet, La Popelinière, dont Huppert a étudié les travaux.

1. G. Coquille, *Institution au droict des Français, op. cit.*, p. 39.
2. G. Huppert, *L'Idée de l'histoire parfaite*, trad. F. et P. Braudel, Paris, Flammarion, 1963.

Les missions scientifiques

Les copies, les voyages, les missions qui ont rempli les dépôts d'actes et les bibliothèques sont bien connus dans leur portée historiographique. Ils ont été parfaitement décrits par Léopold Delisle[1]. Delisle montre ainsi combien les voyages de Vaillant en Italie, de Monceaux et de Laisné, d'Auguste Galland, de Wansleb, de Lacroix, de Cassini, de Verjus, de Mabillon *et alii*, obéissent à cette soif d'accumulation primitive de matériaux historiques, de traces, de sources documentaires qui correspond à l'art de la taxinomie et du catalogue à l'époque de l'histoire naturelle des sources. Passion du *Thesaurus* et d'encyclopédistes, soif de collation et de collection, ils correspondent à l'époque de la *statique* de la science historique. Elle a permis la constitution des musées, des dépôts d'actes, des cabinets de manuscrits, des bibliothèques, caractéristiques de l'époque classique. Tout chercheur qui s'intéressera aux missions et aux voyages savants à l'époque classique aura la surprise de rencontrer une nouvelle fois le lien de la mission historique et de la mission juridique. De Richelieu à Bertin en passant par Colbert, quelle n'est pas notre surprise de constater en effet qu'ici les frères Dupuy ou là Mabillon ou l'abbé de Bourzeix, ou encore Jacob-Nicolas Moreau et son armée de grands savants, sont chargés non seulement de rassembler les matériaux de leurs œuvres d'historiens, mais aussi d'accomplir des missions proprement juridiques et administratives. Ainsi les frères Dupuy, célèbres animateurs de l'Académie Putéane et à qui l'on doit, à l'un, l'inventaire du trésor des Chartes, à l'autre, la publication de Traités gallicans, pour lesquels leurs recherches historiques ont constitué une phase préalable. Dupuy (1586-1656) est le garde de la Bibliothèque du roi, où il rassemble volumes et manuscrits. De la même façon, les frères Godefroy, Théodore (1581-1649) et Jacques (1587-1652), les fils de Denis Godefroy, éditeur du *Corpus Juris Civilis* en 1583, sont chargés de discussions diplomatiques en même temps que d'éditer le code théodosien. Le fils de Théodore, Denis de Godefroy (1615-1681), historiographe de France, est envoyé en 1668 à Lille pour rechercher et garder les titres des archives de la Chambre des comptes, puis en 1678 pour une mission similaire à Gand. Théodore Godefroy rédige un *Traité sur les droits du*

1. L. Delisle, *Les Cabinets de manuscrits de la Bibliothèque impériale*, Paris, 1868.

Roi très chrétien sur plusieurs États et seigneuries, possédées par divers princes voisins, pour prouver que le monarque tient à juste titre plusieurs provinces et royaumes qui sont de son domaine. Ces érudits sont employés au service du roi pour des tâches ponctuelles, missions scientifiques, ambassades, ou nommés à des charges plus durables liées à l'administration royale, historiographes, gardes du trésor des Chartes ou de la Chambre des comptes. Sous le règne de Louis XIV, les missions savantes pour rapporter des copies sont confiées à Mabillon[1]. Ces missions scientifiques serviront à l'organisation de la Bibliothèque royale, à l'acquisition du Cabinet généalogique, à l'acquisition des titres, et aussi à la constitution de dépôts d'actes qui se réalisent à la fin du XVIIe siècle et au début du XVIIIe. Très étonnante est en effet l'organisation, par les érudits eux-mêmes, de dépôts d'actes dans tous les ministères, qui constituent les archives ministérielles et contribuent à l'organisation administrative elle-même. Rappelons quelques dates. Le Dépôt du contrôle général des finances est organisé en 1691, celui du Dépôt d'intendance en 1697, les Archives de la guerre sont mises en place en 1701, les Archives universitaires sont créées en 1704, le Dépôt du Châtelet est fondé en 1707, le Dépôt du Parlement en 1708, les Archives du ministère des Affaires étrangères sont organisées en 1710, enfin, les Archives municipales sont créées en 1743. Derrière chacune de ces créations, on trouve évidemment l'action d'un ministre, mais le plus intéressant est qu'elles sont confiées aux érudits. L'organisation des dépôts d'actes ministériels provient sans doute de l'échec de la réorganisation du trésor des Chartes, dont n'avaient pu venir à bout Pierre Dupuy et Théodore Godefroy, malgré les efforts successifs de Molé, de Marillac, de Daguessau, qui tentèrent, au moyen d'inventaires, de réintégrations des sources et de versements réguliers, de moderniser le trésor des Chartes. Du coup, faute d'un centre d'archives administratives central, les archives furent organisées, dépôt par dépôt, c'est-à-dire ministère par ministère. L'organisation administrative des archives ministérielles n'est pas la seule tâche confiée aux érudits puisque, à ceux-ci, les ministres de la monarchie, Pontchartrain, Colbert, Daguesseau, Desmaretz, Machault d'Arnouville, demanderont successivement la publication des grands textes législatifs. C'est Pontchartrain qui est à l'origine de la publication des *Ordon-*

1. B. Barret-Kriegel, *Les Voyages de Mabillon*, Paris, PUF, 1989.

nances des rois de France; c'est Daguesseau qui a joué un rôle décisif dans la publication des grandes collections des sources et notamment dans l'impression du *Recueil des ordonnances des rois de France*, de celui des *Historiens des Gaules*, de la *Gallia christiana*, de *L'Art de vérifier les dates*; c'est Machault d'Arnouville qui a impulsé la publication du *Recueil de tous les titres, diplômes et imprimés* et la publication de la *Table chronologique de tous les titres imprimés*.

Quel était le sens de cette politique et quelle était la nature de ce lien entre l'histoire et le droit ? Quand il s'agissait d'une mission confiée aux frères Dupuy et Godefroy, destinée à rassembler au coup par coup des pièces nécessaires à une négociation particulière, le besoin était étroitement politique. La création, de 1697 à 1740, des grands dépôts d'actes dans tous les ministères, que nous avons évoquée, correspond à une nécessité administrative plus large. Si les tâches juridiques confiées aux historiens avaient un rapport avec le besoin de glorification des actions de la monarchie, elles sont fondamentalement à mettre en rapport avec un besoin général de documentation de l'État qui dépassait de beaucoup la gloire du roi. La fièvre documentaire qui anime les compilateurs des grandes collections engagées par les ministres (Mabillon, La Porte du Theil, Bréquigny) et précipite sur les routes de France et d'Orient les missionnaires des voyages savants, ne relève pas d'un jeu gratuit, pas davantage que la mise en place d'un système archivistique dans les grands ministères ne tient au hasard ni au caprice. Ces missions témoignent plutôt d'un fonctionnement administratif et politique nouveau, où l'information et les résultats ordonnés de l'investigation sous la forme de la documentation jouent un rôle fondamental dans les missions confiées aux frères Dupuy et Godefroy sur Bretagne et Flandre. Dans les inscriptions délivrées par Charpentier, secrétaire de Richelieu, demandant des exemples historiques de querelles familières à l'intérieur des dynasties[1], dans la tâche confiée à l'abbé de Bourzeix de réunir les pièces relatives aux droits de la reine à la succession d'Espagne et des Pays-Bas, dans la mission donnée à Jacob-Nicolas Moreau de constituer un dossier concernant les droits du roi sur le comtat Venaissin, il y a certes un travail circonstanciel et occasionnel qui relève en quelque sorte de la commission documentaire et de la mission administrative. Les historiens se trou-

1. Richelieu, *Lettres*, éd. d'Avenel, Paris, 1853-1977, 8 vol., t. III, p. 89.

vent alors, en raison de leurs compétences, placés aux avant-postes de l'organisation d'une archivistique interne à l'État. L'archivistique, qui tient de la documentation administrative, adoptera peu à peu la technique du fonds d'archives, c'est-à-dire d'un ensemble de pièces systématiquement conservées et classées. Dans un premier temps, elles restent destinées aux administrateurs et inaccessibles aux chercheurs. Les missions résultent d'une mise en ordre administrative de longue haleine que Bertrand Gilles a étudiée à propos des *Sources statistiques de l'histoire de France*[1], qui installe un système d'investigation et d'enquête, un instrument de collation du savoir, un outil pour rassembler aux mains de l'État tous les documents, toutes les informations nécessaires à la puissance publique.

En fait, à l'entrecroisement des besoins documentaires et de la formation d'un État savant se dessine le visage d'une certaine raison d'État. Une rationalisation de l'information et de la décision appelait à son tour un besoin plus vaste d'investigation historique, portant cette fois, non sur des séries catégorielles et documentaires limitées par une actualité courte, mais sur des ensembles d'informations relatifs à des pans entiers de l'histoire de France, et plus précisément au rapport de la monarchie avec l'Église ou avec les puissances étrangères, l'Allemagne, l'Angleterre, ou encore aux problèmes internes comme l'histoire du droit public qui va occuper une place fondamentale. C'est ainsi qu'appelés à remplir un rôle qui tienne à la fois de l'expertise juridique et de la technique de documentation, les érudits comme Pierre Dupuy, Denis Godefroy, Jean Mabillon, en profitent pour rassembler les matériaux des traités plus généraux. C'est à ce point qu'on voit apparaître le principal souci de cette politique de missions scientifiques : le besoin général de collation et de publication des actes et des lois qui va culminer dans une institution créée *ad hoc*, le Cabinet des chartes. Ce lien de l'histoire et du droit que nous avons évoqué dans la rencontre historique de l'école des romanistes français et de la monarchie à l'école de Bourges qui se trouvait ici, sans que nous ayons la possibilité de le décrire plus longuement, dans la publication par l'équipe de l'Académie des inscriptions du *Recueil des ordonnances du roi de France*, avait donné lieu au XVIIIe siècle à un véritable débat juridique sur l'histoire elle-même, débat qui va trouver son achèvement et son impasse dans la dernière institution qui résume le lien de l'histoire et du droit, le Cabinet des chartes.

1. *Ibid.*

Le Cabinet des chartes

Si le concept, comme le dit Hegel, se trouve toujours au début et à la fin, c'est bien dans le Cabinet des chartes qu'il faut comprendre comment s'est noué et comment finalement s'est étranglé le lien de l'histoire et du droit, de la politique de recherche historique et de la politique juridique de la monarchie. De 1759 à 1789, l'avocat Jacob-Nicolas Moreau a animé le Cabinet des chartes, la dernière des institutions de la recherche historique qui a combiné une triple mission administrative, historique et juridique. Une mission administrative : Moreau a eu la haute main sur toute l'organisation des dépôts administratifs. Une mission historique : Moreau a vu refluer sous sa direction la publication de tous les grands ensembles documentaires et législatifs, initiés par la congrégation bénédictine de Saint-Maur et par l'Académie des inscriptions et des belles-lettres, dont le moindre n'est pas le *Recueil des ordonnances des rois de France*. Enfin, une mission juridique étonnante, puisqu'on lui a confié le projet de collationner et de réformer tous les codes. La création de ce Cabinet des chartes, réalisé par Jacob-Nicolas Moreau et commandité par Bertin, a été l'aboutissement de toutes les technologies des sources de l'histoire de France accomplie antérieurement par les ministères et en particulier le Contrôle général des finances, et il n'est pas indifférent qu'elle aboutisse à l'idée d'une réformation complète des codes. L'archivistique du travail administratif des Chartes a été immense : à la fin de l'an 1789, le dépôt des Chartes contenait 50 000 chartes. Trente volumes de pièces concernant l'histoire du pays avec un rassemblement immense d'ordonnances, de déclarations, d'édits, de lettres patentes qui constituaient une collection de 38 volumes et des cartons de registres des Finances avec des lettres de Colbert et de Louis XIV. Ensemble, les édits d'ordonnances et arrêts de règlements qui composaient la bibliothèque du Cabinet des chartes étaient au nombre de 35 000 pièces. Elles forment aujourd'hui une part très importante du Cabinet des manuscrits à la Bibliothèque nationale. Le Cabinet des chartes a fourni un inventaire exact de tous les chartriers existants, a recopié un très grand nombre de chartes et a donné la presque totalité des contenus des chartriers. À la veille de la Révolution, Moreau avait réussi à instituer un dépôt légal de tous les textes juridiques administratifs qui auraient pu constituer pour l'avenir une immense victoire. S'il n'avait été interrompu par la Révolution, l'avocat aurait réalisé la centralisation archivistique.

Moreau avait réuni sous son entreprise l'ensemble des grandes publications savantes, le *Recueil des ordonnances*, le *Recueil des historiens de France*, la collection des *Conciles*, les *Catalogues des chartes imprimées*, etc. En revanche, il a beaucoup moins réussi dans son entreprise juridique de réforme des codes. Moreau espérait réaliser la réformation par la collation, c'est-à-dire publier un corps complet du droit public de la monarchie, une sorte de *Rymer* français. En 1788, il était un peu tard pour que les historiens au service de la monarchie puissent donner une constitution à la France. L'ambition de codifier ne pouvait se résumer à la satisfaction de publier. Au moment où d'autres avaient déjà fait le serment d'établir le droit public, non sur les privilèges particuliers et les coutumes anciennes du royaume, mais sur les droits imprescriptibles et universels de la nature humaine, la réforme de droit public annoncée ne vint pas et le premier tome du *Rymer* qui aurait pu servir de base ne parut qu'en 1791 ; il était cette fois beaucoup trop tard. Le programme de Moreau de ressaisir la dimension juridique à travers la recherche historique était à contre-courant du déploiement des missions de l'État, devenu irrésistible depuis 1661. En effet, depuis cette date, le Contrôle général des finances se trouvait au cœur d'un dispositif étatique dont l'accroissement des missions de police tendait à asphyxier de plus en plus les missions proprement juridiques. Mais le projet de Moreau était également minoritaire devant l'opinion publique par rapport au rationalisme anhistorique des doctrinaires du contrat social. L'idée de constituer, au sein même de l'administration, un dépôt des lois qui permette à celle-ci d'effectuer ses réglementations selon un plan de fonctionnement sera au XIXe siècle celui du Conseil d'État, mais il ne pourra servir de cadre à la réforme du droit.

On peut alors comprendre ce lien de l'histoire et du droit. La première et la principale méthode imaginée pour unifier le droit avait été les textes collationnés. D'abord, il s'agissait de la publication privée de juristes décidés à apporter un peu d'ordre dans une législation par trop broussailleuse, telle la publication en 1724 du *Recueil d'ensemble des coutumes* par Bourdot de Richebourg. L'idée dominait que la publication constituait à elle seule la réformation parce qu'elle se substituait à l'enregistrement qui était le grand argument sur lequel les parlements fondaient leur prétention à contrôler les initiatives des législateurs et que, de sucroît, elles constituaient un dépôt des lois à la place de celui que les cours invoquaient. Dans l'esprit de la monarchie, il s'agissait également d'un retour à l'origine, de la volonté de renouer avec le principe de la loi à son début, pour le restaurer dans toute sa pureté. Mais une telle doctrine laisse entrevoir les difficultés et les obstructions qui finalement gênaient et entravaient cette unité juridique souhaitée. Car le jeu de la réformation sacrifiait à l'idée que la tradition est la pierre de touche de légitimité d'une disposition juridique. Dès lors, la monarchie était conduite à conserver la coutume. L'occasion avait été saisie lors de la rédaction des coutumiers de se débarrasser des dispositions vieillies, mais cette conception consolidait néanmoins l'indépendance et l'hétérogénéité des droits coutumiers.

L'historicisme juridique identique à celui des contestataires aristocratiques de la monarchie constitue un obstacle à la codification du droit civil espérée de la simple collation. Car l'agrément de la tradition fournit aux concurrents du souverain dans la fonction législative un excellent argument. Si les bonnes lois sont des lois originelles, si la législation est d'abord et avant tout conservation et restitution, comment les parlements dont la mission est d'enregistrer les ordonnances et les édits ne se seraient-ils pas sentis autorisés, à leur tour, à se poser en gardiens de la constitutionnalité ? Face à ce point de vue de la légitimité historique du passé, l'idée d'une novation respectant la transcendance du droit et l'intérêt de la nation ne pourra plus se frayer la voie par la technique judiciaire dans le cadre des appareils de justice. La politique juridique de la monarchie ne pourra surmonter la difficulté politique du royaume à construire sa centralisation sur la base d'une production législative unifiée reconnue comme légitime à partir des appareils de justice. Dès lors, la fonction législative n'a pu continuer son développement que sous deux formes : d'abord celle explosive du droit administratif, droit civil élaboré au sommet par l'État et son administration, voué au succès mais ne portant que sur des domaines particuliers du droit où l'État se sent une responsabilité indiscutée — tel est le cas du Code Louis, qui n'intéresse pas directement les érudits. Ensuite, et c'est là que les érudits ont été convoqués, sous la forme de la collation visant la totalité des titres, mais repoussant toujours devant elle la codification. Nous pouvons alors apprécier la portée et les limites du lien noué entre l'histoire et le droit, entre la politique de recherche historique de la monarchie et sa politique juridique. Sa portée concerne directement la controverse engagée entre la monarchie et les compagnies judiciaires sur la définition même de la loi. Pour les monarques, la légitimité dépend essentiellement de l'autorité :

> On n'obéist pas à une loi parce qu'elle est juste, la justice pouvant estre débattue et constestée mais on y obéyt parce qu'elle est loy et qu'ayant estée une fois publiée et receuë, on est obligé de faire ce qu'elle ordonne,

expliquait Pussort[1], résumant parfaitement la conception monarchique de la loi. Pour les parlements, la légitimité se vérifiait en revanche par la légalité qui en fixait les conditions, les qualités de l'enregistrement. L'idée que la publication des lois pouvait constituer à elle seule une réformation a été invoquée par les ministres de la monarchie. Mais cette doctrine, qui est en quelque sorte celle d'un coutumier général des ordonnances, est contradictoire. Car un coutumier uniformise « par le bas », au ras de la pratique judiciaire et en gardant une grande tolérance pour la contradiction, tandis que la codification implique une intervention au « sommet » du législateur, afin d'épurer et d'ordonner les dispositions hétérogènes. Le remède est donc un dépôt de la collation des lois. On voulait concurrencer les parlements qui avaient émis la volonté de constituer le dépôt des lois de la nation en rassemblant à l'intérieur du Cabinet des chartes le seul dépôt qui aurait alors une valeur officielle. Le but était de miner les revendications des organismes concurrents de la monarchie en leur enlevant le monopole de la publication et de l'enregistrement. Mais les moyens requis s'avéraient bien insuffisants. Ni la publication des ordonnances, lente, difficile, soumise aux aléas de la recherche, ni le dépôt de législation, trop incomplet et trop éloigné de la pratique judiciaire ne pourront suppléer l'activité juridique que quotidiennement, par le moyen de remontrances ou de jugements en équité, les cours exerçaient sans frein.

Les historiens ont donc bien accompli leur mission érudite et archivistique, mais ils ont moins bien réussi dans la réformation du droit civil. La collation et la publication des lois ne suffisaient pas à la codification et à l'édification du droit civil français. C'est sans doute dans cette confusion entre la publication et la codification que gît le secret de l'échec d'une entreprise

1. Pussort, *Mélanges Colbert*, folio 144.

juridique. Il ne faudrait pas conclure néanmoins à un échec complet des relations nouées entre l'histoire et le droit, car il n'y aurait pas eu de constitution d'une science romanistique nouvelle, ou de la diplomatique, en l'absence du développement général de la négociation juridique. Le retour aux chartriers, la recherche des actes, l'investigation des titres est un effort général des États européens, qui abandonnent les vieilles habitudes des guerres féodales pour mettre en place les nouvelles relations de l'État de droit. Les tâches juridiques confiées aux historiens sont liées au grand moment savant de retour au droit, au développement des droits coutumiers bientôt solidifiés et sanctifiés par la rédaction, à la multiplication des établissements et des inscriptions de toute sorte. L'histoire savante advient au moment où la maîtrise de la violence particulière s'est suffisamment affirmée pour que puisse imploser la civilisation des mœurs que Norbert Elias a décrite avec profondeur ; elle est étroitement enracinée dans cette époque qui prescrit un savoir-vivre, énoncé par Érasme, réservé à la paix et dévolu au droit. De l'autre côté, le pluralisme d'attributions affectées à la recherche historique, particulièrement les missions juridiques confiées aux historiens, nous renseigne sur les services que la monarchie attendait d'eux.

Avant de s'émanciper, l'histoire savante a noué, au cœur de l'Ancien Régime, des liens avec la documentation administrative et le débat juridique pour imprimer à ses intérêts une marque indélébile encore sensible dans les histoires savantes du XIXe siècle et qui ont aussi infléchi les pratiques de l'État. Le travail historique découvre à son tour la nature de l'État classique. L'État nous renvoie à l'archéologie du savoir. Le développement du savoir historique classique n'est pas un engendrement dans le ciel des idées d'une conscience de soi malheureuse de la bourgeoisie cherchant, pas à pas, dans les documents son oppression ou son élection. C'est plutôt la politique de la monarchie qui met en place le déploiement du savoir historique, qui crée les dépôts d'archives, les bibliothèques. Dans la recherche de l'histoire par la monarchie, il y a un lien causal qui est celui du rapport du droit à l'histoire. S'il n'est pas pertinent d'interpréter la politique de la recherche historique en termes de mercenarisation ou d'enregistrement pour des doctes, c'est qu'elle correspond plutôt à une politique où le règlement des textes, où la contestation réclament la confrontation des vérités, où le besoin administratif d'histoire conduit le pouvoir à s'assujettir au droit. Il y a une politique de recherche historique parce qu'il y a une volonté (tendancielle) de constituer un corps du droit unifié au service d'un État central, de la paix du royaume. Mais l'équation peut évidemment se dire dans l'autre sens : c'est parce que le projet juridique lui-même connaîtra au cours de l'Âge classique un processus d'entropie qu'il y aura un tarissement de la politique juridique de la monarchie, un démantèlement ou une impossibilité du droit et partant, à son tour, une entropie de la conscience historique de l'Âge classique.

III. Droit politique

La Déclaration des droits de l'homme et la liberté de conscience

Dans la journée du samedi 22 août 1789, le président de l'Assemblée nationale mit à la discussion de ses membres les articles XVI, XVII et XVIII du projet du sixième bureau, dont on avait accepté le 19 août, selon la proposition du marquis de Bonnay, qu'il constituât le canevas sur lequel l'Assemblée allait voter la Déclaration des droits. Les articles étaient ainsi libellés :

> *Article XVI* : La loi ne pouvant atteindre les délits secrets, c'est à la religion et à la morale à la suppléer. Il est donc essentiel pour le bon ordre même de la société, que l'une et l'autre soient respectées.
>
> *Article XVII:* Le maintien de la religion exige un culte public. Le respect pour le culte public est donc indispensable.
>
> *Article XVIII:* Tout citoyen qui ne trouble pas l'ordre public établi ne doit donc point être inquiété[1].

C'est de la discussion de ces trois articles qu'allait sortir, à l'issue des deux journées du 22 et 23 août, le libellé de l'article X : « Nul ne doit être inquiété pour ses opinions, même religieuses, pourvu qu'elles ne troublent pas l'ordre établi par la loi. »

Comment était-on passé du projet à la rédaction définitive ? Comment était-on allé des trois articles qui instituaient la religion en garantie de la morale, pour laquelle un culte public s'avérait indispensable, à un seul article qui énonçait et limitait

1. *Archives parlementaires de 1787 à 1860. Recueil complet des débats législatifs en politique des chambres françaises* (désormais A.P.), J. Mavidal, E. Laurent, E. Clavel, Paris, 1867, t. VIII, séance du 22 août 1789.

tout à la fois la tolérance religieuse ? Comment, après la liberté et l'égalité, avait-on inscrit et circonscrit, tout en même temps, la conscience et la liberté de conscience ? Si l'on veut retracer les étapes et les conséquences de cette discussion il faut, de l'événement lui-même, distinguer un prologue et un épilogue. Le prologue fut double : sa première partie dura deux mois ; sa seconde fut jouée en trois jours.

Le prologue de l'article X

Comme l'ensemble de la Déclaration, l'article X procède du serment porté par les députés du tiers état « de ne jamais se séparer et de se rassembler partout où les circonstances l'exigeraient jusqu'à ce que la constitution du royaume pût être établie sur des bases solides ». Pendant deux mois, l'Assemblée eut à se déterminer sur trois questions préalables : fallait-il ou non une Déclaration des droits ? Cette Déclaration des droits devait-elle être énoncée avant ou après la Constitution ? La Déclaration devait-elle insister sur les droits naturels ou sur les droits civils ?

Si l'on veut rapidement reconstituer le calendrier des réponses adoptées à chacune de ces questions, questions de forme et de procédure, mais aussi questions de fond et de contenu, on peut retenir quelques journées qui firent date. La première question ne fut pas tranchée avant le 1er août et, pour résumer le conflit qu'elle ouvrit, on peut mettre en épigraphe un texte de Jean-Paul Rabaut Saint-Étienne, le pasteur nîmois qui allait prononcer un discours si capital mais exercer une si faible influence lors de la rédaction de l'article X. Dans ses *Réflexions politiques sur les circonstances présentes*, qui servaient de suite à son *Précis historique de la Révolution française*[1], il écrivait :

> L'époque de la Déclaration, commencée à la fin du dix-huitième siècle, s'attachera à la Déclaration des droits. Quand il n'y aurait que cela de reste de la Constitution française, cette déclaration surnagera ; malgré la subversion, elle se relèvera quelque part. Elle s'est établie facilement en Amérique parce qu'il n'y avait ni rois, ni prêtres, ni docteurs, ni nobles pour l'attaquer ; mais quand elle a passé la mer pour arriver sur le vieux

1. Paris, 1807, 4e édit., p. 12.

continent et au milieu des vastes et populeuses cités, quand elle a voulu s'établir dans des terres surchargées de cathédrales, de menses abbatiales, de tours, de donjons, de tourelles, de cloîtres de toutes les formes, n'ayant pour elle que les sages et le peuple, elle a dû être exposée aux plus vives insultes.

Le 1er juillet, l'Assemblée distribua sa tâche en trente bureaux. Le 7 juillet, elle organisa un comité de constitution, le 9 juillet, au nom de ce comité, Mounier présenta un rapport qui insistait sur trois arguments importants : la Constitution devait commencer par une déclaration des droits en forme de préambule. La Déclaration ne serait que provisoire et ne connaîtrait de caractère définitif qu'avec l'achèvement de la Constitution. Elle contiendrait un développement des principes de la monarchie :

> Nous n'abandonnerons jamais nos droits mais nous saurons ne pas les exagérer. Nous n'oublierons pas que les Français ne sont pas un peuple nouveau sorti récemment du fond des forêts pour former une association mais une grande société de 24 millions d'hommes qui veut régénérer le royaume et pour qui les principes de la monarchie sont toujours sacrés[1].

Le 11 juillet, l'Assemblée entendit le rapport de La Fayette, qui ne constituait pas moins qu'une contre-offensive au rapport de Mounier ; la Déclaration — exposait-il — devait être antérieure à la Constitution et détachée d'elle. À quoi, après l'avoir couvert de fleurs de rhétorique, le comte de Lally-Tollendal répondit en soulevant une objection de même nature que celle qu'avait invoquée Mounier :

> N'oublions jamais la différence énorme d'un peuple naissant qui s'annonce à l'univers, d'un peuple qui, lors du joug qui l'écrase, le secoue et brise ses fers [il faisait explicitement allusion aux États-Unis d'Amérique] et d'un peuple ancien, immense qui, depuis 2 400 ans, obéit à un prince qu'il a chéri quand il était réglé par la vertu et qu'il idolâtrera quand il sera dirigé par les mœurs[2].

1. A.P., *op. cit.*
2. *Ibid.*

Pourtant, l'élection, le 13 juillet, de La Fayette à la vice-présidence de l'Assemblée fit voir que le cœur des députés penchait plutôt de son côté. Le même jour, le comte de Castellane souligna l'importance de la Déclaration des droits : « Ceux-là seraient ennemis de la monarchie qui diraient que la Déclaration des droits est contraire à la monarchie », déclara-t-il. Le 14 juillet, sur la proposition de Pétion de Villeneuve, les députés nommèrent un comité de constitution de huit membres qui rassemblait Mounier, l'abbé Sieyès, Le Chapelier et Bergasse pour le tiers état, Talleyrand, évêque d'Autun, Champion de Cicé, archevêque de Bordeaux pour le clergé, le comte de Clermont-Tonnerre et le comte de Lally-Tollendal pour la noblesse. Le 20 et le 21 juillet, devant le comité de constitution, Sieyès soumit son *Projet d'exposition raisonnée de la Déclaration*, dans lequel l'établissement de la Constitution prenait le pas sur la Déclaration. Le 27 juillet, dans le cadre du compte rendu des travaux du comité de constitution, Champion de Cicé, après avoir recommandé la lecture comparée des projets de Sieyès et de Mounier et avoir fait appel au dépôt des projets[1], se prononça nettement pour une Déclaration qui précéderait la Constitution, tandis que le comte de Clermont-Tonnerre, s'appuyant à son tour sur le dépouillement des cahiers de doléances, exposa que la demande d'une déclaration des droits de l'homme était « la seule différence qui existait entre les cahiers qui désiraient une constitution nouvelle et ceux qui ne demandaient que le rétablissement de ce qu'ils considéraient comme la constitution existante[2] ». Le même jour, un projet de conciliation fut présenté par Mounier, selon lequel « la Déclaration des droits ne devait constituer que le premier chapitre de la future constitution, le chapitre second contenant la déclaration des principes du gouvernement français ».

La première étape fut franchie le 1er août, lorsque la motion présentée par les adversaires de la Déclaration, Durand de Lespie, Crénière, l'évêque de Langres, pour en résilier définitivement le projet, fut, après les plaidoyers du comte de Montmorency, de Target et de Castellane, rejetée. Dès lors une réponse majoritaire à la première question (oui, il fallait une Déclaration) s'était nettement dessinée, mais sans que les deux autres questions eussent été réglées. Les problèmes de définition du

1. *Ibid.*
2. *Ibid.*

rapport de la Déclaration à la Constitution et du poids respectif des droits naturels et des droits civils dans les textes allaient inévitablement resurgir. Avec un vote de refus d'une déclaration des devoirs, la nuit du 4 août donna une majorité de 570 voix contre 433 aux partisans de la Déclaration. En raison des événements, le débat fut interrompu du 4 au 12 août puis, le 12 août, un nouveau comité, dit Comité des cinq, qui comprenait Démeunier, La Luzerne, évêque de Langres, Mirabeau, Tronchet et Rhedon, fut créé. Le 17 août, au nom du Comité, Mirabeau présenta un rapport dans lequel il soulignait la difficulté de s'inspirer de l'exemple américain.

> C'est ainsi que les Américains ont fait leur déclaration des droits, ils en ont à dessein écarté la science, ils ont présenté les vérités politiques qu'il s'agissait de fixer sous une forme qui pût devenir facilement celle du peuple à qui seul la liberté importe et qui seul peut la maintenir. Mais en nous rapprochant de cette méthode, nous avons éprouvé une grande difficulté, celle de distinguer ce qui appartient à la nature de l'homme, des modifications qu'il a reçues de telle ou telle société, d'énoncer tous les principes de la liberté, sans entrer dans les détails et sans prendre la forme des lois…

Et il concluait :

> Nous ne vous offrons qu'un très faible essai, que vous améliorerez sans doute, mais sans oublier que le véritable courage de la sagesse consiste à garder, dans le bien même, un juste milieu[1].

Le 18 août fut une journée clé car, dans la longue suite d'orateurs qui intervinrent, Rabaut Saint-Étienne présenta, sur les deux questions préalables qui demeuraient en suspens, un rapport de synthèse dont l'argumentation devait emporter l'adhésion de l'Assemblée. Il expliquait en effet :

> Vous avez adopté le parti de la Déclaration des droits parce que vos cahiers vous imposent le devoir de le faire, et vos cahiers vous en ont parlé parce que la France a eu pour exemple l'Amérique. Mais, que l'on ne dise pas pour cela que notre Déclaration doit être semblable. Les circonstances ne sont pas les mêmes : elle

1. *Ibid.*

> rompait avec une métropole éloignée, c'était un peuple nouveau qui détruisait tout pour renouveler tout. Cependant, il y a une circonstance qui nous rapproche de leur révolution, c'est que, comme les Américains, nous voulons nous régénérer. La Déclaration des droits est donc absolument nécessaire. On se demande ce que cela signifie [...].
>
> La première idée qu'elle rappelle, c'est moins de déclarer les droits que de se constituer ; car elle est une partie intégrante de la Constitution et les principes de la Constitution doivent renfermer toutes les maximes du gouvernement [...].
>
> Nous n'avons pas été assez loin. Il ne s'ensuit pas de ce que les Américains n'ont déclaré que les Droits de l'homme, que nous devions en rester là. La Déclaration des droits ne doit être, en quelque sorte, que le préambule de la Constitution[1].

Cette doctrine de la Déclaration comme préambule avait le mérite de séparer la Déclaration de la Constitution tout en l'y rattachant ; elle allait inspirer l'orientation future d'un texte qui se trouverait *avant* mais aussi *avec* la Constitution. Le discours du 18 août de Jean-Paul Rabaut Saint-Étienne est un tournant parce qu'il apporte une réponse à la seconde question préalable, en faisant apparaître que le lien qui doit être noué entre la Déclaration et la Constitution a son origine dans la conviction maintes fois exprimée par Mounier, Champion de Cicé ou Mirabeau, selon laquelle la nation française n'est pas naissante mais renaissante et selon laquelle, en conséquence, les principes de la Constitution se trouvent déjà eux-mêmes enracinés dans une constitution préexistante. La différence entre les deux déclarations, la Déclaration américaine et la Déclaration française, se trouve dans l'inégalité du rapport qu'elles entretiennent avec l'état de nature. Le peuple américain, « un peuple nouveau qui détruisait tout pour renouveler tout », est profondément immergé dans la nature ; le peuple français, qui n'aspire qu'à se régénérer, a cessé d'être prisonnier de cette condition ensauvagée. Partant, sa renaissance implique que « la Déclaration des droits est tout à fait nécessaire », mais non qu'elle soit tout à fait suffisante. Un peuple qui n'a pas tout à détruire pour tout reconstruire doit aussi « jeter les bases sur lesquelles il voudrait faire reposer ses droits ». D'où la divergence et, en quelque sorte, la supériorité de la nouvelle Déclaration sur

1. *Ibid.*

l'ancienne : elle ne sera pas limitée aux droits de l'homme parce que la société qui la porte n'est pas enfermée dans l'état de nature.

Rabaut Saint-Étienne plaide pour une Déclaration des droits de l'homme et du citoyen. Ce qui s'est alors joué, le 18 août, dans la solution proposée par le pasteur nîmois à la deuxième question préalable qui freinait les décisions de l'Assemblée, c'est sans doute et c'est fondamentalement l'éviction de la référence à la loi naturelle, à cette loi naturelle qui était au cœur de la Déclaration d'indépendance de 1776. Au principe de son rejet s'insinuait, mi-orgueilleuse, mi-inconsciente, la certitude partagée par les différents orateurs qui le défendaient, de la supériorité de la civilisation française sur l'américaine. À l'évidence, dans la Déclaration française, on traitera des droits naturels et des droits civils mais non d'une loi de nature à partir de laquelle les uns et les autres de ces droits seraient fondés, et lorsque la loi sera évoquée, elle ne le sera que sous la forme de la loi positive. Ce qui a été ajourné, ce qui est resté pendant, à l'issue de la première partie du prologue à la rédaction de l'article que nous nous sommes proposé d'examiner, c'est bel et bien le poids respectif des droits de l'homme et des droits du citoyen. Faute que leur place ait été déterminée préalablement, il faudra établir, article par article, ce qui revient à l'homme et ce qui revient au citoyen. La discussion préalable au vote de la Déclaration se termina avec l'adoption de la proposition du marquis de Bonnay, de délibérer sur la base du projet présenté par le sixième bureau[1].

La seconde partie du prologue s'envola en trois jours. Le 20 août, le préambule, emprunté cette fois au rapport fait par Mirabeau au nom du Comité des cinq, fut adopté ainsi que les articles I, II, III. Le 21 août, suivit l'adoption des articles IV, V, VI et, le début de la journée du 22 août, des articles VII, VIII, IX. L'Assemblée en était ainsi arrivée à la rédaction de l'article X. Son intitulé fut arrêté au terme d'un long débat qui se poursuivit pendant deux jours, contrastant en cela avec la rapidité d'adoption des neuf premiers articles. Un long défilé d'orateurs entretint un rythme haletant de discussion pour fomenter, au sein même de l'événement, un nouvel événement.

1. *Journal des états généraux convoqués par Louis XVI, Ouvrage accueilli et très intéressant où se trouvent réunis toutes les motions, délibérations, discours & opérations de l'Assemblée, séance par séance rédigé par M. Le Hodey...*, Paris, 1789, t. III.

L'adoption de l'article X : un événement

Pour mesurer l'importance de la discussion à laquelle donna lieu l'article X où, pendant une journée et demie, s'affrontèrent des hommes et des idées, où se croisèrent, le temps d'une fin de semaine, de tragiques ou d'habiles destinées, il faut sans doute changer de registre et imaginer, ne fût-ce qu'un court moment, la scène, le théâtre de l'Assemblée.

S'il y a quelque chose de profond et d'effrayant dans la remarque réitérée de Robespierre selon laquelle la Révolution, et surtout la Révolution telle qu'elle se joue à l'Assemblée, est une représentation où les différents acteurs s'avancent et se retirent, pour délivrer, avec talent ou avec dérision, avec passion ou avec affectation, avec allégresse ou avec désespoir, un texte déjà rédigé, déjà préparé à l'avance, en coulisse, par un auteur que tous ne connaissent pas, quelle que soit la vérité de sa perception si sensible et si horrible selon laquelle, ainsi que dans toute pièce à l'antique, les tragédiens s'avancent masqués, défigurés devant les autres et opaques à eux-mêmes, il reste que la représentation fut jouée et que la partition fut livrée par des êtres de chair et de sang qui étaient venus là, pleins d'espérance ou d'appréhension, le cœur haut et la voix battante. Aussi bien, qui relit leurs discours, si tronqués ou résumés qu'ils nous restent, se trouve immanquablement confronté à cet événementiel de la Déclaration qui remplit d'admiration et de saisissement et laisse le spectateur muet et captivé, comme on l'est enfant, en sortant du Châtelet, mais ici saisi parce que la guillotine, la guerre ou la misère viendront et que, du mousquet des discours, les balles ne partaient pas à blanc. L'événement, en cette fin de semaine des 22-23 août 1789, c'est davantage qu'un tableau plus soigné que les autres ou un défilé plus resplendissant à l'intérieur du carnaval lors de la semaine sainte de la Déclaration des droits, parce que, ici, à chaque passage, à chaque entrée, à chaque sortie, un anonyme vient à décliner son nom, sur quoi, peut-être, bientôt, il jouera sa vie. Ce grand ballet d'individuation, cette chorégraphie des appellations où, pour la première fois, les héros sortent du chœur qui les tenait enfouis, peut-être est-ce cela qui nous émeut et nous bouleverse au moment même où l'histoire des idées nous chuchote obstinément que le contenu de leur argumentation avait déjà été imprimé dans quelque ouvrage de Hobbes et de Locke, de Spinoza ou de Jean-Jacques Rousseau. Il y a un événement de la rédaction de l'article X peut-être et d'abord parce que la Déclaration est un avènement, météore de temps mystique où des individus font l'histoire. Des hommes montent à la tribune, prennent la parole et déclarent le droit.

Ainsi, voici par ordre approximatif d'entrée en scène, le *who's who* de l'article X :

Le 22 août : François de Bonnal, évêque de Clermont ; le comte de Castellane ; le comte de Mirabeau ; Charles de Laborde ; l'abbé d'Eymar ; puis le 23 août : Pétion de Villeneuve ; Claude Maillot ; Charles François Bouche ; l'abbé d'Eymar ; Jean-Henri Voulland ; le vicomte de Mirabeau ; Monsieur de Clermont-Lodève ; Talleyrand, l'évêque d'Autun ; le comte de Castellane ; Mirabeau ; Castellane ; Jean-Paul Rabaut Saint-Étienne.

Sur l'exactitude absolue de l'ordre ci-dessus présenté des interventions, nous sommes obligée de demeurer prudente. Comme le souligne *Le Logographe*[1], il est malaisé de reconstituer la discussion du 23 août. Le rédacteur, Le Hodey, écrit ainsi : « J'intervertis ici l'ordre des faits. Il est difficile d'ailleurs de suivre exactement les opérations d'une séance, où le désordre le plus marquant dominoit, où la particularité commandoit, où le cri de la nation, la voix de la raison, les Droits de l'homme ont été méprisés, où le président ne pouvant plus résister davantage aux cris de sa conscience, a demandé deux fois sa démission [...] La motion de M. de Castellane a été amendée, sous-amendée, divisée, alambiquée, entortillée de cent manières. On entendoit de tous côtés : " Je propose un amendement, je demande la parole. " Le président a conservé le sang-froid d'un Solon au milieu du tumulte[2]. » La difficulté est récurrente dès lors que l'on veut constituer un calendrier exhaustif du travail déclaratoire[3]. Malgré cet obstacle que nous

1. *Ibid.*

2. *Ibid.*

3. Il est impossible de se référer à un calendrier véritablement exhaustif du travail déclaratoire. La base du texte imparfait que constitue le tome VIII des *Archives parlementaires* a été récemment amélioré par trois publications : Christine Fauré, *Les Déclarations des droits de l'homme de 1789*, Paris, Payot, 1988, qui a eu le mérite de publier 21 projets de déclaration après en avoir recensé 27 ; Stéphane Rials, *Les Déclarations des droits de l'homme et du citoyen*, Paris, Hachette, 1988, qui a proposé une relation très documentée et intelligible des différentes parties du débat ; Antoine de Baecque et Michel Vovelle, *L'An I des droits de l'homme*, Paris, Presses du CNRS, qui ont considérablement amélioré le texte de base des *Archives parlementaires* à l'aide d'autres sources comme *Le Journal de Paris*, *Le Point du jour*, *Le Logographe*, etc. Néanmoins, et notamment en ce qui concerne le débat sur l'article X, même avec le complément des journaux parus en août 1789 que nous avons pu consulter, *Le Courrier de Provence*, *Nouvelles Éphémères*, *Journal de la ville*, *L'Observateur*, *Journal des débats et des décrets*, etc., l'intégralité des débats demeure difficile à reconstituer.

ne nous dissimulons pas, il nous paraît néanmoins intéressant d'essayer de suivre, même approximativement, le fil des interventions, et d'évoquer la personnalité des orateurs[1].

François de Bonnal, l'évêque de Clermont, élu par le clergé, député de son baillage, qui s'est déjà fait connaître comme un adversaire de la Déclaration, s'inscrit immédiatement pour défendre les principes contenus dans les articles du sixième bureau, qui érigent la religion en garante de la morale, invitent les citoyens à la respecter, insinuent, sous la formule d'un culte établi, l'idée d'un culte public :

> La religion est la base des empires ; c'est la raison éternelle qui veille à l'ordre des choses. L'on élèverait plutôt une ville dans les airs, comme l'a dit Plutarque, que de fonder une république qui n'aurait pas pour principe le culte des dieux. Je demande donc que les principes de la Constitution française reposent sur une base éternelle.

Après lui intervient Castellane. Boniface Louis André, comte de Castellane (1758-1837), l'un des trois personnages clés, avec Mirabeau et Rabaut Saint-Étienne, de la discussion de l'article X. Député de la noblesse du baillage de Chateauneuf en Thymaede, militaire libéral, il a été l'un des premiers nobles à se rallier au tiers état, et il est déjà intervenu plusieurs fois avec force pour défendre le camp des partisans de la Déclaration ; son intervention va être décisive ; c'est lui en effet qui, au nom de deux vérités fort simples :

> la première que toutes les nations reconnaissent et révèlent l'auteur de leur existence…
>
> la seconde que la France à la vérité est catholique mais que les Français ne le sont pas,

propose de rejeter les trois articles du Sixième Bureau et de leur substituer l'article suivant : « Nul homme ne doit être inquiété dans ses opinions religieuses ni troublé dans l'exercice de sa religion. »

Dès lors, toute la discussion va s'organiser autour de la motion de Castellane. Après lui, Charles de Laborde, curé de Cormeillan, député du clergé de la sénéchaussée de Loudun, abonde dans son sens pour recommander la tolérance :

1. Voir les dictionnaires de Boursin et Challamel, Décembre-Alonnier.

> Certainement les puissances de la terre n'ont rien de commun avec la religion : le pouvoir légitime peut empêcher que l'on ne porte atteinte aux cultes. Mais il ne peut déterminer la liberté des consciences. La liberté de la religion est un bien sacré qui appartient à tout citoyen. On ne peut employer l'autorité pour l'enlever, puisque Jésus-Christ et les apôtres ont recommandé la douceur. Respectons les cultes étrangers pour que l'on respecte le nôtre. Nous ne pouvons pas professer d'autres sentiments. Notre culte ne doit porter aucun empêchement à l'exercice des religions.

Alors s'insurge et se dresse l'abbé d'Eymar, prévôt de Neuviller, en Alsace, député du clergé du baillage de Haguenau et Wissembourg[1]. Notre abbé, lui, ne l'entend pas de cette oreille et, au curé de Cormeillan, il riposte :

> Nous avons abandonné tout ce qui concerne les intérêts temporels mais nous aurons toujours assez de courage pour défendre la cause de la religion.

À sa suite, c'est Mirabeau qui s'exprime pour prononcer le premier grand discours du débat. Malgré sa dénégation :

> Je ne viens pas ici prêcher la tolérance [...]. La liberté de religion est à mes yeux un droit si sacré que le mot de tolérance, qui essaye de l'exprimer, me paraît en quelque sorte tyrannique lui-même, puisque l'existence de l'autorité qui a le pouvoir de tolérer attente à la liberté de penser, par cela même qu'elle tolère et qu'ainsi, elle pourrait ne pas tolérer.

C'est bien en vérité la tolérance qu'il prêche. Et sans doute n'est-il si assuré des sentiments des constituants sur la tolérance que parce que les combats de Voltaire ne sont pas si loin et que tous ont encore dans l'oreille la célèbre apostrophe du philosophe qui résume la conviction de l'intolérant : « Crois ou je t'abhorre ; crois ou je te ferai tout le mal que je pourrai : monstre, tu n'as point de religion[2]... »

1. Il ne faut pas confondre l'abbé d'Eymar avec A. M. d'Eymar, député de la noblesse de Forcalquier et Sisteron aux états généraux ; l'un des premiers de son ordre à se réunir au tiers état, cet admirateur de J.-J. Rousseau, après avoir été ambassadeur au Piémont, sera nommé préfet du Léman sous le consulat. Il mourra en 1803.

2. « ... Le droit à l'intolérance est absurde et barbare : c'est le droit des tigres et il est bien horrible, car les tigres ne se déchirent que pour manger et nous nous sommes exterminés pour des paragraphes » (Voltaire, art. « Tolérance », *Dictionnaire philosophique*, Paris, 1879, t. IX).

Aussi Mirabeau poursuit :

> Mais je ne sais pourquoi l'on traite le fond d'une question dont le jour n'est pas arrivé.
>
> Nous faisons une Déclaration des droits ; il est donc absolument nécessaire que la chose qu'on propose soit un droit ; autrement on y ferait entrer tous les principes qu'on voudrait, et alors ce serait un recueil de principes.
>
> Il faut donc examiner si les principes proposés sont un droit. Certainement dans leur exposition, ils n'en expriment pas ; il faut donc les poser autrement.

Et l'orateur de se ranger logiquement à la proposition du comte de Castellane de revoir les articles XVI, XVII, XVIII. Il ajoute :

> Mais il faut les insérer en forme de déclaration des droits, et alors, il faut dire : le droit des hommes est de respecter la religion et de la maintenir. Mais il est évident que c'est un devoir et non un droit. Les hommes n'apportent pas le culte en société, il ne naît qu'en commun. C'est donc une institution purement sociale et conventionnelle. C'est donc un devoir.

Si l'on s'en tenait, raisonne le grand tribun, au libellé des articles XVI, XVII, XVIII, on n'aurait énoncé qu'un devoir ; mais l'Assemblée a rejeté le principe d'une déclaration des devoirs. Mirabeau continue :

> Mais ce devoir fait naître un droit, savoir : que nul ne doit être troublé dans sa religion.
>
> En effet, il y a toujours eu diverses religions. Pourquoi ? Parce qu'il y a toujours eu diverses opinions religieuses.
>
> Mais la diversité des opinions résulte nécessairement de la diversité des esprits, et l'on ne peut empêcher cette diversité. Mais cette diversité ne peut être attaquée.
>
> Mais alors le libre exercice d'un culte quelconque est un droit de chacun ; donc on doit respecter son droit ; donc on doit respecter son culte.
>
> Voilà le seul exercice qu'il soit nécessaire d'insérer dans la Déclaration des droits sur cet objet…

Jusqu'alors, Mirabeau n'avait soutenu le principe de la Déclaration que *moderatissimo*. Maintenant il se proclame le partisan, *allegro ma non troppo*, du droit naturel de la liberté des cultes, elle-même fondée sur la liberté des opinions. Il termine sa péroraison par ces mots: « Nous n'avons le droit de nous mêler que des choses de ce monde. Nous pouvons donc permettre la liberté des cultes et dormir en paix. »

L'abbé d'Eymar a beau revenir à la charge en déclarant derechef:

> Je crois devoir réfuter M. de Mirabeau [...]. Je ne demande pas la proscription de toutes les religions: moi-même, j'ai prêché la tolérance plus d'une fois. Je demande que l'on divise les articles XVI et XVIII et que l'on délibère...

L'affaire du rejet des articles du Sixième Bureau semble avoir été conclue par le grand orateur. Camus tente de prendre la parole, mais le trouble empêche la délibération de continuer plus avant. Au reste, il est bien tard et, malgré les réclamations de Mirabeau qui craint « que l'on ne soit à la veille d'une Saint-Barthélemy et que les intolérants restent seuls » — avouant ainsi rétrospectivement qu'il a, lui aussi, combattu pour la tolérance —, l'Assemblée, par deux arrêts consécutifs, remet la discussion au lendemain.

Le dimanche 23 août est le jour décisif. La discussion du 22 août a mis en évidence que les articles XVI et XVII du Sixième Bureau, en proclamant la nécessité de la religion et du culte public, définissaient des devoirs qui soulevaient un point d'organisation appartenant exclusivement à la Constitution. La liberté des opinions évoquée par l'article XVIII était une chose, l'exercice du culte traité par les articles précédents était une autre chose. Il y avait donc deux questions distinctes: une question qui relevait du droit naturel, celle de la liberté des opinions, et une question qui ressortissait au droit civil, l'exercice du culte, dans la mesure où celui-ci avait rapport non seulement à la liberté mais aussi à l'établissement du culte. C'est autour de ces deux questions que s'articule le débat de ce dimanche. Les énoncés qui avaient été liés à la suite par le Sixième Bureau seront définitivement disjoints dans une discussion où les protagonistes vont jouer à fronts renversés: les députés du clergé et leurs soutiens demanderont l'inscription de l'exercice du culte dans la Déclaration — alors même qu'ils s'étaient naguère prononcés contre le principe d'une Déclaration —, tandis que ceux qui imaginent déjà la Constitution civile du clergé vont repousser cette inscription.

Mais revenons aux orateurs.

Le premier qui prend la parole dès que l'ordre du jour a rapporté la discussion sur les articles de la veille est Jérôme Pétion de Villeneuve, dont la postérité retiendra davantage le nom abrégé du conventionnel, Pétion. Pour l'heure, il est encore M. Pétion de Villeneuve, élu du tiers état du baillage de Chartres. Le 23 juin 1789, il s'est élevé contre Louis XVI ; le 18 août, il a combattu avec force la motion de Mirabeau qui tendait à renvoyer la discussion de la Déclaration des droits après le vote de la Constitution ; bientôt, il deviendra maire de Paris, en remplacement de Bailly, député de la Convention nationale et l'un des trois commissaires qui iront chercher le roi à Varennes. Maintenant, Pétion suggère une mesure simple qui est de renvoyer la discussion des articles XVI, XVII à la Constitution. Claude Maillot, qui le suit, avocat lorrain, député du baillage de Toul, se range à sa proposition ; reste alors l'article XVIII ou, mieux formulée, la motion de Castellane, à laquelle l'avocat se rallie en proposant un intitulé assez proche :

> La religion étant le plus solide de tous les biens politiques, nul homme ne peut être inquiété dans ses opinions religieuses.

Après lui, Charles François Bouche, avocat au Parlement, élu par le tiers état de la sénéchaussée d'Aix, et qui proposera bientôt la réunion du comtat Venaissin à la France, appuie la proposition de Pétion de Villeneuve :

> Je vote la suppression des articles XVI et XVII. Quant à présent, il faut en venir à l'article XVIII…

Contre eux, l'abbé d'Eymar revient à la charge. Conscient qu'on n'évitera plus, à ce stade de la discussion, les articles XVI et XVII, il tente de faire admettre le principe de l'utilité sociale de la religion et propose l'article suivant :

> La loi ne pouvant atteindre les délits secrets, c'est à la religion seule à la suppléer. Il est donc essentiel et indispensable, pour le bon ordre de la société, que la religion soit maintenue, conservée et respectée.

Mirabeau s'interpose. Cette motion, explique-t-il, est contraire à l'ordre du jour, mais il se heurte au président de l'Assemblée qui propose la mise en délibération. Intervient alors, très à propos, Jean-Henri Voulland, un ami et un soutien de Rabaut

Saint-Étienne, protestant et avocat à Uzès, député du tiers état de la sénéchaussée de Nîmes, qui rappelle le vœu des cahiers de sa ville ; ne pas être inquiété pour ses opinions religieuses. La décision semble incertaine : Charles François de Guilhem, marquis de Clermont-Lodève, qui ne cache pas ses convictions conservatrices, vient à la rescousse de l'abbé d'Eymar : « Il paraît que les différents avis tendent à renvoyer la discussion des articles XVI et XVII de la Constitution. Moi je pense le contraire… »

Et après avoir argumenté, il conclut en évoquant Jean-Jacques Rousseau :

> […] Les métropoles éloignées de leur province sont plus unies par les mêmes fêtes, les mêmes habitudes que par l'intérêt du commerce. La religion, voilà la vraie garantie des lois ; sans elle, je ne serais jamais assez garanti contre la perfidie… L'on en viendra à ce point que chacun pourra répéter ce que Jean-Jacques Rousseau se disait à lui-même : « par quelle raison, étant moi, dois-je régler ma conduite ? » En un mot, sans religion, il est inutile de faire des lois, des règlements, il n'y a plus qu'à vivre au hasard.

Il revient à Charles Maurice de Talleyrand, l'évêque d'Autun, d'arrêter définitivement cette dernière offensive en proposant une ultime fois, mais c'est la bonne, de renvoyer les articles XVI et XVII à la Constitution :

> Il faut trouver une place et cette place est dans la Constitution. C'est là que sera prononcé le mot sacré et saint de religion catholique ; c'est là que l'on apprendra ce que c'est que le culte. Il n'est pas temps encore d'en délibérer.

Le président propose alors qu'on vote le rejet des articles XVI et XVII, et il est arrêté qu'on s'en occupera en travaillant à la Constitution. Il ne reste plus à débattre que de l'article XVIII : « Tout citoyen qui ne trouble pas le culte établi ne doit pas être inquiété », lequel n'est guère différent de la motion de Castellane : « Nul homme ne doit être inquiété pour ses opinions religieuses ni troublé dans l'exercice de son culte. » À cette différence près : l'article XVIII définit un culte établi, la motion de Castellane un culte exercé. N'a-t-on jusqu'alors reculé que pour mieux sauter ? Le débat va repartir de plus belle sur la deuxième partie de la motion de Castellane.

C'est ici que l'ordre des interventions apparaît douteux tandis que le déroulement des débats devient houleux. Discours et amendements se succèdent, sans qu'il soit possible de déterminer précisément à quel moment le comte de Castellane retire la seconde partie de sa motion. Voici la liste des interventions que donne *Le Point du jour* :

> MM. Pellerin, d'André, Guillotin, Bouche, Duquesnoy, Robespierre, Bouchotte, Lachèse, l'évêque de Langres, Garat, Mirabeau, de Clermont, l'évêque de Lydda et plusieurs autres[1]...

De cette longue liste, trois discours émergent : celui du vicomte de Mirabeau, celui de Mirabeau lui-même et celui enfin, le « clou » de cette journée, du pasteur de Nîmes, Jean-Paul Rabaut.

Le frère cadet de Mirabeau, André Boniface Riqueti, est, lui, député de la noblesse, élu de la sénéchaussée de Limoges et il pratique volontiers, pour le compte de la noblesse et des pieds de nez à son frère, la provocation :

> Voudriez-vous, en permettant les cultes, faire une religion de circonstance. Chacun choisira une religion analogue à ses passions. La religion turque deviendra celle des jeunes gens. La religion juive, celle des usuriers. La religion de Brahma, peut-être celle des femmes.

Et il conclut : « Je n'appuierai donc que la première partie de la motion de M. le comte de Castellane. »

Pour une fois, le frère aîné n'est pas si éloigné de son cadet et le comte renchérit sur le vicomte. Mirabeau rejette, lui aussi, la dernière partie de la motion de Castellane : « Tout homme... ne peut être troublé dans l'exercice de son culte », parce que, subrepticement, elle introduit, avec l'exercice du culte, la surveillance de l'État. Et de s'adresser directement aux catholiques :

> Le culte catholique n'est pas d'institution divine... Si ils [les catholiques] font la difficulté comme législateurs, comme hommes d'État, j'ai le droit de leur parler comme à des hommes d'État ; et je leur dis d'abord qu'il n'est pas vrai que le culte soit une chose de police, quoique Néron et Domitien l'aient dit ainsi pour interdire celui des chrétiens...

1. *Le Point du jour*, t. II, p. 19.

L'organisation du culte est une affaire privée, non une affaire publique et il n'y a pas de culte dominant.

> [...] On vous parle sans cesse d'un culte dominant : dominant ! Messieurs, je n'entends pas ce mot et j'ai besoin qu'on me le définisse... Rien ne doit dominer que la justice et il n'y a de dominant que le droit de chacun ; tout le reste y est soumis.

Ainsi Mirabeau prend-il ici vigoureusement parti pour que la religion soit considérée comme une affaire de droit privé et non de droit public. Après le sien, le grand discours est celui de Jean-Paul Rabaut Saint-Étienne.

Car Rabaut Saint-Étienne est bien l'éléphant de ce débat. Ce pasteur, fils de pasteur, né à Nîmes en avril 1743, n'est pas seulement, comme il va fièrement le proclamer, le député du tiers état « d'une sénéchaussée de trois cent soixante mille habitants, dont plus de cent vingt mille sont protestants, qui l'a chargé de solliciter [...] le complément de l'édit de novembre 1787 », il est d'abord un homme des Lumières — des lumières érudites, plus que des lumières philosophes, de ces lumières qui ont compté les fondateurs des sciences humaines. N'est-il pas l'élève du grand Court de Gébelin, le correspondant de l'Académie française et celui qui, avec Nicolas Fréret et l'abbé Barthélemy, peut être considéré comme l'un des précurseurs de Champollion dans le domaine de la philologie comparée et du déchiffrement des écritures anciennes ? De Court de Gébelin à qui l'on doit l'idée d'une grammaire générale universelle et d'une langue primitive fondée sur les phonèmes, même si, par ailleurs, il s'est engagé dans l'impasse de l'allégorisme. La première activité du jeune pasteur a été la part qu'il a prise, en 1786, dans la négociation, avec l'administration de Louis XVI, de la rédaction de l'Édit de tolérance. Remarqué par la publication d'une histoire primitive de la Grèce, écrite sous forme de lettres et adressée à l'académicien Bailly, il est élu député du tiers aux états généraux. L'année 1789 est la grande année de sa vie : à la Constituante, il joue un rôle de premier plan ; d'abord lorsqu'il s'agit d'obtenir la vérification du vote des députés par tête — point capital pour réunir une Assemblée nationale —, il a été, à cette occasion, le premier député élu des communes. Il s'est fait remarquer la nuit du 4 août, mais surtout, il s'est mobilisé fougueusement pour la Déclaration des droits et pour la Constitution à propos lesquelles il a rédigé trois projets, *Idées sur les bases de la Constitution*, *Principes de cette Constitution*, *Projet de préliminaire de la Constitution française.* Ces textes reprennent ses interventions à l'Assemblée et sont tous publiés par l'éditeur de l'Assemblée[1].

Après avoir proposé de mettre en délibération le projet de Sieyès, sa première intervention fondamentale dans le débat sur la Déclaration a donc été celle du 18 août. La Constitution, avait-il expliqué, l'emporte sur la Déclaration, et la civilité prend le pas sur la nature. D'où la divergence et, en quelque sorte, la supériorité de la nouvelle Déclaration sur l'ancienne : elle ne sera pas limitée aux droits de l'homme parce que la société qu'elle porte n'est pas enfermée dans l'état de nature. Rabaut a plaidé pour une Déclaration des droits du citoyen. Ce dimanche 23 août, il est donc pris à revers. Au terme d'un long discours qui va susciter la sympathie, soulever l'admiration — il est digne de compter parmi les législateurs, dit un compte rendu —, le jeune pasteur propose en effet la rédaction de l'article suivant :

> Tout homme est libre dans ses opinions ; tout citoyen a le devoir de professer librement son culte et nul ne peut être inquiété à cause de sa religion.

Sur le moment du débat où s'insère la suggestion du pasteur, demeure une incertitude qui n'a pas été entièrement levée. Si elle a peut-être été énoncée au moment de la discussion des amendements à la motion de Castellane et suscitée notamment par la proposition du comte François-Henry de Virieu qui voulait ajouter : « pourvu qu'elle ne trouble point l'ordre public », le discours de Jean-Paul Rabaut faisant allusion à cette idée, son intervention, comme la réédition intégrale par le fameux éditeur Baudoin de l'Assemblée nationale[2] la surtitre, a d'abord et avant tout pour cible *L'opinion de M. Rabaut de Saint-Étienne sur la motion suivante de M. le comte de Castellane : nul homme ne peut être inquiété dans ses opinions ni troublé dans l'exercice de sa religion.*

À contrepied de ses positions antérieures (il avait récusé l'exemple de la déclaration américaine), voici qu'il se sent obligé de l'invoquer :

1. À Versailles, chez Baudoin, imprimeur de l'Assemblée, s.l.n.d., BN 29156 A.

2. *Ibid.*

> L'Europe qui aspire à la liberté attend de vous de grandes idées que vous êtes dignes de lui donner. Que ce code que vous allez former soit le modèle de tous les autres et qu'il n'y reste aucune tache. Mais si des exemples peuvent être cités, imitez, messieurs, celui de ces généreux Américains qui ont mis à la tête de leur code civil la maxime sacrée de la liberté universelle, de ces Pennsylvaniens qui ont déclaré que ceux qui adorent un dieu de quelque manière qu'ils l'adorent, doivent jouir de tous les droits de citoyens : de ces doux et sages habitants de Philadelphie qui voient tous les cultes établis chez eux et vingt temples divers et qui doivent peut-être, à cette connaissance profonde de la liberté, la liberté qu'ils ont conquise.

Et il demande deux rectifications : la première, d'établir sur un mode affirmatif le droit naturel de chaque homme à la liberté de conscience : « Tout homme est libre dans ses opinions… »

Il s'écarte ainsi de l'idée de tolérance majoritairement reçue après les combats livrés et gagnés par Voltaire[1]. Il ne s'agit plus de tolérer une dissidence, il s'agit de réclamer un droit :

> Messieurs, ce n'est pas même la tolérance que je réclame ; c'est la liberté ! La tolérance ! Le support ! Le pardon ! La clémence ! Idées souverainement injustes envers les dissidents, tant qu'il sera vrai que la différence des religions, que la différence des opinions n'est pas un crime. La tolérance ! Je demande qu'il soit proscrit à son tour ; et il le sera ce mot injuste, qui présente, comme des citoyens dignes de pitié, des coupables auxquels on pardonne, ceux que le hasard souvent et l'éducation ont amenés à penser d'une autre manière que nous. L'erreur, Messieurs, n'est point un crime : celui qui la professe la prend pour la vérité […] et nul homme, nulle société n'a le droit de la lui défendre.

La liberté de conscience, le pasteur la demande d'abord pour les protestants, mais pas exclusivement, puisqu'il la réclame aussi pour les juifs :

> Je demande donc, messieurs, pour les protestants français, pour tous les non-catholiques du royaume, ce que vous demandez pour vous : la liberté, l'égalité des droits. Je la demande pour ce peuple arraché de l'Asie, toujours errant, toujours proscrit, toujours per-

1. Affaires Sirven, Callas, Chevalier de la Barre.

> sécuté depuis près de dix-huit siècles, qui prendrait nos mœurs et nos usages si par nos lois il était incorporé avec nous.

La seconde rectification réclamée par le pasteur touche cette fois au droit civil, au droit de chaque citoyen à la liberté des cultes. La simple tolérance des protestants, telle qu'elle a été intitulée par l'édit de novembre 1787, « n'a, rappelle le pasteur, donné aux protestants que ce qu'on n'a pu leur refuser » et, en l'absence de liberté civile des cultes, elle les a établis en citoyen de seconde zone :

> Sans doute cette loi, plus célèbre que juste, fixe les formes d'enregistrer leur naissance, leur mariage et leur mort [...] elle leur permet d'exercer leur profession mais c'est tout [...].
>
> [...] les protestants sont privés de plusieurs avantages de la société : de la croix, de l'honneur, du courage [...].
>
> [...] de la liberté de professer leur culte. En plusieurs provinces, ils sont réduits à le célébrer dans les déserts exposés à toutes les intempéries des saisons, à se dérober comme des criminels à la tyrannie de la loi, ou plutôt à rendre la loi ridicule par son injustice, en la violant chaque jour.
>
> [...] Ainsi, Messieurs, les protestants font tout pour leur patrie et la patrie les traite avec ingratitude ; ils la servent en citoyens et sont traités en proscrits ; ils la servent en hommes et sont traités en esclaves. Mais il existe enfin une nation française et c'est à elle que j'en appelle, en faveur de millions de citoyens utiles qui réclament aujourd'hui leur droit de Français.

Le discours fait impression, il sera imprimé mais il ne sera pas approuvé. À la différence du 18 août, Rabaut Saint-Étienne, malgré toute l'attention qu'il commande, n'emportera pas l'adhésion de ses collègues. Le contenu de l'article qu'il propose se trouve très au-delà des lignes où campent les principales forces de l'Assemblée constituante. Après bien des amendements à la motion de Castellane, l'Assemblée accepte enfin le texte : « Nul ne doit être inquiété pour ses opinions religieuses », complétée par l'amendement proposé par l'évêque Gobel : « pourvu que leur manifestation ne trouble pas l'ordre public », auquel on adjoint encore le sous-amendement : « établi par la loi ».

L'article X est donc arrêté : « Nul ne peut être inquiété dans ses opinions même religieuses pourvu que leur manifestation ne trouble pas l'ordre public établi par la loi », et la séance est levée vers cinq heures.

On avait parcouru un long chemin : l'article adopté s'écartait également des deux propositions repères que constituaient le texte des articles du Sixième Bureau et la proposition du pasteur nîmois. On avait rejeté la proposition du Sixième Bureau qui faisait de la religion la garante de la morale et qui se proposait d'établir l'exercice du culte pour y substituer l'idée du respect des opinions même religieuses. Mais on avait également rejeté la proposition de Rabaut Saint-Étienne qui proclamait la liberté d'opinion comme un droit de l'homme et la liberté des cultes comme un droit du citoyen. Sous le principe de la tolérance et dans la forme d'une double négation, la liberté de conscience était inscrite dans le texte. Mais on ne précisait pas si la quiétude des opinions était un droit naturel ou un droit civil et on en limitait l'exercice en deçà des manifestations qui pouvaient troubler l'ordre public. Aussi bien le texte de l'article X aura-t-il un épilogue : un épilogue double comme son prologue ; un épilogue intellectuel et un épilogue individuel.

L'épilogue de l'article X

De son épilogue intellectuel, on retiendra deux leçons. En n'entérinant pas la proposition de Rabaut Saint-Étienne, l'article X ne fait pas de la liberté de conscience la première des libertés publiques, conformément à la recommandation énoncée un siècle plus tôt par Spinoza, dans le *Traité théologico-politique*, lorsque celui-ci l'avait ajoutée au droit à la sûreté, proclamé par Hobbes dans la liste des droits de l'homme. Le texte de l'article X éloigne ainsi notre Déclaration de l'esprit constitutionnel américain où le principe des libertés en matière de religion avait reçu, dans les premières constitutions des États, une consécration plus ou moins étendue mais avait été sanctifié définitivement par le premier amendement à la constitution fédérale.

> Le congrès ne pourra faire aucune loi concernant l'établissement d'une religion ou interdisant son libre exercice, restreignant la liberté de parole ou de presse, ou touchant au droit des citoyens de s'assembler paisiblement et d'adresser des pétitions au Gouvernement pour le redressement de leurs griefs[1].

1. Voir S. Rials, *op. cit.*, p. 518.

En France, la citoyenneté ne sera pas fondée sur la liberté de conscience et, sur ce point, la Déclaration française ne s'inspirera nullement de la Déclaration américaine. La seconde conséquence est que la deuxième partie de l'article X relative à l'ordre public établi par la loi laisse en creux, trace en pointillé une place pour l'organisation d'un culte public et, comme il s'ensuivra immédiatement, délimite un lieu pour la constitution civile du clergé. À ce point, il faut peut-être remarquer que l'article X ouvre alors une situation qui ne sera — et peut-être alors ne le sera-t-elle que partiellement — refermée que par la loi de séparation de l'Église et de l'État, une situation bien différente de celle que Edgar Quinet a cru observer dans l'époque ouverte par la Révolution française[1]. Ce qui a manqué à la Révolution française, disait Edgar Quinet, et partant, à la France républicaine, c'est une dimension religieuse, c'est quelque chose comme une réforme. Or la lecture de l'article X peut aussi nous convaincre que l'inverse est vrai, qu'il y a eu, non point trop peu de religion, mais trop de religion ou, pour le dire autrement, que la religion n'a pas été mise à la place qui l'eût rendue compatible avec une Déclaration sans phrase et sans négation, de la liberté de conscience comme droit naturel et comme droit civil. Car la religion n'est pas inscrite ici comme expression de la liberté de conscience et affaire de droit privé, mais comme exercice du culte ressortissant au droit public.

Cette situation ne sera pas sans retentir à son tour sur l'idée que l'on va se former de la citoyenneté. Lorsqu'on ne fait pas de la liberté de conscience une liberté civile, on ne peut guère fonder la citoyenneté sur la conscience, ni établir l'exercice de la citoyenneté sur le seul jugement que, en conscience, chaque homme peut élaborer de ce qui lui est utile. Dès lors, la citoyenneté est à fonder autrement. Cette autre voie, ouverte par Sieyès, sera élargie par les idéologues qui institueront l'exercice de la citoyenneté sur un acte de jugement éclairé par les lumières du savoir, et qui, pour le dire d'un mot, fonderont la citoyenneté sur l'instruction… Cette conception qui se trouve au principe de la citoyenneté républicaine, de l'élitisme républicain, aménage alors la place décisive de l'école. Lorsque, dans la cité, l'instruction occupe la place de la conscience, l'école prend la place de la religion. En ce sens, on peut dire que l'article X est l'une des sources de la grande querelle scolaire inscrite au cœur du destin républicain.

1. *Op cit.*, p. XXIV.

De l'épilogue individuel, nous serons sensibles au destin de quelques-uns des orateurs, n'eussent-ils été que des acteurs.

Passé le temps des discours, l'époque qui suivit fut inclémente à certains des auteurs de l'article X. L'évêque de Clermont, François de Bonnal, mourut en 1795, émigré en Angleterre. L'abbé d'Eymar fut arrêté en 1804 avec le duc d'Enghien et l'on ne sait ce qu'il est devenu. Le marquis de Clermont-Lodève mourut également, exilé en Angleterre. Elle fut plus implacable encore pour les ardents combattants de la Déclaration des droits. Pétion, devenu membre du Comité de salut public, entra en opposition avec Robespierre, fut décrété d'arrestation et s'enfuit dans le Bordelais où il mourut, dévoré par les loups, dans les bois de Saint-Émilion. Jean-Paul Rabaut Saint-Étienne fut guillotiné comme girondin en 1793 et son compagnon, Jean-Henri Voulland, devenu député du Gard et membre du Comité de sûreté générale, comme cordelier, fut frappé d'accusation sous Thermidor et mourut dans la misère en 1802. À l'opposé, au vu et au su de toute l'Europe, l'évêque d'Autun poursuivit sa carrière fertile en rebondissements politiques et diplomatiques jusqu'en 1838. Mais le seul vainqueur reste le comte de Castellane. Maréchal de camps en 1792, il traversera le Consulat, l'Empire et la Restauration sans coup férir. Nommé préfet par Bonaparte en 1802, il deviendra officier de la légion d'honneur, maître des requêtes au Conseil d'État. Après avoir voté en 1814 la déchéance de Napoléon, il sera fait chevalier de Saint-Louis et commandeur de la légion d'honneur par le roi. Ses protestations contre l'*Acte additionnel aux constitutions de l'Empire* lui vaudront sa nomination comme pair de France. Élevé au grade de grand officier de la légion d'honneur en 1823, il mourra en 1837.

Faut-il alors conclure sur la note pessimiste que font résonner les destins contraires, apaisés ou tourmentés, des auteurs de l'article X ? Le discours de Jean-Paul Rabaut n'aurait-il servi de rien ? Sans doute pas, si nous devons ajouter foi au commentaire qu'il rédigea sur la Déclaration dans ses admirables *Réflexions politiques*..., commentaire qui vaut peut-être pour toutes les exégèses de ceux qui tentent de retrouver et de s'approprier de nouveau les libertés proclamées dans le grand texte, « la bonne nouvelle des petits, une folie selon le monde ». De son commentaire et donc peut-être aussi des nôtres, le pasteur nîmois disait qu'il n'était écrit ni pour les princes ni pour les grands :

Il est sans doute inutile — expliquait-il — de donner des avis à la corporation des rois ; d'abord parce qu'ils ne liront pas nos réflexions, et ensuite parce qu'il est dans l'esprit des corps de ne rien entendre et de courir à bride abattue dans la pente qu'ils se sont faite, mais il est toujours utile d'écrire parce que les peuples lisent.

Le Code civil et le droit naturel

« Nul n'est bon citoyen s'il n'est bon père et bon époux. » L'énoncé de l'article IV, chapitre « Devoirs », de la Déclaration des droits et des devoirs de l'homme et du citoyen (1795), sera réitéré à l'envi par les rédacteurs du Code civil (1804). Il semble mettre un terme à la définition exclusivement politique de la citoyenneté qu'avaient consacrée les débuts de la Révolution avec le Serment du jeu de paume (20 juin 1789) et la Déclaration des droits de l'homme et du citoyen, adoptée le 26 août 1789.

En donnant la priorité à la rédaction constitutionnelle, la Révolution commençante a en effet institué la séparation du droit public et du droit civil. La promulgation du Code civil, le 22 mars 1804, est pourtant l'aboutissement différé du travail engagé par les trois Assemblées, constituante, législative et conventionnelle. Mais la partition des droits politiques et civils a des raisons autrement profondes que celle de leur ordre chronologique respectif de codification, elle qui a été prévue, car les artistes sont des visionnaires, et acclamée avec le retentissement de son œuvre en 1785 par le *Serment des Horaces* de Jacques Louis David, le peintre de l'Académie de peinture, qui deviendra le procureur des Académies à la Convention.

Là, dans ce tableau magnifique et provocant, avec une incroyable brutalité et une intense beauté, David a fixé le rapport d'extériorité qui juxtapose et désassemble la citoyenneté politique et la condition civile.

D'un côté le père et les fils, mains, volontés et serments tendus vers des glaives portés en majesté au centre optique du tableau et jurant, non un contrat civil, mais un parti patriotique de guerre et de mort ; et de l'autre, agenouillés, recroquevillés, enfouis au bord de l'ombre, les femmes et l'enfant déjà immolés, déjà oubliés, déjà victimisés. D'un côté des citoyens, de l'autre l'humanité souffrante, d'un côté la volonté de puissance, de l'autre l'élégie du sentiment. Tout est dit, tout est joué, sur la séparation baptismale de la sphère de la citoyenneté et de la sphère de la vie privée.

Sans doute, loin de l'imaginaire du peintre, d'où se décalquera plus exactement la guerre révolutionnaire en Europe, ni les premières constitutions ni même la Déclaration des droits de l'homme et du citoyen ne seront centrées sur le citoyen combattant que magnifie le *Chant du départ*: « Un Français doit mourir pour elle, pour elle un Français doit mourir. » C'est une constitution civile qui sera établie, mais celle-ci supposera toujours le citoyen comme un individu masculin, isolé, et elle fondera la société politique à laquelle il participera par l'intermédiaire de ses représentants à l'Assemblée comme issue de sa volonté. Le sujet de droit y sera le sujet cartésien, séparé de la nature des choses et sans rapport avec la loi naturelle. Dispersés, dépourvus d'attache, les citoyens de la jeune République s'y émancipent de la société d'ordre et des tutelles patriarcales de l'Ancien Régime. Il n'y aura plus que des égaux, petites unités indivises de volontés singulières qui, en association, composent la magistrale symphonie de la volonté générale, entendez du règne des lois publiques.

Il n'est pas jusqu'à la Déclaration des droits qui n'ait secoué tout rapport à l'idée d'une loi naturelle qui aurait établi d'emblée, *a priori*, les hommes égaux et libres et qui interdirait qu'on prenne leur vie. Selon la philosophie de la loi naturelle qu'invoquent Locke et Spinoza, la vie et la liberté sont « de Dieu » ou « de nature ». Nul ne détient la vie que chacun reçoit et transmet et toute conscience et dignité en raison de l'infinité de la raison. Mais les droits naturels des sujets français sont énoncés plutôt par un acte de volonté des représentants du peuple et sans doute est-ce la raison pour laquelle la Déclaration française fait la part plus belle aux droits civils qu'aux droits de l'homme.

Or, apparemment, c'est bien avec ce volontarisme particulariste d'un sujet de droit désincarné que le Code civil va vouloir rompre. Comme l'écrit Portalis dans son fameux *Discours préliminaire au Code du 1er pluviôse an IX*[1] :

1. Dans le très utile et intéressant livre de François Ewald, *Naissance du Code civil*, Paris, 1983, p. 90, qui présente un grand nombre des textes préparatoires du code, extraits du *Recueil Fenet*.

> Notre objet a été de lier les mœurs aux lois et de propager l'esprit de famille qui est si favorable, quoi qu'on en dise, à l'esprit de cité [...]. Il faut une prise naturelle pour pouvoir former des liens de convention. Les vertus privées peuvent seules garantir les vertus publiques ; et c'est par la petite patrie qui est la famille que l'on s'attache à la grande ; ce sont les bons pères, les bons maris, les bons fils qui font les bons citoyens...

À peine le Code civil avait-il été promulgué que Napoléon confiait à David la représentation picturale de son sacre qu'il commencera de peindre en 1805, soit vingt ans après le *Serment des Horaces*. Et là, en effet, se retrouvent et se recomposent la sphère publique et la sphère privée. La femme épouse est encore agenouillée, mais elle se trouve cette fois au centre, en bas du tableau et elle va être couronnée par son époux, sous l'œil vigilant de la mère du souverain installée dans la première loge. La famille réunie fait une impériale réapparition.

Et, en vérité, la caractéristique majeure du Code civil est sans doute le retour remarquable qui y est accompli à l'égard de la source doctrinale du droit naturel, à la considérer sous l'angle de sa philosophie. Car le Code civil, malgré ce qu'on en sait et quoi qu'on ait dit, n'est pas, ou n'est pas tout à fait, subjectiviste, volontariste ou positiviste. Le bon citoyen qui est en même temps sujet de droit du code, c'est-à-dire le bon père, le bon époux ou le bon fils, qui acquiert ou vend des propriétés, qui laisse ou reçoit des successions, est tout sauf un individu isolé ou désincarné. Il a des parents, il a pris femme, il a mis au monde des enfants, il ne dispose pas seulement d'un entendement et d'une volonté, il est pourvu de biens et doté d'une famille. La sphère privée du sujet de droit du Code civil est une société. « Nous appelons droit naturel, écrit Portalis, les principes qui régissent l'homme considéré comme un être normal, c'est-à-dire un être intelligent et libre, et destiné à vivre avec d'autres êtres intelligents et libres comme lui[1]. »

Par-delà le positivisme juridique du droit constitutionnel révolutionnaire, ce retour au droit naturel explique sans doute la remarquable réussite du Code civil et justifie, par contraste avec l'échec précoce des premières constitutions, sa longévité. Car il est un point où le Code civil est plus près de la vérité que le droit politique, c'est celui-ci : le sujet pur du *cogito* cartésien, relié au monde par « la seule puissance de pensée qui réside en

1. *Ibid.*, p. 170.

son esprit » ou par la seule puissance de vouloir, n'existe pas. Tous les hommes sont au monde, tous sont nés fils ou fille d'un père et d'une mère. Et si même c'est un malheur, c'est d'abord une réalité d'avoir été enfant avant que d'être homme. Même s'il demeure des célibataires, le mariage constitue la condition partagée par la majorité des individus adultes. Par son enracinement dans le droit naturel, le droit civil est plus juste que le droit politique.

Cependant, et c'est là que le bât blesse, le Code civil ne revient point au droit naturel des modernes tel qu'il avait été élaboré par Hobbes, Spinoza et Locke et tel qu'il se déploiera dans la tradition anglo-saxonne. Il ne se rapporte pas au droit naturel égalitaire qui promeut d'abord et avant tout le modèle familial du couple. Non, le droit naturel invoqué par le Code civil est celui du droit romain, et le rapport familial prééminent est celui de la filiation.

Qu'il s'agisse de l'influence des juristes du XVIIe et du XVIIIe siècle, les Domat, Pothier, Daguesseau, lesquels avaient amorcé, dans la présentation du Code ou au chapitre des donations et des successions, ce retour au droit romain ; ou bien qu'il s'agisse de l'impact des conceptions propres à Napoléon Bonaparte, dont il ne faut jamais oublier que la culture de son île natale s'inscrit en partie dans la tradition italo-germanique de l'Empire, cela reste à démêler. Nous ne retenons ici que les conséquences qui sont d'inscrire au cœur du Code civil, dans ses dispositions concernant la famille, une très profonde et très durable inégalité. Moins importante est l'inégalité — inévitable — entre le père et les enfants dont, en outre, l'écart par rapport à l'inégalité existant dans l'Ancien Régime est considérablement amoindrie, que la hiérarchie qui sépare la condition du mari et de la femme, car elle casse le couple. Le Code civil consacre le principe d'infériorité de la femme. Jusque dans la mort, l'homme lui sera supérieur. Ni pour les testaments ni pour les actes civils, les femmes n'ont la possibilité d'être témoins. Pour la femme mariée et pour la veuve mère de famille, le Code instaure l'absolutisme marital et c'est le juge qui remplacera le mari lorsque celui-ci sera incapable d'exercer sa tutelle maritale. L'article 1124 assimile la femme aux fous et aux mineurs.

Le Code s'inscrit alors dans la remise en ordre des hiérarchies naturelles que souhaitent, pour leur part, les doctrinaires légitimistes de la Contre-Révolution. Il prête la main au glissement insensible et irrésistible qui conduit d'une philosophie des droits de l'homme à une doctrine des devoirs de l'individu. Il renforce le sentiment de solidarité, mais il accroît aussi le lien de dépendance à l'égard du groupe et ce groupe même, il le définit sur le modèle d'une hiérarchie. Dès lors, la doctrine du Code civil sera bien incapable d'être opposée à la croisade d'un Louis de Bonald contre l'idée des droits de l'homme. Lorsque le théoricien légitimiste demandera que l'on supprime le mot « droit » du vocabulaire pour le remplacer par celui de « devoir », devoirs de la société, devoirs de l'homme, devoirs de la femme, devoirs des enfants, il ne rencontrera pas de réelle résistance chez les civilistes.

C'est en effet au cœur de notre droit civil centré sur la propriété (« l'âme universelle de la législation », selon les rédacteurs du Code), obsédé par les successions, focalisé sur le père marié, que s'est durablement inscrit ce que l'historien américain Arno Mayer a très justement appelé *la persistance de l'Ancien Régime*[1]. Car le droit civil a fixé l'inégalité. Du coup, le Code civil, malgré l'intention proclamée de ses rédacteurs, n'a pu mettre fin à la séparation entre la sphère publique et la sphère privée de la citoyenneté. Il n'a pas enraciné la politique dans les mœurs ni la division entre le droit public et le droit civil qu'avait instaurée la Révolution. Car le droit politique et le droit civil reposent sur des principes différents. Si le droit politique a l'inconvénient de récuser l'existence de légitimités naturelles et de déraciner les individus, il a l'avantage de déclarer la liberté et l'égalité ; si le Code civil a le mérite de soumettre les sujets de droit à leurs obligations naturelles, il a le défaut de penser la nature comme un ordre d'inégalité et de contrainte.

Par cet éloignement du droit naturel, le droit public républicain manquera de donner aux sujets de droit qui ne sont pas citoyens une inscription à l'état civil que leur accorderont toujours les ennemis de la République, grands récupérateurs des femmes et des enfants. Mais par son hostilité à l'idée d'une nature égalitaire, le Code civil accréditera la remontée des hiérarchies qui a stigmatisé si profondément la société du XIXe siècle. Pour que la sphère privée soit réconciliée en France avec la citoyenneté, il faudra davantage que la république, il faudra la démocratie.

Les droits de l'homme et le droit des peuples dans la Déclaration de l'an I

On doit à l'effort de la pensée classique l'élaboration des trois grands volets du droit politique moderne : le droit de l'État, les droits de l'homme et le droit des peuples. Si le droit de l'État moderne, fondé sur le concept de souveraineté, date très largement de l'Ancien Régime (Bodin 1576, Grotius 1625), si les droits de l'homme réfléchis largement au XVIIe siècle dans le cadre des républiques anglaise et hollandaise trouvent leur orchestration dans les déclarations du XVIIIe siècle (Déclaration d'indépendance, 1776, Déclarations françaises, 1789 et 1793), on peut soutenir en revanche que le droit des peuples ne connaît sa première et véritable affirmation que dans ces mêmes déclarations (Déclaration américaine, 1776, et Déclaration de l'an I).

Dans l'énoncé des droits de l'homme proprement dit, il est avéré que la Déclaration de 1793 n'innove, par rapport à celle de 1789, que sur un point : elle conserve la liste des droits naturels et sacrés, l'égalité, la liberté, la propriété, la sûreté, mais elle supprime la résistance à l'oppression énoncée par la Déclaration de 1789 pour la transférer au droit du peuple à l'insurrection. Il est également connu que la Déclaration des droits de l'homme et du citoyen de l'an I a étendu la liste des droits aux droits sociaux. Il s'agit moins, à mon sens, d'une nouvelle génération de droits, les droits-créances après les droits-liberté, que d'une acception plus large des droits de l'homme (sûreté, liberté, propriété, égalité), parce que ceux-ci sont déjà des créances sur un État de droit ou sur un État démocratique (égalité) et que des droits sociaux en tant que créances sur des missions nouvelles de l'État (État-providence) ne constituent pas une innovation, parce que leur fondement n'emprunte pas à une anthropologie opposée ou distincte de celle des droits de l'homme, mais à la même anthropologie qui pousse chaque individu à persévérer dans son être. Le fondement des droits sociaux est le droit au bonheur proclamé par l'article I : « Le but de la société est le bonheur commun. » Par quoi la déclaration de l'an I se rapproche de la Déclaration américaine d'indépendance de 1776 qui, auparavant, avait fait de *« the pursuit of happiness »* l'un des fondements du droit naturel et de l'organisation civile. Cette extension s'est appuyée sur la promotion de l'idée d'égalité ; l'article II proclame en effet : « Ces droits sont l'égalité, la liberté, la sûreté, la propriété. » Comme dans la Déclaration de 1789, ils étaient rangés dans un ordre différent. Pour mémoire, la Déclaration de 1789, article I : « Les hommes naissent et demeurent libres et égaux en droit. Les distinctions sociales ne peuvent être fondées que sur l'utilité commune », ainsi que l'article II ter : « Le but de toute autorité politique est la conservation des droits naturels et imprescriptibles de l'homme. Ces droits sont la liberté, la propriété, la sûreté et la résistance à l'oppresseur. » On en conclura justement que la Déclaration de 1793 offre ainsi une nouvelle carrière à l'égalité.

Mais, sauf erreur, on a moins souligné la place accordée, par la Déclaration de l'an I, au droit des peuples, qui occupe entièrement les articles XXV, XXVI, XXVII, XXVIII et XXXV[1] de la Déclaration de 1793, alors que celui-ci ne figurait que dans l'article III de la Déclaration de 1789, énonçant le principe de la souveraineté nationale[2]. Dans la Déclaration de 1789, le terme de nation — celui du peuple est absent — n'est évoqué qu'à propos de la souveraineté. Or la souveraineté était une pièce essentielle du droit de l'État classique : le droit du peuple ou le droit

1. Art. XXV. La souveraineté réside dans le peuple. Elle est une et indivisible, imprescriptible et inaliénable.

Art. XXVI. Aucune portion du peuple ne peut exercer la puissance du peuple entier ; mais chaque section du souverain assemblée doit jouir du droit d'exprimer sa volonté avec une entière liberté.

Art. XXVII. Que tout individu qui usurperait la souveraineté soit à l'instant mis à mort par les hommes libres.

Art. XXVIII. Un peuple a toujours le droit de revoir, réformer et de changer sa Constitution. Une génération ne peut assujettir à ses lois les générations futures.

Art. XXXV. Quand le gouvernement viole les droits du peuple, l'insurrection est pour le peuple et pour chaque portion du peuple, le plus sacré des droits et le plus indispensable des devoirs.

2. Article III de la Déclaration de 1789 : « Le principe de toute souveraineté réside essentiellement dans la nation. Nul corps, nul individu ne peut exercer d'autorité qui n'en émane expressément. »

de la nation vient ainsi se situer exactement à la place du droit de l'État classique. Par rapport à la doctrine de la souveraineté nationale contenue dans la Déclaration de 1789, celle de 1793 apporte un correctif résolument démocratique. L'adverbe « essentiellement », qui était restrictif puisqu'il supposait un reste partiel, disparaît. La souveraineté réside dans le peuple. C'est tout et c'est assez. Elle est aussi requalifiée dans des termes qui s'inspirent des développements du *Contrat social* puisqu'elle est dite « une et indivisible, inaliénable et imprescriptible ». Ici, le texte de 1793 reprend tout simplement celui de la Constitution de 1791 (titre sur la souveraineté). La première formulation du droit du peuple sous le principe de souveraineté nationale transfère ainsi le titulaire du pouvoir souverain du monarque ou des aristocrates au peuple. Le droit des peuples apparaît inséparable de la *démocratie*. Il est le principe démocratique du droit de l'État. *Il n'est que ce principe.* La Déclaration de l'an I formule simplement le principe du droit des peuples qu'avait réalisé *de facto* la Révolution en annexant, après un référendum, le comtat Venaissin à la France. Elle fait du droit des peuples un absolu mais elle n'en fait pas un éternel. Ce sont ces deux aspects : l'absolutisation du droit des peuples et l'historicisation du droit des peuples, que nous voudrions étudier.

L'absolutisation du droit des peuples

Le principe du droit de l'État est entièrement transféré dans le principe du droit du peuple. Allons plus loin : par rapprochement avec l'idée romaine du peuple et de la citoyenneté quirite, si forte parmi les conventionnels, dont les exemples sont sempiternellement invoqués, le principe du droit de l'État est aboli au profit du principe du droit des peuples. Cette orientation est précisée et approfondie dans les articles XXVI et XXVII. Article XXVI : « Aucune portion du peuple ne peut assurer la puissance du peuple entier mais chaque section du souverain assemblée doit jouir du droit d'exprimer sa volonté avec une entière liberté. » S'il n'interdit pas la puissance de délibérer en sections séparées (« section » : le vocable est tout un programme), l'article XXVI supprime tout simplement le principe de la séparation des pouvoirs qui était celui de l'article XVI de la Déclaration de 1789 en instituant, à l'opposé, la toute-puissance des sociétés de pensée (des jacobins autant que celle de l'Assemblée nationale). Discutez autant que vous voudrez, mais décidez ensemble et au même instant.

L'article XXVII : « Que tout individu qui usurperait la souveraineté soit à l'instant mis à mort par les hommes libres », effectue un étrange déplacement. Dans la mise à mort on aura reconnu le *jus gladii*, le droit de glaive du souverain ; il ne s'agit plus ici de l'épée de justice du souverain chère à la politique classique, mais de l'épée de guerre avec le retour remarquable du fameux *jus vitae necisque*, qui appartenait à l'empereur romain et qu'avait révoqué le droit politique de la souveraineté moderne. En confiant le droit de glaive au souverain, le droit politique moderne avait opéré ce que Max Weber appellera plus tard le monopole de la violence légitime, et mis fin aux droits de guerre à l'intérieur du territoire. L'épée de justice ou, plus exactement dans le droit politique français, la fonction législatrice, avait occupé à l'intérieur de l'*imperium* la fonction principale prenant la place du droit de glaive. À l'opposé, ici, le droit à l'insurrection est réintroduit comme un droit de guerre. En déclarant le droit du peuple un et indivisible, inaliénable et imprescriptible, les articles XXVI et XXVII transfèrent donc au peuple l'absoluité de la souveraineté… le droit du peuple n'est que le droit de souveraineté. La Déclaration fait retour à la citoyenneté quirite fondée sur le glaive. Elle culminera dans l'article XXXV où le droit à la révolte, le droit à l'insurrection, est proclamé « le plus sacré des droits et le plus indispensable des devoirs ». La Déclaration de 1789 avait fait du droit de résistance à l'oppression un droit de l'homme individualisé, la Déclaration de 1793 promeut le droit à l'insurrection en droit du peuple collectivisé. Avec lui, c'est le droit de guerre qui se retrouve mis alors au cœur du dispositif du droit du peuple. Ce déplacement par lequel le droit à la résistance et à l'oppression devient le droit du peuple à l'insurrection heurte perpendiculairement les droits de l'homme puisque le premier des droits de l'homme, à savoir le droit à la sûreté, n'est plus assuré. Il y a en effet une grande différence entre le droit de résistance à l'oppression déjà proclamé par le chapitre XVI du célèbre *Léviathan* de Hobbes, et qui n'est qu'un droit individuel, négatif, de résistance au droit de guerre du souverain, et le droit à l'insurrection, droit collectif, positif, droit de guerre du peuple sur ses oppresseurs qui réaménage, au sein même de la société civile, une place pour la violence. La solution ici proposée est comme le cœur et le fondement du droit du peuple. L'absolutisation du droit du peuple au détriment du droit de l'État et des droits de l'homme, que l'on retrouvera absolument intacte dans les *Discours à la nation allemande* de Fichte, enthousiasmé par la Convention comme Kant l'avait été par la Constituante, a pour point de départ, nous devons l'avouer, la Déclaration de l'an I.

Historicisation du droit du peuple

Si la souveraineté appartient au peuple, si elle est une et indivisible, imprescriptible et inaliénable, cela signifie que les attributs de la souveraineté sont devenus *ipso facto* ceux du peuple. Le peuple est « la substance devenue sujet » de la souveraineté. Le peuple est alors érigé en une entité, une et indivisible, inaliénable et imprescriptible... Le peuple absolu est-il aussi un peuple éternel ? Après l'absolutisation du peuple, la Déclaration de l'an I propose-t-elle l'éternisation du principe du peuple selon la voie qui sera empruntée encore par Fichte dans les *Discours à la nation allemande* ? (Avec le concept de *Urvolk*, peuple originaire, fondé sur une langue originaire et une culture originaire, Fichte ajoutera, à sa conception de la nation absolue, la conception d'une nation éternisée.) Tel n'est le cas du principe de la Déclaration de l'an I. L'article XXVIII prévoit en effet « qu'un peuple a toujours le droit de recevoir des réformes et de changer sa Constitution. Une génération ne peut assujettir les générations futures à sa loi. » Il y a deux interprétations possibles de cet article. L'acception la plus courante est l'acception légicentriste. Elle donne à la souveraineté nationale *hic et nunc*, autrement dit à l'Assemblée, la primauté sur la Constitution. Elle résume le principe plus tard dégagé par Carré de Malberg : « Il n'y a aucun pouvoir en France au-dessus de la loi » et elle établit une hiérarchie des normes telle que la Constitution ne se voit offrir aucun privilège particulier par rapport à la loi. Du fait du rôle central des assemblées nationales dans la tradition républicaine française, cette interprétation a été la plus largement reçue. Le légicentrisme demeure l'âme d'un républicanisme pur et dur qui a eu du mal à accepter l'évolution récente par laquelle la norme constitutionnelle est venue occuper une place plus élevée que la loi, avec les nouvelles attributions du Conseil constitutionnel. Malgré l'habitude prise de considérer la Constitution de 1793 comme un apax (rappelons qu'elle ne fut d'ailleurs jamais véritablement appliquée), cette première acception a remporté un succès séculaire dans l'histoire constitutionnelle républicaine. Mais il est une seconde acception, latente, secrète, qui n'est peut-être pas de moindre conséquence. Celle qui se refuse à hypostasier le peuple dans la tradition qui a été fixée par les générations antérieures; celle qui souhaite laisser un champ libre au contrat à refaire pour les générations futures. Cette interprétation, qui confie le contrat social à la suite des générations, se refuse à cadavériser la souveraineté du peuple. Le peuple n'est pas considéré comme un dépôt intangible et stratifié une fois pour toutes, mais comme un ensemble vivant. C'est la volonté du peuple qui l'emporte toujours sur le passé, c'est la volonté d'un acte libre, ici et maintenant, qui a le pas sur la tradition, c'est l'action constituante qui dépasse la Constitution, c'est le pouvoir constituant qui la fonde. L'article XXVIII anticipe ici le principe du droit des peuples tel qu'il sera développé à la fin du XIXe siècle par Renan et par Fustel de Coulanges en opposition au principe nationaliste. En donnant une prééminence au contrat que chaque génération doit repasser pour savoir si elle continue ou rectifie l'histoire antérieure, nos historiens affirmeront en effet le principe de la supériorité des générations futures sur les générations antérieures et laisseront à l'histoire une place qui, loin d'éterniser le droit des peuples, souligne son historicité.

Néanmoins, il faut remarquer que la Déclaration de l'an I ne contient aucune trace de romantisme comme on en trouvera chez Renan et Fustel de Coulanges, qui reconnaîtront l'existence d'un esprit ou d'une âme des peuples extérieurs à leur constitution. Car la Déclaration de l'an I pratique l'équivalence de la nation et de la souveraineté. Le principe du droit des peuples est inscrit dans une facticité qui est celle de la citoyenneté. Cette facticité s'accorde avec la conception contractuelle abstraite du corps politique, caractéristique de la philosophie des Lumières. On ne trouve dans la Déclaration de l'an I aucune trace des principes romantiques selon lesquels un peuple est d'abord un héritage d'habitudes matérielles et intellectuelles, composé d'une géographie et d'une histoire qu'on appelle « l'esprit général de la société » (Montesquieu) ou encore « l'esprit du peuple », *Volksgeist* (Herder) ou encore « l'âme du peuple » (Renan, Fustel). Il n'y a aucune anticipation ici de la conception de la nation génie et de l'idée que la nation précède le citoyen comme l'enfance anticipe l'âge adulte. C'est plutôt l'opposé. Il faut lire, en prolongement de la Déclaration, la Constitution de l'an I, qui identifie sans même la nommer la citoyenneté à la nationalité, qui fonde la nationalité sur la citoyenneté.

Reportons-nous à l'article IV de la Constitution sur l'état de citoyen :

> Tout homme né et domicilié en France, âgé de vingt et un ans accomplis — tout étranger âgé de vingt et un ans accomplis, qui, domicilié en France depuis une année — y vit de son travail — ou y a une propriété — ou épouse une Française — ou adopte un enfant — ou nourrit un vieillard — tout étranger qui sera enfin jugé par le corps législatif avoir bien mérité de l'humanité — est admis à l'exercice des droits du citoyen français.

Il n'existe pas de nationalité, il n'existe qu'une citoyenneté. Le lien national est constitué par le seul lien civil. Bien que le terme du contrat n'apparaisse pas, il s'agit bel et bien d'une civilité fondée sur le serment de citoyenneté, sur le pacte tel qu'il avait été réfléchi par Rousseau ou représenté par David dans le fameux *Serment des Horaces* en 1784. Il ne faudrait pas tenir en mépris absolu la facticité, l'abstraction du droit des peuples fondées sur le contrat, car celles-ci sont porteuses d'avantages certains : 1. le primat de l'adulte sur l'enfant, *id est*, des générations futures sur les générations antérieures ; 2. l'affirmation d'une cosmopolitique, d'une république universelle que systématisera Kant et qui a permis non seulement de fonder l'asile politique, mais qui a aussi autorisé la Révolution à donner la citoyenneté française à l'Américain Thomas Paine, au chimiste anglais Priestley, à l'Allemand Anacharsis Cloots. Mais il ne faudrait pas non plus oublier que cette facticité du contrat recouvre et rend invisibles les mœurs, la nature de la société civile qui est, à la fois, géographie, économie et société. Le romantisme objectera qu'un peuple n'est pas seulement un corps politique lié par l'exercice des droits civils, selon la rationalisation abstraite et absolutisante qui établit l'essence du peuple sur la volonté, parce que, soulignera-t-il, les peuples apparaissent dans l'histoire comme un mélange de données matérielles et culturelles qui sont d'abord transmises et reçues avant d'être critiquées et refusées, et qui s'affirment dans un esprit ou une âme des peuples.

De ce bref examen nous pouvons peut-être tirer trois leçons.

1. La Déclaration de l'an I entretient, quant à l'affirmation du droit des peuples dans son rapport avec les droits de l'homme et les droits de l'État, une attitude foncièrement ambivalente. Car, d'un côté, en proclamant que la souveraineté appartient au peuple et que les générations futures ont toujours

le droit de modifier les constitutions passées, le principe du droit des peuples apparaît comme un correctif démocratique et historique au droit de l'État. Mais, de l'autre côté, en affirmant le droit des peuples comme la proclamation absolutiste de la civilité qui fait retour au modèle de citoyenneté quirite, elle exclut non seulement la distinction entre l'État et la société civile, mais aussi entre l'homme et le citoyen, de sorte que le droit des peuples s'oppose ici à l'État de droit autant qu'aux droits de l'homme parce qu'il n'est plus défini que par l'exercice de la souveraineté. Le souverain est devenu le peuple. Le peuple a pris la place de souverain.

2. La Déclaration de l'an I a un caractère consonant avec la pratique des conventionnels. Parce qu'ils méprisent l'histoire des idées ou qu'ils ne font guère attention à l'efficace des systèmes de pensée, de nombreux historiens opposent trop facilement la Déclaration de l'an I au Comité de salut public et à la Terreur. C'est à mon sens par incompréhension qu'on a pu dire que la Déclaration de l'an I n'avait jamais été appliquée. Loin d'être en opposition avec le comportement des conventionnels, elle en fonde très exactement la possibilité. En vérité, c'est bien cette Déclaration qui fonde la Terreur, car le droit de mise à mort des ennemis du peuple y est solennellement proclamé, le droit à la révolution et à la guerre civile y est emphatiquement exalté.

3. La Déclaration de l'an I sera appliquée avant celle de 1789. Elle a un caractère immédiatement et ultérieurement efficace. On présente souvent la Déclaration de l'an I comme la cadette caduque de la Déclaration de 1789. C'est peut-être l'inverse qui est vrai. La Révolution a mis en œuvre la guerre européenne et le XIXe siècle sera d'abord le siècle du droit des peuples et des droits sociaux, du principe social et du principe des nationalités. Il faudra attendre le XXe siècle pour que les principes de 1793 soient épuisés.

Au moins revient-il à la Déclaration de l'an I d'avoir montré qu'entre les droits de l'homme, les droits des États et les droits des peuples, la conciliation n'allait pas nécessairement de soi. Le droit des peuples sera l'enjeu, au XIXe siècle, d'une lutte farouche entre deux versions : le principe des nationalités et le principe du nationalisme. Le principe des nationalités consiste à reconnaître que les peuples existent et que le mélange de support matériel et de traditions culturelles constitue la culture des différentes nations (le génie) ; que le contrat passé par chaque génération, le contrat, c'est-à-dire le principe de l'autodétermination, l'emporte toujours sur la tradition, parce que dans l'histoire, milieu naturel des peuples, le futur l'emporte sur le présent. À l'opposé, le principe du nationalisme (Fichte) éternisera le peuple dans le concept de peuple originaire ou de peuple authentique (selon Fichte, il n'y a d'ailleurs qu'un seul peuple authentique, le peuple allemand).

Reconnaissons alors que le droit des peuples tel qu'il est affirmé dans la Déclaration de l'an I pèche et penche quelque peu, mais seulement d'un côté. Il n'est pas antihistorique puisqu'il préserve le futur. Il ne verse pas dans l'idée du peuple authentique et unique. Il se perd uniquement dans l'errement du peuple absolument souverain, une doctrine qui fait nécessairement obstacle à la séparation des pouvoirs et au droit à la sûreté.

On retrouve alors ici, au cœur du droit du peuple, le problème de la dérive de la souveraineté. Attribuée à l'État, la souveraineté avait formé une machine essentiellement anti-impériale en substituant, au droit de glaive de l'*imperator*, l'épée de justice ou la fonction législative. Attribuée au peuple, elle fait revenir en force le droit de guerre et de glaive, abolissant le droit de l'État et menaçant les droits de l'homme. Comment expliquer cette dérive sinon par l'anthropologie propre à la souveraineté ? La souveraineté repose sur l'anthropologie de la volonté, de la décision, de la pose historique, du surhomme. La décision, le contrat qui veulent ignorer la nature humaine et l'anthropologie finissent par réveiller ses pires penchants. De même que le droit politique de la souveraineté tel qu'il aura été légué par la pensée politique classique a dû être limité, de même le droit des peuples tel qu'il est ici proclamé par la Déclaration de l'an I devra renoncer à son absoluité.

La crise de la citoyenneté

LA CITOYENNETÉ EN FRANCE

À la veille de la Seconde Guerre mondiale, Freud avait eu une affreuse et géniale prémonition : *Malaise dans la civilisation*. On pourrait dire aujourd'hui, bien que je sois loin de penser que notre situation est aussi dramatique que celle d'hier : malaise dans la citoyenneté. Aux dernières élections régionales, Jean-Marie Le Pen n'a obtenu *que* 13,9 % des voix, mais on peut ajouter avec amertume *autant que* 13,9 % des voix. Ce seul indice est sans doute un témoignage du malaise dans la citoyenneté ; il ne traduit pas seulement le fait que le Front national souhaite rabattre la citoyenneté sur la nationalité, dont il donne une définition organique, biologique, restrictive, fondée sur le *jus sanguinis*, qui n'appartient pas à la tradition française. Il relève aussi d'une interrogation sur la nature exacte des droits civils et des droits politiques, la participation, l'accès à la vie civile et politique qui fondent la citoyenneté. Pour le dire simplement, l'emprise du discours de Jean-Marie Le Pen ne vient pas uniquement de sa conception de la nationalité, mais aussi de ses réflexions sur les droits civils et sur les droits politiques. Qu'est-ce que notre lien civil ? Comment voulons-nous vivre ensemble ? Pourquoi notre système politique républicain donne-t-il à tant de citoyens des classes moyennes le sentiment d'être exclus de la décision politique ?

Telles sont les questions aujourd'hui reposées. Le succès heureusement relatif du Front national tient non seulement au défoulement qu'il propose et suscite pour les sombres passions de la xénophobie et du repli identitaire, mais aussi, hélas ! à la part de sinistre vérité qu'il énonce : quelque chose ne va pas, ne tourne pas rond dans notre système de citoyenneté. Ce sont les causes de ce malaise de la citoyenneté que je souhaite rechercher ici.

L'État actuel de la citoyenneté

Bien que la Constitution de la Ve République ne comporte aucun texte désignant explicitement la citoyenneté, à la différence de la Constitution de 1791 qui s'y référait dès le titre I, la citoyenneté n'en est pas moins définie en France par l'ensemble des droits civils et des droits politiques dévolûs aux Français ayant atteint leur majorité légale. À la différence de l'Ancien Régime, qui ne connaissait que des sujets du roi (regnicoles) ou des résidents, les sociétés républicaines et les démocraties modernes sont composées de citoyens, et la citoyenneté rassemble l'exercice des droits civils et des droits politiques. Si on laisse de côté les droits civils qui, depuis les récentes évolutions du Code civil, sont maintenant (presque) également accessibles à tous les citoyens, restent les droits politiques qui, eux, comportent de manifestes inégalités dans leur condition d'exercice. Pour reprendre une distinction empruntée à la République romaine, si les droits politiques comprennent les droits de cens (état civil et impôt), de suffrage (vote), de conscription (service militaire), de magistrature, reconnaissons que les derniers, qui permettent l'accès aux échelons les plus élevés de la décision politique, sont réservés à une minorité de citoyens. (Par magistrature, j'entends toute fonction publique, toute fonction politique, selon l'acception du XVIe siècle : Théodore de Bèze, *Du magistrat.*) En ce qui concerne le vote, la République est passée du suffrage censitaire de la Constituante au suffrage universel de la IIe République, avalisé par le Second Empire. En revanche, à l'égard de la magistrature, la citoyenneté est demeurée très largement capacitaire, élitiste, corporative.

Expliquons-nous sur ce point.

L'ensemble des magistratures en France qui composent le pouvoir de l'État déborde largement le seul cadre de gouvernement puisqu'il englobe, dans le cadre de notre État de finances, de police ou d'État-providence (les juristes disent aujourd'hui : « notre État de service public »), l'administration et les services centraux. Si la participation du gouvernement dépend de l'élection au suffrage universel, il n'en va pas de même pour l'accès à la haute administration dont décide l'admission par concours dans les grandes écoles, au premier rang desquelles l'École nationale d'administration, laquelle débouche, à la sortie, sur l'installation dans les grands corps inamovibles de l'État. Si l'on observe qu'une proportion très importante de chefs de file des différents partis démocratiquement élus par le suffrage universel provient elle aussi de l'ENA, on mesure l'importance de la sélection capacitaire. Du fait de l'existence de l'ENA, et accessoirement d'autres grandes écoles qui flèchent l'entrée de la décision administrative (Ponts-et-Chaussées, Mines, etc.), une part primordiale de la décision politique en France est détenue par la fraction infime de nos concitoyens qui est passée par les grandes écoles. Comme le recrutement dans ces écoles s'effectue par une sélection précoce, entre dix-neuf et vingt-cinq ans, et comme le jeu n'est pas rebattu, à l'exception du tour extérieur réservé à la politique, la décision politique demeure réservée en France à une fraction très étroite de la population. Si l'on remarque en outre que l'ENA a de plus en plus tendance à évincer toutes les autres écoles concurrentes, on mesurera le resserrement qui affecte aujourd'hui le choix des décideurs au niveau le plus élevé. Donc, sans même entrer dans la discussion engagée ailleurs pour savoir si les élites de l'ENA sont aussi bien, mieux ou plus mal formées que les élites de la IIIe République issues de l'École normale supérieure, qui avaient institué la « République des professeurs », je me contenterai ici d'observer qu'elles sont très peu — trop peu — nombreuses.

Aujourd'hui, en France, et malgré la mise en place ici et là de Comités des sages, d'Autorités administratives indépendantes qui témoignent de la nécessité de faire une place aux représentants de la bien ou mal nommée « société civile », la gestion de l'État administratif se trouve, pour l'essentiel, entre les mains des énarques. Sont exclus les universitaires, les médecins, les entrepreneurs, les syndicalistes, la majeure partie des ingénieurs, non seulement tous les salariés mais même les représentants qualifiés des salariés, et tous les responsables professionnels. On sait par ailleurs — et c'est une caractéristique de l'évolution de la Ve République — que le poids du Parlement a fléchi devant celui de l'administration, que l'emprise de la règle a empiété sur celle de la loi. Certes, un contrepoids s'est instauré, en quelque sorte auto-instauré : celui des médias, tôt baptisé « démocratie d'opinion » par les instituts de sondage qui les phagocytent en partie. Devant l'étranglement des réseaux de décision sélectionnant de leur côté les porte-parole des clans, des groupes professionnels et confessionnels, les médias, selon leurs propres critères de performance, ont manifestement exercé un rôle de contre-pouvoir et d'équilibre en occupant le ministère de la parole et en menant la politique du spectacle, miroir déformant du spectacle de la politique. De la sorte, les médias ont fait émerger sur la scène de la citoyenneté des individualités qui n'avaient pas été primitivement conviées: hier Yves Montand, aujourd'hui Bernard Tapie, Bernard Kouchner et surtout leurs propres représentants, Christine Ockrent, Patrick Poivre d'Arvor et Anne Sinclair. Charité bien ordonnée commence par soi-même. Les médias sont ainsi devenus le grand corps intermédiaire qui occupe la place prise autrefois par les syndicats et les associations.

Sans doute subsiste-t-il encore, à côté d'eux et moins visiblement émergés, d'autres groupes de pression de taille plus modeste. Rassemblements de courte ou de longue durée, qui tous se donnent pour mission d'influencer la décision politique dans les divers secteurs considérés et se logent encore dans ce qui subsiste des cellules corporatistes que nous connaissions. Mais l'époque, en vérité, a essentiellement enregistré leur défaite. Ni la Fondation Saint-Simon ni le Siècle n'ont joué un rôle déterminant dans la politique de la France. Le résultat de la situation ainsi décrite ne peut se faire attendre plus longtemps: il est inscrit dans la morosité générale — quelquefois davantage — et dans le sentiment d'exclusion de la décision politique qu'éprouvent nos concitoyens et dont Jean-Marie Le Pen a su tirer les dividendes favorables à ses intérêts.

On se trompe à mon sens lorsqu'on croit que le Front national parle d'abord et seulement des émigrés. Le Front national propose d'abord une solution à la crise de la citoyenneté: il suggère qu'il existe une voie propre à résoudre la crise politique, il explique comment il est possible d'entrer dans la communauté française en retrouvant une condition de citoyen à part entière et en mettant un terme à la condition d'exclusion et d'indignité politique. Avant même de désigner un bouc émissaire, les émigrés, le Front national énonce deux propositions qui portent sur la citoyenneté.

Il dit d'abord que la citoyenneté est fondée sur la filiation, sur le sang, qu'être français et avoir droit à tous les droits d'un citoyen français, c'est être celui dont la famille est présente depuis plusieurs générations en France. Il dit ensuite que la citoyenneté est la propriété des nationaux français, autrement dit qu'un citoyen national doit avoir avec la France les mêmes rapports que le membre d'une famille avec ses parents, qu'un propriétaire avec ses biens acquis. D'où les comparaisons avancées par Jean-Marie Le Pen: « Je préfère ma fille à ma nièce; ma sœur à ma cousine », ou encore: « Il faut conserver l'intégrité du patrimoine de la France. » Par quoi il identifie le lien de citoyenneté avec une relation de consanguinité et les actions qu'il commande à celles d'un héritier sage et consciencieux. Jean-Marie Le Pen propose sur cette base une réintégration dans la citoyenneté politique à ceux qui se sentent exclus, fondée — dans un second temps seulement — sur l'exclusion des spoliateurs. Aux résidents français des cités envahies par les travailleurs étrangers, aux catégories professionnelles déçues dans leur espoir d'améliorer leur condition, aux classes moyennes abandonnées par les notables et les professionnels de la vie politique et irrités dans le sentiment de leur dignité, il dit : « La France, c'est vous et c'est vous seuls » et, se retournant : « Voici les coupables, les émigrés et puis les Juifs. »

Comme vous le savez, la République a déjà été affrontée plusieurs fois dans son histoire à des mouvements d'extrême-droite ; à la fin du XIXe siècle, dans le contexte de la montée du boulangisme et de l'affaire Dreyfus, et dans les années trente avec les ligues factieuses qui ont débouché sur le pétainisme et la collaboration. Et, chaque fois, le régime républicain a été lourdement ébranlé par ces crises. Comment expliquer cette faiblesse ? C'est là, me semble-t-il, ce qu'il faut examiner.

Pour cela, j'en reviens au discours de Le Pen. En énonçant que la citoyenneté est nécessairement de l'ordre de la filiation, de l'ordre du droit privé, le Front national s'inscrit dans la tradition de la pensée conservatrice contre-révolutionnaire, et c'est la raison pour laquelle il provoque chez certains conservateurs un flottement dans les rangs. La seconde proposition — le rapport de citoyenneté est un rapport de propriété — se trouve dans Burke. La première proposition — la citoyenneté est un rapport de filiation —, avec sa connotation biologisante, est issue du romantisme politique. Ces deux propositions s'affrontent perpendiculairement à la doctrine officielle de la République, qui tient, elle, que premièrement la citoyenneté n'est pas fondée sur la filiation mais sur le contrat, et que deuxièmement le lien civil n'est pas un rapport de droit privé mais un rapport de droit public, car en raison de la souveraineté du peuple, la puissance publique, l'État, ne sont pas patrimoniaux. Ils appartiennent à tous, c'est-à-dire à personne.

Le problème est alors de savoir pourquoi les énoncés du Front national, si opposés à la tradition républicaine, l'ébranlent si fortement, et pourquoi en face d'eux le droit politique républicain a tant de difficultés à se défendre. À mon sens, le malaise actuel dans la citoyenneté tient à la faiblesse du discours républicain devant les propositions du Front national. Il tient à la tradition républicaine elle-même, à la généalogie de la citoyenneté républicaine, et c'est cet aspect qu'il faut analyser.

La théorie de la citoyenneté-contrat et le fait national

La théorie de la citoyenneté nationale fondée sur le contrat vient des théories du pacte social de l'âge classique, et elle a trouvé en France sa forme d'expression culminante dans *Le Contrat social* de Jean-Jacques Rousseau. Récemment, et avec les meilleurs intentions du monde, pour s'opposer au nationalisme du *Volksgeist*, la doctrine de la citoyenneté-contrat a été réactualisée par Alain Finkielkraut et par Régis Debray (*La Défaite de la pensée* et *Que vive la République*). Mais cette conception de la citoyenneté est, me semble-t-il, irréaliste, et ce n'est d'ailleurs pas cette représentation de la citoyenneté que Renan et Fustel de Coulanges, au moment du débat agité qui a opposé la France à l'Allemagne, lors de l'annexion de l'Alsace (Renan, *Qu'est-ce que la nation ?* et Fustel de Coulanges, *L'Alsace est-elle française ? Réponse à Mommsen*), ont défendue.

L'idée de la citoyenneté nationale établie sur le contrat s'oppose en effet à l'expérience de tout citoyen. Sa critique est bien entendu le point fort du romantisme contre l'*Aufklärung* (Herder *versus* Rousseau), car la société nationale ne commence pas avec un contrat volontariste entre les individus. Elle commence par l'histoire, elle se perpétue par la transmission. Le contrat, c'est-à-dire le moment de perpétuation, ne vient jamais qu'en second lieu, parce qu'il est donné à chaque génération de réformer, s'il y a lieu, la vie commune. La nation précède la citoyenneté comme le passé préexiste au présent. Sur ce point, les théoriciens de la nation ont toujours dit une vérité plus forte que la vérité défendue par les républicains traditionnels. On ne peut pas opposer la citoyenneté-contrat à la citoyenneté fondée sur la tradition. Renan et Fustel de Coulanges étaient beaucoup plus subtils, qui ne dissociaient pas la tradition nationale et le contrat social. Car Renan, à mon sens, n'opposait pas le traditionalisme au contractualisme, ne distribuait pas en segments rompus la culture collective et la volonté individuelle. Il ne niait pas qu'il y ait un esprit du peuple ou que la nation soit, comme il le dit, « une âme, un principe spirituel ».

Il y a donc bien un principe national, et c'est lui qu'il faut définir. Autrement dit, la citoyenneté n'exclut pas la nation, le lien civil repose lui aussi sur une tradition et il s'inscrit dans une appartenance collective.

Il faut donc faire une place dans la citoyenneté à des définitions acceptables de la nation, tout en disqualifiant les définitions inacceptables. L'objectif est aujourd'hui d'autant plus urgent que l'heure est à l'articulation de la France et de l'Europe, à l'ajustement de la citoyenneté française à la citoyenneté européenne. Je ne crois pas que l'on puisse avoir une approche purement négative du fait national. Sans doute l'explosion du nationalisme a-t-elle été l'occasion des grands malheurs qu'a éprouvés l'Europe au moment de la Première et de la Seconde Guerre mondiales, et le nationalisme a montré qu'il pouvait prendre, avec le nazisme, avec le national-socialisme, une forme résolument pathologique. En même temps, il y a eu, et nous le savons *de facto* par expérience et avant même d'avoir pu le penser, un nationalisme acceptable. Ici, en France même, c'est celui qu'a incarné, à la tête de la résistance au nazisme, le général de Gaulle ; à l'étranger, la lutte de libération et d'indépendance des peuples colonisés. Aussi bien, l'expérience du XXe siècle est-elle, à l'égard du nationalisme, ambivalente : elle indique que le nationalisme a été au principe de grandes catastrophes, mais que, dans le même temps, il a engendré un mouvement de résistance à l'oppression. La définition inacceptable, à mon sens, c'est bien sûr la définition du nationalisme de conquête qu'ont développée hier le pangermanisme, le panslavisme et aujourd'hui le panislamisme. Son modèle se trouve dans la doctrine de Fichte, et précisément dans les *Discours à la nation allemande*[1] qui commencent par l'adresse célèbre : « Je ne parle qu'à des Allemands et pour des Allemands, je ne leur parle que des Allemands. » Fichte y développe l'idée d'un peuple supérieur par son territoire originaire et sa langue originaire, et chargé de ce fait de prendre la place du Christ, c'est-à-dire de conduire tous les autres peuples vers le salut ; il fait du patriotisme la nouvelle religion. Aujourd'hui, l'idée de la préférence nationale s'enferme apparemment dans le repli identitaire et ne prétend pas affirmer une volonté de conquête ou un sentiment de supériorité. Elle entretient néanmoins un lien discret avec le nationalisme romantique.

Faut-il pour autant revenir à la définition de la nation-contrat ? Car l'idée de la nation-contrat a le grand avantage d'exclure la construction de la nation par le sang et par le sol. Elle désavoue à la fois le romantisme biologisant, qui assimile la citoyenneté à la filiation, et le conservatisme contre-révolutionnaire qui, après Burke, identifie la citoyenneté à la propriété. L'identité patriotique n'est ni un fait biologique ni un phéno-

1. Voir page 41.

mène économique. Le citoyen national n'est pas un rejeton, et pas non plus un propriétaire ; le droit national est un droit public. Mais si l'identité nationale n'est pas de l'ordre de la filiation familiale, elle n'en suppose pas moins de la transmission et de l'appropriation, et la mise entre parenthèses, le rejet et la négation d'un principe national qui préexiste toujours au contrat entraînent le plus souvent tantôt une élaboration trop particulariste du phénomène politique, tantôt une construction trop généraliste. Construction trop particulariste du phénomène politique : l'idée que la France a trouvé avec la république la solution originale et unique au problème de la contractualisation et de l'abstraction de l'identité nationale (Régis Debray). Construction trop généraliste : la mauvaise subsumption de la nation dans l'idée volontariste d'un contrat décidé *ex nihilo* par des individus dépouillés de toute attache. En réalité, la France n'est pas seule et la solution républicaine au problème de la nation n'est pas stable. La république est une forme transitoire qui se cherche vers la démocratie, ce processus universel mais inachevé de constitution des nations modernes. En vérité, la nation ne s'épuise pas dans le contrat, elle qui admet nécessairement l'histoire, la transmission, en un mot, une *nature* nationale. Les nations existent dans et par l'histoire, elles s'inscrivent dans une transcendance qui est celle de l'humanité. Sur ce point, Kant et la philosophie des Lumières ont eu raison de défendre *l'idée d'une histoire au point de vue cosmopolitique*. La stabilité des nations appartient à la contingence et leur nécessité est celle du mouvement historique qui nous mène vers la formation d'une seule humanité.

Pour décrire et justifier cette nécessité, il n'est pas suffisant, à mon sens, d'inscrire le principe national dans la seule culture, même si celle-ci balaie tout l'agir humain des moralités aux mentalités. Si l'on souhaite conserver l'horizon du cosmopolitisme du XVIIIe siècle, il faut rejeter son élitisme, revenir au XVIIe siècle, au droit naturel et au peuple. Faute de quoi le principe national dérapera toujours des idéalités aux mœurs et l'esprit général redeviendra le *Volksgeist*. C'est dire qu'il faut étayer le principe national sur un fondement plus vaste et plus solide, qui est celui du développement politique. « Nations, dites-moi qui vous a faites ? » Hier, c'était l'apparition de l'État de droit, par quoi la nation française s'était arrachée aux formes archaïques de l'Empire et des seigneuries ; aujourd'hui, peut-être est-ce la naissance de la démocratie.

Autrement dit, la première proposition du Front national sur la citoyenneté ébranle le système républicain parce qu'elle rencontre une de ses faiblesses. Sans doute, le Front national mélange-t-il le vrai et le faux. Il n'est pas exact que le rapport de citoyenneté soit un rapport de filiation. Si la nationalité s'acquiert par la filiation, qui relève du droit civil, la citoyenneté s'obtient par la chose publique (la république) et se rapporte au droit public. Le lien civil, dans les républiques modernes, n'est pas un rapport de droit privé. En revanche, il est vrai, il est exact que la citoyenneté nationale — et ajoutons même la fédérale — ne peut reposer uniquement sur un acte de volonté subjective. Là encore, revenons à nos historiens et à Fustel de Coulanges lors de sa fameuse réponse à Mommsen : *L'Alsace est-elle allemande ou française ?* À l'historien allemand qui prétendait que l'Alsace était allemande par la race et par la langue, Fustel a opposé le vrai et le seul principe moderne de la nationalité, qui est celui fondé par la Révolution française et l'autodétermination des peuples. Votre principe, disait Fustel, qui a autorisé l'État à faire main basse sur un État en prétextant qu'il partageait la même race et la même langue, n'est que le principe du droit du plus fort…

> Notre principe à nous est qu'une population ne peut être gouvernée que par les institutions qu'elle adopte librement et qu'elle ne doit aussi faire partie d'un État que par sa volonté et son consentement libre.

Et Fustel poursuit :

> La race, c'est de l'histoire, c'est du passé ; la langue, c'est encore de l'histoire et le signe d'un passé lointain. Ce qui est actuel et vivant ce sont les volontés, les idées, les intérêts, les affections…

Et un peu auparavant, il soulignait que la volonté n'est pas volontariste, qu'elle n'est pas une décision individuelle, elle n'est pas une forme de volonté de puissance car elle est elle-même liée à une nature, qui est celle de la culture commune, qu'on appelle celle-ci l'« âme du peuple », l'« esprit du peuple » (Renan ou Herder), ou l'« esprit général des nations » (Montesquieu).

Ce qui distingue les nations, ce n'est ni la race ni la langue. Les hommes sentent dans leur cœur qu'ils ont une communauté d'idées, d'intérêts, d'affection, de souvenirs et d'espérances. Voilà ce qui fait la patrie. Voilà pourquoi les hommes veulent marcher ensemble, ensemble travailler, ensemble combattre, vivre et mourir les uns pour les autres. La patrie, c'est ce qu'on aime.

Ce qui est redoutable, en conséquence, dans la proposition qui assimile la citoyenneté à une filiation, ce n'est nullement son naturalisme. Car si les nations préexistent aux sociétés civiles, il y a bien une nature des peuples, une nature des nations, et telle est la grande découverte du XVIIIe siècle et du début du XIXe siècle. Cette nature renvoie tout simplement à l'histoire et à la tradition, et il est exact que l'histoire existe, que la tradition existe, que les nations existent. La citoyenneté nationale n'est pas établie sur un contrat volontariste originaire, signé *ex nihilo* et *a priori* par des citoyens en mal d'association. Elle est d'abord un héritage. Il y a une nature de la citoyenneté, mais cette nature n'est pas dominiale, n'est pas patrimoniale, et elle n'est d'ailleurs pas non plus transcendante ni absolue. Elle est historique et juridique. En dernier ressort, comme le souligne Fustel de Coulanges, la citoyenneté suppose le consentement — et tel est le principe moderne. Des hommes devenus adultes consentent à leur identité en partie reçue, en partie choisie. Le naturalisme ne devient dangereux que lorsqu'il prétend construire le lien civil sur le patrimoine, sur la langue, la race, voire sur la culture, à l'exception du droit.

Ce qui est donc dangereux dans le naturalisme romantique dont procède, à sa manière, le Front national, ce n'est pas qu'il reconnaisse l'existence d'une nature du lien social, mais que cette nature, il l'universalise à l'excès ou qu'il la particularise exagérément, en oubliant que la nature de l'homme est histoire. On ne viendra pas à bout de cette proposition en niant l'existence de cette histoire nationale. Autrement dit, la faiblesse de la tradition républicaine devant l'énoncé selon lequel la citoyenneté repose sur une filiation tient au caractère erroné de sa réponse. La citoyenneté n'est pas seulement fondée sur le contrat, elle procède aussi de la tradition. Est-ce à dire qu'il faut rendre les armes et abandonner le droit politique républicain ? Il ne s'agit pas d'accepter que la citoyenneté soit identique à la filiation : elle ne l'est pas, elle ne l'a jamais été que dans les sociétés esclavagistes, et le rabattement du lien politique sur la biologie, sur l'écologie, même s'il commence de manière bénigne avec la chanson de Cyrano de Bergerac, finit toujours très mal avec l'apartheid ou avec l'extermination. Mais il faut reconnaître qu'il n'y a pas de vie commune sans un principe national, sans un esprit du corps politique qui doit être transmis, magnifié, relevé.

J'en viens maintenant à la seconde proposition. À quoi le droit politique républicain réplique qu'il n'est pas un rapport de droit privé mais de droit public, parce qu'en raison de la souveraineté du peuple, la puissance publique et l'État ne sont pas patrimoniaux, qu'ils appartiennent à tous, c'est-à-dire à personne. La république n'appartient pas, elle ne relève pas de la propriété. Ce sont les régimes politiques de l'Antiquité qui, à la différence des régimes modernes, réservaient l'accès des droits politiques aux hommes libres et qualifiaient la liberté civile par le seul droit du sang, en confondant les droits politiques et les droits civils. La citoyenneté, aujourd'hui, n'est pas romaine, n'est pas patricienne, n'est pas esclavagiste. Malheureusement, il ne s'agit là que d'une demi-vérité dans les faits. La nuance est le caractère historique : elle sépare *ce qui devrait être de ce qui est.* La seconde proposition — le lien civil est un rapport public — est à demi exacte car elle ne rend pas tout à fait compte de la réalité. Il n'est pas vrai, hélas ! que dans la France d'aujourd'hui la puissance publique soit débarrassée de toute forme d'appropriation privée ou que la citoyenneté, notamment dans ses exercices les plus élevés, ceux qui donnent accès à la décision et à l'autorité publique, soit ouverte à tous. Si le lien civil contient encore des pans entiers du lien de dépendance féodale, comme le vocabulaire politique n'en fait pas mystère (baronnie, chevalerie, clientèle), c'est parce que la pièce maîtresse de la vie politique, l'État administratif né sous l'Ancien Régime, garde encore, avec ses grands corps, des castes ou, à tout le moins, une élite catégorielle encore très étroite.

On peut ainsi entendre le discours de Jean-Marie Le Pen comme la réponse du berger à la bergère, comme le discours franc, brutal, du reître féodal levant une armée de petites gens pour prendre la place de la noblesse d'État, clandestine mais toujours installée.

Nous revenons ici à notre point de départ : le système des grands corps de l'État qui constitue le vivier des acteurs du *cursus honorum* dont nous avons souligné le caractère oligarchique. Et nous arrivons à un second aspect de la définition de la citoyenneté : la citoyenneté capacitaire. Cet aspect est sans doute le plus important, parce qu'en lui coexistent des éléments d'origine différente qui conspirent, à mon sens, à ce que l'historien Arno Mayer a appelé très justement la « persistance de l'Ancien Régime », et qui nous conduit dans l'œil du cyclone de la crise républicaine et du malaise de la citoyenneté. Disons-le simplement : la citoyenneté en France demeure, dans son aspect le plus prestigieux et à ses étages les plus élevés, capacitaire. La tradition républicaine s'est justement enorgueillie du caractère progressiste d'un tel idéal, en soulignant combien les républicains avaient permis à la République de donner aux plus méritants de ses citoyens des marques justifiées de faveur. L'idéal de la citoyenneté capacitaire a été développé, systématisé, longuement réfléchi, comme Claude Nicolet l'a montré *(L'Idée républicaine en France)*, par les idéologues (Volney, Cabanis, Daunou, Destutt de Tracy), fondateurs notamment de l'Institut de France. Plus haut dans le temps, l'idéologie capacitaire trouve son origine dans la philosophie des Lumières, dans la pensée de Condorcet et de Voltaire, selon lequel on ne peut développer la citoyenneté sans les lumières de la raison, parce qu'un peuple ne devient véritablement civilisé que s'il est discipliné par les mœurs et par l'entendement. Kant, au XVIIIe siècle, dans sa réponse à la fameuse question : Qu'est-ce que les Lumières ? (*sapere aude* : « aie le courage de te servir de ton propre entendement »), a dit mieux que personne la grandeur, l'éclat du service rendu au genre humain par un tel idéal. Pourtant, il a aussi sa limite, évoquée d'emblée par Rousseau et comprise par Kant lui-même. En effet, si on assimile l'homme à ses compétences, son savoir, ses mœurs, on exclut immanquablement de l'humanité les ignorants, les pauvres en esprit, le peuple. On divise l'humanité entre ceux qui savent et ceux qui ne savent pas, on rejette le vulgaire, on exclut les ignorants, qu'on essaie par ailleurs de faire entrer dans la civilisation par la seule contrainte de la discipline (enfants, femmes, colonisés). L'objection de Rousseau à la tradition et la suprématie de l'entendement, venue de la conscience protestante qui avait déjà été acculturée dans la politique d'outre-Manche et d'outre-Atlantique, est à la fois simple et forte. Les hommes ne se caractérisent pas seulement par la compétence, ils détiennent une conscience. La conscience universelle est plus haute que la compétence. Cette distinction est au principe de la discrimination kantienne entre la Raison pure et la Raison pratique.

Cela signifie que, dès le XVIIIe siècle, l'idée philosophique selon laquelle on pouvait et on devait fonder la citoyenneté sur la compétence, idée qui se développera donc chez les idéologues et après eux chez les saint-simoniens et chez les positivistes, a fait problème et suscité des doutes. Avant de peser la gravité de ces doutes, observons d'abord quelles ont été les conséquences d'une telle conception de la citoyenneté.

La première a été de donner à la compétence — et non à la conscience et à la liberté de conscience — la place fondamentale dans l'exercice de la citoyenneté. J'ai étudié ailleurs[1] comment l'article X de la Déclaration des droits de l'homme a énoncé très restrictivement la liberté de conscience, puisque au texte proposé par le pasteur protestant Jean-Paul Rabaut Saint-Étienne — « La liberté de conscience est un droit de l'homme, la liberté du culte est un droit du citoyen » — a été préféré le libellé de l'article X de la Déclaration : « Nul ne peut être inquiété pour des opinions même religieuses, pourvu qu'elles ne troublent pas l'ordre établi par la loi. » La citoyenneté en France n'est donc pas fondée sur le jugement en conscience mais sur l'exercice d'une compétence et un tel principe est en consonance — qui ne le sent ? — avec une vie politique par ailleurs établie sur l'arbitraire d'une autorité de gestion davantage que sur l'arbitrage judiciaire. De la promotion de l'idée de compétence, fondement de la citoyenneté, se déduit la place cardinale de l'école dans la formation républicaine. Si la citoyenneté est fondée sur le savoir, la République a vitalement besoin de l'école et celle-ci s'est avérée indispensable moins pour préparer à la vie professionnelle que pour conduire à la vie civique. Dès lors l'école et, mieux, les grandes écoles, déboucheront immédiatement sur l'État. Seuls ceux qui détiennent les lumières suffisantes seront réputés aptes à exercer le service de l'État.

À ce point, bien entendu, la République est entrée en contradiction avec la démocratie. Car la démocratie, ce n'est pas le gouvernement des meilleurs, des plus savants et des plus compétents, c'est le gouvernement de tous et c'est le gouvernement du peuple. Il vient un moment où la méritocratie se transforme, sinon en aristocratie, du moins en corporatisme, quand les grands corps en viennent à se considérer comme les seuls détenteurs légitimes de la puissance publique. Je terminerai ici en disant que le malaise dans la citoyenneté qu'exprime le Front national est durablement et profondément enraciné dans le droit politique républicain. La République, en effet, s'est emparée de l'État de droit et l'a perfectionné. Elle a déclaré les Droits de l'homme de façon solennelle. Elle a établi un lien civil fondé sur le droit et émancipé de la théologie grâce à la laïcité, mais elle n'a pas été assez loin dans le développement démocra-

1. Voir page 210.

tique, peut-être parce qu'elle a surestimé la part des droits civils par rapport aux droits de l'homme. Elle a établi le pacte social sur un contrat volontariste juré entre hommes adultes, sans l'inscrire dans la nature humaine qui fait de l'homme, au sens générique du terme, un être sexué, hommes et femmes destinés à procréer et à élever des enfants. Cette abstraction du droit politique républicain, de la Constituante et de la Convention, justement dénoncée au XIXe siècle, a eu pour conséquence de laisser les républicains désarmés devant le choc en retour de la nature, qui a souvent pris les formes de la tradition rétrograde, déjà dans le Code civil napoléonien et davantage dans toute la pensée de la Contre-Révolution. D'une manière générale, la tradition franc-maçonne, tradition ésotérique dont sont exclus les femmes et les enfants, a préparé la fragilisation de la base sociale du républicanisme. Le pacte social ne doit pas être fondé sur le libre arbitre de la volonté mais sur la reconnaissance d'une loi naturelle qui protège la vie et la sûreté, et d'une nature humaine.

Enfin, le droit politique républicain a fondé la citoyenneté, dans ses formes les plus élevées, sur la compétence et non sur la conscience et justifié malheureusement l'existence d'une sélection du talent qui reste la justification des grands corps. L'institution étatique de l'Ancien Régime des grands corps d'État a ainsi perduré, et avec elle l'appropriation très étroite de la décision politique, sans oublier la fascination des élites bourgeoises pour l'aristocratie et les distinctions sociales. Le pouvoir de l'État administratif, qui s'était mis en place sous l'Ancien Régime avec la suprématie du ministère des Finances, avec la prééminence de l'administration, gère *a priori*, à la place d'un juge qui arbitrerait *a posteriori*. Ces caractéristiques expliquent, à mon sens, une certaine incertitude de la République, qui la laisse fragile et désemparée, peu apte à enrayer les dérives bonapartistes, voire impériales ou impérialistes. Certes, l'Empire n'est pas la République ni l'État français du maréchal Pétain. Mais les défenses de la République ont régulièrement cédé devant les catastrophes qui l'ont menacée.

D'où cette conclusion que je vous propose : si, à l'évidence, la citoyenneté ne repose ni sur la filiation ni sur la propriété, et si, en revanche, elle peut et doit s'enraciner dans le droit politique, il faut, pour surmonter sa crise actuelle, transformer le droit politique républicain.

LA CITOYENNETÉ EN EUROPE

La citoyenneté en Europe est-elle possible ? Est-elle réalisable ? Des réponses affirmatives supposeraient, à mon sens, de résoudre un double paradoxe : celui de l'unité européenne et celui de l'opposition entre la citoyenneté et la nationalité dans le monde moderne. Paradoxe de l'unité européenne : l'Europe a existé, mais elle a été refusée parce qu'elle s'est présentée sous la forme de l'Empire. Paradoxe des nationalités : seules les nations sont capables de tisser des liens communautaires, un vouloir vivre ensemble, mais il existe plusieurs modèles de nations.

Premier paradoxe. C'est un lieu commun de remarquer que l'Europe est une réalité économique mais qu'elle n'a pas encore de réalité politique. Les divisions et les incertitudes qui ont séparé les États européens pendant la guerre du Golfe en témoignent assez. L'unité européenne achoppe évidemment sur la question de la citoyenneté européenne et sur celle de la supranationalité. Titrant sa couverture sur un tel sujet, l'hebdomadaire anglais *The Economist*, après un parallèle entre l'histoire européenne et l'histoire américaine, concluait que l'ensemble des conditions qui ont permis aux États-Unis de réaliser leur unité fédérale n'étaient pas encore actuellement réunies en Europe. Il y a donc une difficulté généralement reconnue, à quoi l'on oppose volontiers l'accélérateur que constitue l'existence indubitable d'une culture européenne. Tous les Européens admettent le tutorat de l'Italie de la Renaissance, mère des arts et des lettres, toutes les villes européennes, Prague, Budapest, Paris, Vienne, Londres — et on pourrait même ajouter Moscou —, dans leurs boulevards et dans leurs places, dans leur échelle de construction et dans leurs habitations, expriment une parenté indiscutable. Mais la même civilisation des mœurs, qui date du XVIIIe siècle, ne suffit pas à fonder notre unité politique. Aussi la difficulté à construire une Europe unie ne vient-elle pas de la culture ; elle réside ailleurs. Elle tient peut-être à ce que l'Europe a déjà été unifiée, et j'ajouterai même : unifiée par et dans le droit. Mais cette unification et ce droit ne sont pas les nôtres, ils ne sont pas modernes, car la première unité a été réalisée par le Saint-Empire romain germanique et le droit que les légistes glossateurs ont prétendu être la raison écrite était le droit romain. Tel est le premier obstacle : les États de droit modernes, au premier rang desquels la France, l'Angleterre (la

Hollande), ne peuvent reprendre la construction juridique ancienne de l'Europe car, précisément, c'est en reléguant le droit romain et en inventant leur propre droit politique qu'ils ont affirmé leur identité et leur indépendance, porteuses des valeurs de la modernité. Les États de droit européens se sont construits contre l'Empire. La soumission de la puissance à la loi, la reconnaissance des droits individuels, au premier rang desquels le droit à la sûreté et à la liberté de conscience, modifient très profondément la conception romaine de la citoyenneté quirite et la conception impériale du pouvoir que les légistes du Saint-Empire avaient tenté de faire revivre. Le citoyen moderne issu du sujet moderne n'est pas le citoyen-soldat porteur de lance, envoyé à la conquête militaire du monde, qui possédait de la même façon le droit politique de suffrage, de cens ou de propriété du territoire ou des peuples conquis. Le pouvoir moderne affirme la supériorité de la politique intérieure sur la politique extérieure, c'est-à-dire du règlement intérieur des litiges par la négociation et par l'arbitrage juridique sur le rapport de puissance établi par la violence. Une conception neuve de l'État de droit et des droits de l'homme se développe contre la conception impériale et dominiale de la politique chez les philosophes modernes (Hobbes, Spinoza ou Locke), dont les conséquences s'inscriront à l'état civil de l'histoire de la révolution américaine et de la révolution française au XVIIIe siècle. Elle impose deux limites à la puissance de l'État.

Première limite : le pouvoir doit s'incliner devant les droits de l'homme qui n'existaient pas dans le monde antique, où seuls les hommes libres avaient droit aux droits. Comme l'a souligné Hannah Arendt, à Rome, *homo* désignait l'esclave par opposition au citoyen.

Deuxième limite : la soumission du pouvoir à la loi a entraîné le développement d'un droit public qui se superpose au droit privé. Les différents modèles étatiques sont allés plus ou moins loin dans l'effort de soumettre le pouvoir à la loi et on peut juger, par exemple, que les États administratifs où le Prince est au-dessus des lois et où l'administration se règle sur un droit propre sont moins assujettis à l'autorité du droit que les États de justice où ne règne qu'un seul droit, commun et homogène.

Aussi le malaise spontané provoqué par l'idée d'une supranationalité européenne ne s'enracine-t-il pas seulement dans la terreur de la domination d'un peuple (en l'occurrence, le peuple allemand) sur les autres peuples européens ; il gît davantage dans l'hostilité à une certaine figure du développement politique dont l'Allemagne a été le hérault et qui a été dessinée par l'idée impériale d'une monarchie universelle. L'Empire voulait vassaliser les États et maintenir les individus dans des conditions dominiales et hiérarchiques de type féodal. Les résistances spontanées qui se manifestent, à la fois en France et en Angleterre, devant l'idée d'une supranationalité européenne qui retrouverait la forme impériale, montrent combien il est absurde de prétendre, avec Ernst Kantorowicz, que ce sont les empereurs allemands Hohenstaufen (Othon, Frédéric II et ses successeurs) qui ont enseigné la politique étatique aux Européens. Ce serait plutôt l'inverse, comme l'ont répété à l'envi tous les légistes anglais et français, de Ranulphe de Glanville à Bracton, de Jean de Blanot à Jean Bodin en passant par Dumoulin, Coquille, Grassaille *et alii*, qui ont voulu construire les États modernes contre l'Empire. De même, la citoyenneté européenne moderne, celle des États de droit protectrice des droits individuels, s'est édifiée contre l'idée d'unité européenne telle qu'elle avait été portée, au Moyen Âge, par la représentation de la monarchie universelle chère à Dante.

Et voici le second paradoxe : les différentes formes politiques ont aussi donné naissance à des nations, la nation anglaise, la nation française et la nation allemande. Mais les unes et les autres ne se sont pas développées sur la base des mêmes modèles politiques. Aussi la difficulté de construire une supranationalité commune tient-elle peut-être à la différence des concepts et des modèles de nation qui se sont imposés en Europe. C'est pourquoi, sur la définition même de la nation, un débat a surgi dans les années 1880-1920, qui opposait les Anglais et les Français d'un côté aux Allemands de l'autre.

Ce débat témoigne qu'il a existé en Europe deux pôles opposés de la définition de la nationalité qui ont déterminé les conditions de l'accès actuel à la citoyenneté. Le droit français est fondé sur le *jus soli*, tandis que le droit allemand est établi sur le *jus sanguinis*. Le droit du sol est un droit ouvert qui a facilité l'émigration et l'accès à la citoyenneté, alors que le droit du sang est un droit fermé qui a rendu plus difficiles les procédures d'acquisition de la citoyenneté. L'article 116 de la loi fondamentale allemande énonce : « Sous réserve de toute autre disposition légale, est allemand au sens de la présente loi fondamentale quiconque possède la nationalité allemande ou, en qualité de réfugié ou d'expulsé d'appartenance ethnique allemande, de conjoint ou de descendant de ce réfugié ou de cet expulsé, a trouvé accueil sur le territoire du Reich allemand tel qu'il était défini le 31 décembre 1937. » C'est conformément à cette loi fondamentale que l'Allemagne fédérale a accueilli comme nationaux non seulement des Allemands de l'Est, mais aussi les petits-enfants des émigrés de Silésie, de Poméranie, de Pologne, qui ignoraient la langue de leurs grands-parents, de même que tous les descendants des Saxons qui s'étaient installés au XIIe siècle en Transylvanie aujourd'hui soumise à l'autorité de Bucarest, ou encore les fameux Allemands de la Volga auxquels les Allemands reconnaissent la qualité d'Allemands.

Cependant, malgré cette opposition entre le droit du sol et le droit du sang, il ne paraît pas que l'évolution générale aille en Europe dans le sens d'un progrès du droit du sang. Certes, en Angleterre, on a restreint la nationalité anglaise aux membres du Commonwealth ; mais en France la tentative de réviser le code de la nationalité a finalement marqué un rejet dans l'opinion des partisans du droit du sang et la situation allemande a été transformée par la loi du 1er janvier 1991, qui manifeste aussi un recul du droit du sang. La loi donne la facilité aux étrangers qui sont installés de façon régulière depuis plus de quinze ans, et aux enfants étrangers nés en RFA qui ont vécu huit ans et ont donc passé quatre ans en établissement scolaire, d'être naturalisés. Il s'agit là d'une véritable rupture dans la conception allemande de la nation. On s'en doute, la loi est trop récente pour qu'on puisse conclure définitivement et il faut continuer de marquer l'opposition entre les deux modèles d'accès à la nationalité. D'une part, le modèle français caractérisé par une grande ouverture, qui a permis d'intégrer à la société française et à la citoyenneté un grand nombre d'immigrés, non seulement aujourd'hui les immigrés maghrébins, mais hier les immigrés polonais, italiens… D'autre part, le modèle allemand, marqué par une plus évidente fermeture. Ajoutons qu'aujourd'hui le problème des nationalités est de retour parce que nous sommes face, de nouveau, à une immigration très importante, venue non seulement de l'est de l'Europe, mais aussi des pays du sud de la Méditerranée, de l'Asie mineure, de l'Afrique et de l'Asie centrale, et que nous sommes, au même moment, au seuil de l'unité européenne. L'arrivée sur le sol des nations européennes de populations immigrées, plus nombreuses aujourd'hui qu'hier, pose évidemment un problème nouveau que l'on ne résoudra pas en exaltant ou en vomissant l'idée nationale.

Il ne faut souhaiter ni le recul ni le retour des nations. Il ne s'agit pas de nier que les nations existent, elles ont été formées dans le passé au sein d'une genèse matérielle et intellectuelle (les États ici, les empires là). Mais dans la mesure où le problème de vivre ensemble, c'est-à-dire la question de l'unité européenne, est maintenant posé pour les différentes nations, il s'agit de réfléchir au modèle le plus valable de supranationalité, à un principe de supranationalité capable d'ouvrir sur la citoyenneté européenne. Il s'agit de discriminer les formes acceptables et nécessaires du nationalisme des formes inacceptables parce que dangereuses et destructrices. La difficulté est que le droit des nations, le droit des peuples, le droit des États, le droit des citoyens ne sont pas irréductibles les uns aux autres. L'expérience historique des États-nations a aménagé une place pour les droits de l'homme. L'affirmation du droit des peuples et du droit des nations, qui culmine au XIXe siècle européen après avoir trouvé ses premières manifestations éclatantes dans la déclaration américaine de 1776 ou dans l'autodétermination du peuple proclamée par la Révolution française — laquelle a rattaché, après un référendum, le comtat Venaissin à la France —, coexiste avec le droit des États auquel il n'est qu'empiriquement rattaché.

Reconnaissons qu'il n'y a pas de caractère indissolublement lié entre le droit des États, le droit des nations et les droits de l'homme, puisque, encore une fois, ces différents droits ne sont qu'empiriquement et non synthétiquement liés, pour employer la distinction chère à Kant. Du fait que l'État de droit a été un développement de l'État-nation qui s'est construit contre la supranationalité impériale et romaine, il ne faudrait pas en déduire qu'il n'existe aucune possibilité de citoyenneté supranationale, comme les Allemands en ont tiré hier la conclusion malheureuse. Après avoir été les plus universalistes, au Moyen Âge et à la Renaissance, les Allemands se sont en effet affirmés comme les plus particularistes dans leur nationalisme. C'est l'orientation des fameux *Discours à la nation allemande* de Fichte. Si cette conception me semble particulièrement redoutable, ce n'est pas seulement parce qu'elle ne s'adresse, comme le dit le philosophe allemand, qu'à des Allemands, rien qu'à des Allemands et qu'elle ne leur parle que des Allemands, rien que des Allemands ; ce n'est pas non plus parce qu'elle dévalorise l'État, parce qu'elle récuse les droits de l'homme ; ce n'est pas même parce que Fichte était un auteur antisémite, c'est surtout parce que, en concevant le peuple allemand comme un peuple originaire *(Urvolk)* destiné, à la place du Christ, à assumer la résurrection de tous les autres peuples, Fichte érigeait la nation en absolu, faisait de la patrie un infini alors que les nations sont toujours un mauvais ou un faux infini ; parce que au-dessus d'elles existent Dieu, la nature, l'humanité. Les nations ne sont pas des divinités éternelles (encore moins une seule nation, le Dieu), elles apparaissent et quelquefois disparaissent dans le cours de l'histoire humaine. Elles sont marquées par la finitude et par la liberté. La négation de la dimension historique de l'identité nationale a au moins trois conséquences catastrophiques. D'abord l'oubli de ce que chaque citoyen doit à l'homme, c'est-à-dire chaque nation aux autres nations, l'oubli de l'humanité. Tout peuple qui se croit originaire a une fâcheuse tendance à reconstituer l'empire. Ensuite, le refus de ce que chaque gouvernement doit aux droits individuels. Le serment exigé de mourir pour la patrie *(pro patria mori)* a une triste inclination à faire bon marché du droit à la sûreté. Enfin l'omission de la tâche assignée et limitée de chaque génération, le prétendu triomphe de la volonté de puissance ne laissent plus de place à la volonté des individus.

L'écueil final de ce programme nationaliste, c'est qu'il n'a jamais permis, en fin de compte, à la nation allemande de se reconstruire. L'identité allemande a continué d'être portée par des idées impériales jusqu'au début du XIXe siècle : le concept du peuple originaire *(Urvolk)* n'a pas effectué le deuil de la mission mondiale des Allemands, coincés, de 1848 à 1945, entre la grande politique de Metternich et la politique de puissance mondiale d'Hitler. La nation allemande s'est cherchée, sans se trouver, pendant un siècle. Elle s'est finalement unifiée lorsqu'elle a accepté de renoncer à l'Empire et de fonder, dans le cadre de la démocratie et des droits de l'homme, un État-nation qui reconnaissait les États voisins et qui était reconnu par eux. Ce qu'elle avait cherché vainement par le fer et par le sang, elle l'a obtenu par la paix et par le droit quand elle a enfin reconnu le primat de la politique intérieure. Autrement dit, pas plus que la citoyenneté européenne ne peut accepter de revenir à l'Empire, l'idée de supranationalité ne peut souffrir de revenir à l'idée de nation dominante. Ce qui entraîne, à mon sens, deux conséquences : la première est que l'Europe ne peut se construire sur le droit romain, la seconde c'est que l'Europe ne peut s'édifier sur une construction organique de la nation, sur une construction antijuridique. Je reste fermement convaincue que l'idée européenne n'empruntera pas à la simple trinité de Kantorowicz, Carl Schmitt et Heiddeger *(sonderweg, ihrweg, holzweg)*. Si donc la nation apparaît bien comme une organisation spécifique de la communauté mais non comme la seule condition de possibilité de l'établissement de la citoyenneté, peut-on dégager le modèle de citoyenneté européenne moderne de cette expérience de l'État-nation ?

À cette question, le premier élément de réponse se trouve dans le fait que le droit européen existe à travers les développements jurisprudentiels de la Cour de justice de la Communauté européenne et de la Cour des droits de l'homme. Dans le domaine économique et social et dans le domaine juridique des droits individuels, il existe une souveraineté du droit en Europe, qui s'est imposée récemment malgré les résistances et en particulier les résistances des institutions françaises. Mais l'Europe ne dispose actuellement que d'un droit sans l'État. L'organisation politique manquante, incomplète, de la souveraineté de l'État de justice est remplacée par l'administration que constitue la Commission européenne. À côté du droit européen se tient une pratique, celle de la Commission européenne de Bruxelles, véritable administration de la politique économique de la Communauté. Elle peut constituer l'embryon dangereux, car non contrôlé, d'un appareil corporatif de l'État administratif européen, c'est-à-dire le prolongement sur le plan européen de l'État administratif que nous connaissons bien parce que, chez nous, il représente l'impossibilité d'un véritable développement démocratique. L'État administratif, substitut de l'État de justice, suppose en effet une politique autoritaire, des décisions prises par un corps de gens compétents mais non contrôlés par le suffrage universel.

La fameuse dualité française d'un droit politique établi sur l'Assemblée nationale, secondé par un droit administratif, produit de l'administration des grands corps, est peut-être en train de se reproduire sous nos yeux à l'échelle européenne. La Commission européenne de Bruxelles, qui paraît héritée des républiques marchandes, est en fait l'agent d'une réglementation administrative qui ne recouvre pas l'action juridique des cours européennes et qui pourrait même l'annuler. En vérité, la construction de la citoyenneté européenne supposerait non seulement que nous dépassions les apories de l'Empire et du nationalisme, mais aussi que nous surmontions les impasses de l'État administratif pour construire un véritable territoire fédéral. C'est dire que, peut-être, il n'y a pas de possibilité de construire une citoyenneté européenne sans effectuer au préalable un bilan critique de l'histoire européenne pour déterminer quels sont nos véritables points d'appui de l'État de droit, d'une nationalité ouverte et même d'un

État de justice. Autrement dit, la construction de la citoyenneté européenne ne pourra se faire sans un véritable développement démocratique.

LES FEMMES ET LA CITOYENNETÉ

Qu'est-ce que la citoyenneté ?

Il ne suffit pas de dire à notre tour avec le Deutéronome : « L'homme (ou la femme) ne vit pas que de pain », ou de répéter après Michelet : « Quand la France s'abandonne au vertige du succès, au lendemain elle est défaite », ou encore de rappeler que nous avons seulement besoin de savoir-faire parce que nous avons l'instinct de savoir. Il ne suffit pas de faire confiance à l'avenir en nous persuadant que l'être humain est en même temps animal symbolique et animal historique, et que la pensée le tire vers le futur parce que son cerveau, adéquat à la structure de l'univers, n'a encore exercé que quelques-unes de ses potentialités, car nous vivons aujourd'hui, maintenant, et pas demain. Car c'est l'élargissement de la scène de l'opinion publique, la participation multipliée des intervenants, la démocratie qui, dans un premier temps, produisent cet effet de sur-représentation. Et ce « boom » est un « boom » des effets d'instants, d'instants d'actualité. Pascal l'aurait appelé la raison des effets : effet d'annonce, effet pub, effet choc. Dans de tels moments, seuls les artistes peuvent, à mon sens, se faire entendre.

S'il faut donc s'en tenir au seul espace de la représentation, de l'exécution, je vous invite à suivre un artiste. Il nous précédera, il nous guidera dans notre réflexion sur la citoyenneté républicaine, prolégomène à toute réflexion sur la république européenne. Qu'est-ce que la république peut transmettre à l'Europe ? Quel type de citoyenneté ? Suivons le guide, regardons un peintre. À la différence de la musique, dont le formalisme requiert la séparation de la composition et de l'exécution, les arts plastiques, et en particulier la peinture, associent la forme et le fond dans la représentation unique du tableau. Le peintre représente, exécute, interprète lui-même sa composition. Il donne à voir sa pensée, il la met en scène, il la transfigure. Par ailleurs, et c'est la supériorité des artistes sur les penseurs — c'est pourquoi Platon a galéjé lorsqu'il a dit que les poètes seraient couronnés de lauriers et reconduits aux portes de la cité, lui qui a emprunté aux poètes les prestiges de l'éloquence dialoguée et de l'allégorie —, les artistes et les penseurs sont des visionnaires qui voient et, en l'espèce, représentent les choses *avant* qu'elles n'aient eu lieu.

Telle est la supériorité de David, du grand peintre David. Il a *vu* le droit politique républicain, la citoyenneté qui allait être construite par la Révolution et l'Empire dans sa grandeur et ses clivages, dans ses exaltations et ses déchirements, *avant* qu'elle ne se soit inscrite à l'état civil de l'histoire.

Je vous propose donc de suivre David, Jacques-Louis David (1748-1825). Mais d'abord un mot sur lui, dont on croit tout savoir : qu'il est le troisième fils d'un maître maçon, Louis, apparenté au peintre Boucher, qu'il est devenu l'élève de Vien, un grand peintre académique au bon sens du terme, qu'il a été lui-même pensionnaire de l'Académie, qu'il a séjourné à Rome au moment où régnait l'amour fervent de l'Antiquité, qu'il a été consacré d'un seul coup, en 1785, par la représentation du *Serment des Horaces*[1], qu'il a peint le *Serment du Jeu de Paume*[2], *La Mort de Marat*[3], *La Mort de Bara*[4], robespierriste, député à la Convention, qu'il a prononcé après l'abbé Grégoire le discours qui fait tomber les Académies et d'abord l'Académie de peinture à laquelle il a appartenu, ordonnateur de la grande fête de l'Être suprême, qu'il n'a eu ni répit ni repos pendant ces années. Emprisonné après Thermidor, il rallie le camp de Bonaparte, robespierriste comme lui, Premier consul puis empereur. Qu'après 1815, il a été exilé en Belgique par la Restauration, qu'il a eu le temps en 1815 de représenter le martyre de la liberté avec *Léonidas aux Thermopyles*, dont les premières esquisses datent de 1799.

C'est beaucoup et c'est trop peu. Peintre académique, peintre révolutionnaire, peintre impérial, la notice bibliographique dit tout sur la place de l'artiste dans la société et manque l'homme, ou plutôt esquive l'individu. David n'a pas seulement peint son époque en costume et prenant la pose, il l'a vue, il l'a pressentie et d'abord, il s'est vu, il s'est connu. Il s'est peint lui-même.

1. Paris, musée du Louvre.
2. Paris, musée du Louvre.
3. Bruxelles, musées royaux des Beaux-Arts.
4. Avignon, musée Calvet.

Voici le portrait qu'il a peint de lui l'année terrible, en 1794[1], portrait incroyablement moderne, actuel, contemporain, comme le sont les autres portraits de lui encore, ou celui, étonnant, fulgurant de Sieyès[2], ou celui, encore inachevé, du général Bonaparte. Étonnant parce que David peint déjà des individus. Qu'est-ce qu'un individu moderne ? C'est quelqu'un comme David ou comme Sieyès et, ajoutons, comme Stendhal ou comme Flaubert, dont la vie est un roman, et dont le roman est la vie, c'est-à-dire celui qui n'accepte pas le verdict de l'histoire et des événements, celui qui pense contre ou à côté de l'ordre des choses, celui qui a sa rumination propre, sa vision personnelle. Il a vu, il est venu, il n'a pas vaincu, mais il pense. Le *je* pense contre le *ils*. Et rien ne peut surmonter cette rumination qui perdure, cette spéculation qui continue. Le *je* est transcendantal, le *je pense* survit à l'existence. L'autoportrait a été peint au lendemain de Thermidor, où David se trouve au faîte de la Révolution, et où la Révolution est précipitée de son faîte. David est incarcéré au Luxembourg, et c'est pendant son incarcération au milieu des girondins qu'il se peint. Indécis, idéologue, n'ayant pas fait son siège, tourmenté et pensif. Ce qui domine, c'est le devoir de comprendre, dans les yeux asymétriques. David a quarante-six ans, il a encore l'air d'un jeune homme, il continue de regarder avec l'air d'un collégien collé par le proviseur et qui n'est pas d'accord.

Mais enfin, venons-en à l'annonciation, à la prédiction, au *Serment des Horaces*, au grand tableau de 1784-1785[3].

Le serment, le pacte. Réminiscence du *Contrat social* de Rousseau, anticipation du Serment du jeu de Paume du 11 juillet 1789. Toute la citoyenneté sera désormais fondée sur le pacte, établie sur le serment, sur la foi jurée, c'est-à-dire sur la décision de la volonté, de la volonté de la décision, sur une convention contractuelle. Nous avons bien ici un pacte, et un pacte représenté, mais c'est un pacte *pro patria mori*, un pacte pour la patrie, un pacte pour la mort. Les bras tendus vers la lance *(hasta)* et le glaive *(gladium)*, le modèle romain de la citoyenneté. Les *quirites*, porteurs de lances. Les citoyens romains étaient les porteurs de lances, la population soumise à Rome était *sub hasta*. L'épée et la lance étaient l'emblème de la citoyenneté romaine. Il s'agit donc d'une citoyenneté militaire.

1. Paris, musée du Louvre.
2. Paris, musée du Louvre.
3. Le tableau est reproduit sur la couverture de cet ouvrage.

Mains tendues, bras tendus, muscles, membres, je ne veux voir qu'une tête, à peine individualisée, sous le regard aveugle, porté sur le père, sur l'épée du père, sur le phallus. Grand retour du père au centre du tableau, grand retour du père à la fin du XVIIIe siècle : le vieil Horace, toison douce, grisonnante, bouclée, corps légèrement cassé, basculé vers le ciel imaginé de la transcendance. Le souverain ne reste que dans l'éclat d'étain des glaives, le métal des épées.

Ainsi le serment est sur le glaive, sur l'épée, sur la mort, sur le *merum imperium*. C'est une vieille discussion dans la tradition de droit politique moderne de savoir sur quoi repose véritablement le pouvoir : quelle est sa nature, son propre ? Les Romains avaient distingué deux types d'*imperium*. D'abord, le type par excellence, le *merum imperium*, le droit de glaive, le *jus vitae necisque*, c'est le droit de vie et de mort qui appartenait à l'*imperator*, qu'il fût roi, consul ou empereur, en tant que chef militaire sur des citoyens-soldats. Ensuite, le pouvoir des magistrats, un pouvoir délégué, mixte, le *mixtum imperium*, pouvoir de rendre la justice et pouvoir d'administrer. Mais pour les Romains et, à leur suite, pour tous les légistes impérialistes du Moyen Âge qui avaient travaillé au service du Saint-Empire romain germanique, le vrai pouvoir était bien demeuré ce droit de glaive, cette épée de conquête, cette épée de mort. Une révolution avait été introduite au XVIe siècle par Bodin et les juristes modernes. Ils avaient transformé la nature même du pouvoir, sa définition. Le véritable *imperium*, le *summum imperium (*la *summa potestas)*, la souveraineté, était, avait expliqué Bodin, non l'épée de guerre et de conquête mais l'épée de justice et, plus exactement, le pouvoir de faire des lois et de les appliquer. Ce faisant, Bodin avait rompu avec la tradition du droit romain et du droit des légistes du Saint-Empire. Il avait répudié avec force critiques et railleries le droit romain, le modèle de la cité romaine et des citoyens-soldats, pour lui préférer l'idée d'une république pacifiée, tirée d'une réflexion des Écritures.

Ici, en cette fin de XVIIIe siècle, dans le tableau de David, le modèle romain fait un retour fracassant et, avec lui, la société civile, les femmes et les enfants, sont ostracisés. Observez la place des femmes et des enfants dans le tableau. La mère du vieil Horace et ses deux enfants plus jeunes. Sabine, l'épouse de l'aîné des Horaces, et Camille, la plus jeune, promise au jeune Curiace ; elles sont abandonnées, agenouillées, prostrées, recroquevillées. D'un côté la tension, la contraction, la décision, la promesse, une volonté portée vers l'acte à venir. De l'autre le relâchement, l'attouchement indistinct, des cous fléchis et des corps affaissés. Ici, la communion des volontés, l'allégresse de l'équipe ; là, le flou mortifère des chagrins décomposés. Seul l'enfant masculin se lève à son tour vers les hommes, il regarde, déjà debout, déjà intéressé. L'habit des femmes est décoloré, qui décline un gris du noir au blanc. Ils sont debout, elles sont assises, ils sont confiants, elles sont effondrées.

Toute la civilité révolutionnaire, ce que l'on appellera encore la république des Jules, est ici pensée, composée, pré-vue. Ses mots d'ordre : « les femmes et les enfants après », « la nature, un autre jour ». La citoyenneté est une affaire de sujets, d'hommes. Elle est branchée, en prise directe sur la volonté de puissance et le désir de mort. Elle est liée à la guerre : « Un Romain doit mourir pour elle ; pour elle, un Romain doit mourir. »

Un autre tableau, le titre est un peu long : *J. Brutus, premier consul, de retour en sa maison après avoir condamné ses deux fils qui s'étaient unis aux Tarquin et avaient conspiré contre la liberté romaine, le licteur ramène leurs corps jusqu'à ce qu'il leur donne la sépulture*[1].

Les grands artistes voient tout, ils voient jusqu'au bout, entendent et représentent par avance le mot terrible de Vergniaud, incrédule et pourtant promis à l'échafaud : « La Révolution est comme Chronos, elle dévore ses enfants. » Chronos est différent de Zeus ; c'est le père dévorateur, le père phallique du glaive, l'épée qui n'est pas l'épée de justice, la loi qui est meurtre. Regardez le père. Le regard fixe, perdu, caïnisé. Suis-je l'assassin de mes fils ? Absorbé, tueur et tué. Cette fois, l'homme est dans l'ombre et les femmes, comme de jolis serpents convulsés, s'agitent, baudelairiennes. Un jeune homme les regarde avec désespoir. Le tableau dit la mort et le meurtre dans le sillage du retour de la *patria potestas*, après le père longtemps absent du XVIIIe siècle, ce siècle qui a commencé par la Régence, avec le régent qui n'était pas un père… De ce point de vue, il est intéressant de le comparer avec le tableau immergé dans le XVIIIe siècle galant de David, *Pâris et Hélène*[2], commandé par le comte d'Artois en 1788. On y voit un homme et une femme, jeunes, tendres, ardents, la passion selon le XVIIIe siècle, dans l'égalité, la sororité ou l'androgynie, la fratrie incestueuse.

1. Paris, musée du Louvre.
2. Paris, musée du Louvre.

Mais ici, dans ces deux tableaux magnifiques et provocants (*Le Serment des Horaces* et *Brutus*), avec une incroyable brutalité et une intense beauté, David fixe le rapport d'extériorité qui juxtapose, désassemble la citoyenneté politique de la condition civile. D'un côté les citoyens, de l'autre l'humanité souffrante; d'un côté la volonté de puissance, de l'autre l'élégie du sentiment. Tout est dit, tout est joué, sur la séparation baptismale de la sphère de la citoyenneté et de la sphère de la vie privée. Il ne s'agit pas seulement de la vie privée, il s'agit aussi de la nature. Elle aussi est répudiée. Le serment est une convention d'où est exilée la famille, d'où sont répudiées les femmes, d'où est oubliée la nature. Sans doute, loin de l'imaginaire du peintre d'où se décalquera plus exactement la guerre révolutionnaire en Europe, ni les premières constitutions ni même la Déclaration des droits de l'homme et du citoyen ne seront centrées exclusivement sur le citoyen combattant, magnifié ici. Mais ces constitutions civiles supposeront toujours le citoyen comme un individu masculin, isolé, et elles fonderont la société politique à laquelle il participe, par l'intermédiaire de ses représentants à l'Assemblée, comme issue de sa volonté. Le sujet de droit y sera le sujet cartésien, séparé de la nature des choses et sans rapport avec la loi naturelle. Dispersés, dépourvus d'attache, les citoyens de la jeune république s'y émancipent de la société d'ordre par les serments. Il n'est pas jusqu'à la Déclaration des droits qui n'ait secoué tout rapport à l'idée d'une loi naturelle qui aurait établi d'emblée, *a priori*, les hommes égaux et libres et qui interdirait qu'on prenne la vie. Selon la philosophie de la loi naturelle des grands penseurs des XVIIe et XVIIIe siècles, Spinoza et Locke, la vie et la liberté sont «de Dieu» ou «de nature». Nul ne détient la vie que chacun reçoit et transmet, et toute conscience possède une égale dignité en raison du caractère infini de la conscience et de la raison. En revanche, les droits naturels des sujets français tels qu'ils sont énoncés dans la Déclaration des droits de l'homme de 1789 sont actualisés par l'énoncé de la volonté du peuple et sans doute est-ce la raison pour laquelle la Déclaration française fait part plus belle aux droits civils qu'aux droits de l'homme.

C'est à ce point que le droit politique républicain devient explosif. Quand la loi naturelle est remplacée par le droit naturel, lequel n'est jamais, selon la pertinente définition de Hobbes, que la volonté de puissance de l'individu, quand les droits de l'homme sont définitivement bornés, quand le principe de constitution toujours recommencé est perdu, alors, à la rencontre de l'idée de nation et du mythe de la romanité, jaillit le retour torrentueux à la légende de la civilité antique. Ici commence le drame de la citoyenneté qui suppose une certaine individuation manquée. La transcendance de la volonté et l'abolition du droit supposent en effet la construction d'une fausse unanimité — celle que nous voyons ici dans le serment, le réglage minutieux du sentiment des sujets sur celui d'un souverain — ici le père —, lui-même sans cesse appelé à la pose héroïque. Dans la recherche de cette indistinction entre la société et l'État, dans cette fureur de la nation, dans cette promotion du peuple souverain, dans ce retour à l'idée des citoyens en armes, de nation en armes pour laquelle les individus devront sacrifier leurs sentiments et leur nature, la redécouverte de la République romaine est bien sûr un moment décisif. Bientôt, sous la Révolution, dans la République à son tour romanisée, la posture héroïque sera exigée du peuple tout entier et figée; dans des scènes qui outragent les sentiments familiaux; sera réclamé une nouvelle fois l'extrême abaissement de l'individu, qui a débuté dans la discipline collective de la société de pensée pour se poursuivre dans le groupe sectionnaire, avec d'emblée ses morts et ses martyrs (Le Peletier de Saint-Fargeau, Marat), que David, avec la même constance, peint à son tour. Le gouvernement révolutionnaire et bientôt la Terreur porteront à l'incandescence le retournement des principes du droit politique classique pour établir celui de la nation en armes. Ce que les conventionnels vont emprunter à l'exemple romain, ce n'est pas seulement le costume et le bonnet phrygien, un mobilier hérité de cet art néo-classique dont David est le grandiose pionnier avant de devenir membre du Comité de sûreté générale, ni même le souvenir des considérations et des écrits de Montesquieu et de Gibbon. C'est, davantage, le style politique, le rapport de citoyenneté qui se marque dans les adresses, où la différence entre l'antique et le moderne se brouille et se casse, qui résonnent dans les harangues et les discours, par exemple Anacharsis Cloots qui s'écrie à la Convention en février 1793: «Les vainqueurs de Jemmapes sont invincibles par terre et par mer: nous avons vaincu à Marathon, nous vaincrons à Salamine.» Ou Robespierre qui explique un peu avant en mai 1791: «La nouvelle ayant été portée à Athènes que des citoyens avaient été condamnés à mort dans la ville d'Argos, on courut dans les temples et on conjura les dieux de détourner les Athéniens de pensées si cruelles et si funestes. Je viens prier non des dieux mais le législateur.» Ou les serments sur Brutus, ou l'invocation sur Jupiter. Non, ce que la Révolution trouve dans la romanité, c'est davantage et c'est surtout le cœur sombre de ce droit politique étrange que Vergniaud a entrevu devant Saint-Just, incrédule comme l'avait été Danton lorsqu'il a dit, je le répète encore : « La République est comme Chronos, elle dévore ses enfants. » Ce qu'elle recueille, c'est ce droit mystérieux qui allie la liberté et la mort, c'est l'idée d'assurer le salut de la nation par droit de conquête, qu'a jetée Saint-Just dans son *Rapport* du 19 vendémiaire an II, qui inaugure officiellement l'épisode de la Terreur.

Le droit politique du gouvernement révolutionnaire sera un droit de la guerre, et avant même que Bismarck n'en énonce la formule, un droit du fer et du sang surgi de l'invocation des mânes de la romanité. Je cite Saint-Just : « Il y a quelque chose de terrible dans l'amour sacré de la patrie, il est tellement exclusif qu'il immole sans pitié, sans frayeur, sans respect humain à l'intérêt public, il précipite Manlius, il immole ses affections privées, il entraîne Regulus à Carthage, jette un Romain dans un abîme… » D'où la *loi des suspects* et la Terreur qui détruisent le droit à la sûreté, et qui font réapparaître le *jus vitae necisque*. Un Français doit mourir pour elle, pour elle un Français doit mourir. Plus d'affection privée, plus de liens familiaux, plus de droits individuels qui tiennent devant l'amour sacré de la patrie. Plus de nature. Nous en arrivons à l'obscur cancer du droit politique par droit de conquête, à son noyau radioactif, à sa nature de Moloch ; non seulement il suspend l'inscription et l'application des droits de l'homme pour chaque individu, mais il répand la haine de la distinction entre la politique et la société, il cherche à résoudre la contradiction dans l'indistinction retrouvée, la compacité rétablie de la civilité antique.

Comment sortir de la guerre, de la destruction, de la mort, de la Terreur ? David répond encore : « par les femmes ». C'est le fameux tableau peint en 1799 : *Les Sabines arrêtant le combat contre les Romains*[1].

Il aurait pu peindre le thème mille fois traité de l'enlèvement des Sabines : la peinture souffre les variations ; mais il s'agit d'une autre affaire, d'une autre histoire : la fin de la guerre par les femmes. On voit des hommes, des lances, des casques. Les faisceaux, les chevaux, le bouclier de Rome porté par Romulus, au centre du tableau, cette fois légèrement décalé sur la droite.

1. Paris, musée du Louvre.

Car ce sont les femmes qui sont au centre. Romulus, dans toute la forme de la romanité triomphante, adopte une posture qui est à la fois celle du vieil et du jeune Horace. Il ne s'agit donc pas de l'enlèvement des Sabines mais de femmes enlevées, éventrées, fécondées, proposant leurs enfants comme boucliers pour rétablir la paix. C'est une femme relevée, encore légèrement fléchie mais déjà contractée, qui sépare les combattants.

S'agit-il du retour à la nature ? Non, répond David, seulement du retour à la société, avec le fameux couronnement de Napoléon Ier que représente le *Sacre de Napoléon Ier à Notre-Dame par le pape Pie VII* [1], commencé en 1804, l'année où paraît le Code civil, soit vingt ans après le *Serment des Horaces*.

Venons-en à notre conclusion. Comment réconcilier en France la sphère privée avec la citoyenneté, comment unifier le droit ? Peut-être cela n'est-il possible qu'à la condition de réviser la conception même de l'homme qui est au cœur du droit politique républicain, à la condition de corriger l'anthropologie républicaine. Je terminerai avec David sur ce point.

L'échec final d'une civilité fondée sur la seule alternative de la liberté ou la mort, le grand peintre David l'a représenté dans son *Léonidas aux Thermopyles* [2], commencé en 1799, à la fin de la République et au début des succès de Bonaparte, mais finalement achevé aux lendemains de la défaite de l'Empire. À la différence des Américains, qui font volontiers de cet épisode un geste de la liberté moderne, David représente l'incroyable mélancolie du combat républicain auquel il a été associé. Dans la stèle à Héraklios (Hercule) sont toujours présents le héros, le surhomme, mais ils sont maintenant les sujets d'une geste épique, des héros pour la gloire et pour le martyre, des êtres pour la mort. Les trompettes de la renommée, la lyre, l'histoire qui prennent leur place, qu'elles occuperont en France, au XIXe siècle, la volonté de puissance elle aussi finit par mourir.

Nous disions au début que les grands artistes voient tout, voient jusqu'au bout. Ce que David a vu ici, à mon sens, c'est la véritable nature du droit politique, sa civilité fondée sur le serment, le pacte ; son anthropologie établie sur une conception démunie de la nature humaine. Ce qu'il a vu d'abord, c'est que, à la fin du XVIIe siècle, la construction française de la citoyenneté, à travers le retour au modèle de l'Antiquité romaine et à la répu-

1. Paris, musée du Louvre.
2. Paris, musée du Louvre.

diation du modèle biblique, s'est éloignée sensiblement de ce qu'avait été la tradition classique du XVIIe siècle, qui avait centré sa réflexion sur les droits de l'homme, sur les droits naturels de l'homme. La tradition républicaine française a alors été fortement influencée par le modèle de l'Antiquité romaine, qui triomphe chez nous à la fin du XVIIe siècle. *Le Serment des Horaces* représente la citoyenneté avec son fondement volontariste et décisionniste, qui repose sur le pacte et le serment. Elle est coupée de la loi naturelle, elle oublie l'humanité. D'ailleurs, la Déclaration française a privilégié, à la suite de Jean-Jacques Rousseau, les droits du citoyen plutôt que les droits de l'homme.

La conception selon laquelle la citoyenneté repose sur les lumières de l'entendement et de la raison, et plus encore sur un acte de volonté, est à mon sens responsable de la production du grand nombre des exclus de la citoyenneté. Car elle a une grandeur, qui est d'avoir contribué au développement de la civilité par l'instruction, mais elle a aussi une limite, qui est d'ôter à une partie de l'humanité — les femmes, les pauvres — leur participation à la citoyenneté. Cette conception est responsable de la citoyenneté d'abord censitaire puis capacitaire, qui a exclu les pauvres, les ouvriers, les non-propriétaires, les non-instruits. D'où la grande difficulté à véritablement reconnaître dans le droit positif français les droits de l'homme, et du long délai de leur inscription (ils n'apparaissent en effet en France qu'en 1946, et ne sont contrôlés que depuis 1971). Les droits de l'homme ne sont pas des décrets de liberté ou des énoncés volontaristes, mais des invariants qui structurent les rapports des hommes entre eux. Ils ne sont pas des attributs du sujet mais des rapports individuels. Ils reposent sur une autre anthropologie que celle de la citoyenneté républicaine que nous venons de voir représentée.

Ce que David a aussi donné à voir, c'est ce qu'on pourrait appeler la déficience de l'anthropologie républicaine, qui est une anthropologie inexacte. Le droit politique républicain de la puissance souveraine et de la citoyenneté souffre de cette définition volontariste, contractualiste, de la puissance publique. L'État et la citoyenneté y sont conçus comme organisés à l'intérieur d'une société, séparés sinon opposés à la nature.

Le droit politique républicain ne dit rien ou presque sur la nature humaine. Qu'est-ce que la *res publica*, la chose commune, la république ? Si elle est produite par le serment d'individus assemblés, il reste à définir ces individus. Faut-il se contenter de la philosophie subjectiviste ou conventionnaliste pour les désigner ? Autrement dit, l'homme se réduit-il à sa volonté, à son entendement ? L'humain n'est-il pas homme et femme ? Les droits de l'homme, sûreté, liberté de conscience, égalité, ne dérivent-ils pas de la nature de l'homme ? Plus encore, cette politique républicaine est incertaine parce que incomplète ; la chose publique ne se suffit pas à elle-même, elle laisse indéterminée la part des choses privées ou la part privée de l'activité humaine. La conception purement contractualiste et volontariste de la chose commune est impuissante à rendre compte du déjà-là, déjà-donné de la tradition et de l'histoire. Le droit politique républicain qui fait l'impasse sur la nature oublie aussi l'histoire. C'est toute l'objection du romantisme politique à la philosophie des Lumières, l'histoire faite par les générations antérieures ; il y a un esprit du peuple, il y a une âme des peuples. Objection si forte que les républicains n'ont pu que l'introjecter. Le droit républicain devient alors la chose publique plus la nation. David avait tout vu, lui qui juxtapose dans ses tableaux la *politeïa* et l'*ethos* sans objection ni critique

Il y a donc dans la tradition républicaine quelque chose d'incomplet, de non saturé qui a pu constituer un obstacle à la démocratisation, en ce qui concerne la définition de l'État et du citoyen, par la représentation humaine de la volonté de puissance. Il ne s'agit pas d'abolir la république mais de la démocratiser. Comment faire ? En approfondissant le droit politique, non seulement de la tradition romaine, mais en revenant à une tradition plurielle de la république que l'on ne trouve pas dans les tableaux de David, celle qui s'est édifiée entre les XVIe et XVIIIe siècles entre Bodin et Rousseau, celle des théoriciens des droits naturels de l'humanité. C'est à partir d'eux, à mon sens, qu'on peut trouver les véritables amis de la démocratisation, car chez eux la doctrine des droits de l'homme est fondée sur une autre anthropologie que l'anthropologie de la toute-puissance seigneuriale, volontariste. Elle est fondée sur une anthropologie de la nature humaine, de l'égalité des êtres humains et du rapport nécessaire qui les unit quand il est conforme à leur raison. Si nous voulons contribuer à la construction de la république européenne, nous devons puiser dans la tradition plus ancienne de l'histoire républicaine.

Index nominum

Sources

L'ensemble des études réunies dans ce livre a été élaboré pendant les années que j'ai passées à l'université de Lyon-III (chaire de Philosophie morale et politique), à l'occasion de conférences à des colloques ou d'un enseignement à l'étranger. Une partie d'entre elles ont été publiées dans des revues ou des livres scientifiques. D'autres sont inédites.

— « Politique(s) de Descartes ? », *Archives de philosophie*, Paris, juillet-septembre 1990, tome 53, p. 371-388.
— « Kant et la république universelle », conférence faite à Moscou, au Collège franco-russe, en octobre 1992.
— « Fichte et le nationalisme », conférence faite à Tokyo, à l'Institut français et à l'université Todai, en avril 1992.
— « Heidegger et la philosophie politique », conférence faite au colloque international de la Fondation nationale des sciences politiques, à Paris, en septembre 1992. Publication multigraphiée, Association française de sciences politiques.
— « Existe-t-il un développement politique universel ?», conférence faite à l'Institut international de philosophie politique, à Morigny, en juillet 1991.
— « L'idée républicaine sous l'Ancien Régime », revue *Philosophie politique*, n° 5, PUF, 1993.
— « Frances A. Yates et l'histoire culturelle européenne », revue *Philosophie politique*, n° 1, PUF, 1991.
— « Prague, le corps glorieux de la culture européenne », *Label-France*, septembre 1992.
— « La genèse de la laïcité », conférences Marcel Mauss, 4e section des Hautes Études, novembre 1991.
— « Le complot janséniste dans la congrégation de Saint-Maur », colloque de l'École française de Rome, *Complots et conjuration dans l'Europe moderne*, 30 septembre-1er octobre 1992.
— « La querelle Newton-Fréret », colloque Fréret, université de Clermont-Ferrand, octobre 1991.
— « Histoire et droit à la fin de l'Ancien Régime », colloque de la société de l'histoire de France, Reims, mai 1993.
— « La déclaration des droits de l'homme et la liberté de conscience », colloque des droits de l'homme, université de Paris-I, 1990; publié à La Documentation française, Paris, 1992.
— « Le Code civil et le droit naturel », *in La Famille, la loi, l'État, de la Révolution au Code civil*, sous la direction de Irène Thery et Christian Biet, Paris, Imprimerie nationale, 1989.
— « Les droits de l'homme et le droit des peuples dans la Déclaration de l'an I », colloque de l'université de Poitiers, *La Déclaration de l'an I*, 2-3 décembre 1993.
— « La citoyenneté en France », communication au GRASS, CNRS, 1992.
— « La citoyenneté en Europe », conférence faite au Collège de France, publiée dans *Raison présente*, n° 103.
— « Les femmes et la citoyenneté », conférence faite à l'Alliance des femmes pour la démocratie, en septembre 1993.

Table des matières

Achevé d'imprimer sur rotative
par l'imprimerie Darantiere à Dijon-Quetigny
en octobre 1994

Dépôt légal : 4e trimestre 1994
N° d'impression : 940-672